Autor: Tim Jepson
Lektorat und Aktualisierung: Tim Jepson
Redaktion: Sheila Hawkins

© MAIRDUMONT GmbH & Co KG, Ostfildern,
2., aktualisierte Auflage 2008

„NATIONAL GEOGRAPHIC" ist eine eingetragene Marke der
National Geographic Society. Deutsche Ausgabe lizensiert durch
NATIONAL GEOGRAPHIC DEUTSCHLAND
(G+J/RBA GmbH & Co KG), Hamburg 2008
www.nationalgeographic.de

Original 3rd English Edition
© Automobile Association Developments Limited
Kartografie: © Automobile Association Developments Limited 2007
Covergestaltung und Art der Bindung
mit freundlicher Genehmigung von AA Publishing

Herausgegeben von AA Publishing, einem Unternehmen der
Automobile Association Developments Limited, Fanum House,
Basing View, Basingstoke, Hampshire, RG21 4EA, UK.
Handelsregister Nr. 1878835.

Farbauszug: Leo Reprographics
Druck und Bindung: Leo Paper Products, China

A03428

TOSKANA

Inhalt

Das Magazin

Toskanische

Man kann sich kaum einen Ort vorstellen, an dem man den Freuden des Lebens leichter und vollendeter frönen kann als in der Toskana: Welche andere Region nennt große europäische Kunst, eine herrliche Landschaft, beste Speisen und Weine, idyllische Villen, historische Dörfer und Städte ihr Eigen?

Michelangelo, einer der größten Künstler und Bildhauer Europas, stammt aus der Toskana

Mit Florenz verfügt die Toskana über die Kunsthauptstadt Europas, die weltweit ihresgleichen sucht. Doch selbst kleinere Städte der Region wie Siena, Lucca und Pisa – von den Dörfern Pienza, Montalcino und San Gimignano ganz zu schweigen – sind so großartig, dass sie manch anderen Ländern als Kunstmekka gereichen würden.

Dasselbe gilt für die Landschaft, v. a. die zeitlose, idyllische Ländlichkeit, für die die Toskana berühmt ist: mit Zypressen bedeckte Hügel, silbergraue Olivenbäume, sonnenverwöhnte Weinberge, Klatschmohnfelder, elegante Renaissancevillen, italienische Gärten und abgeschiedene Bauernhäuser aus Stein.

Aber auch was die Landschaften anbelangt, sind die vertrauten Bilder nur ein Appetithappen, denn die Toskana hat zahlreiche ebenso hinreißende Landschaften zu bieten, die nur weniger bekannt sind. Im Norden bei-

Idylle

spielsweise liegen die Alpi Apuane – Berge von fast alpiner Pracht. Ganz in der Nähe breiten sich die Weiten des Hochlands Orecchiella mit seinen einsamen Bergkuppen und jahrhundertealtem Wald aus. Das Herz der Region ist das Chianti, ein hügeliges Weinanbaugebiet. Östlich davon liegen die naturbelassenen Plateaus von Mugello, Pratomagno und Casentino, die dem Chianti landschaftlich in nichts nachstehen, aber wenig besucht sind.

Ebenso vertraut wie die toskanische Landschaft sind die Namen mancher Berühmtheiten der Region. Einige der größten Schriftsteller und Künstler der letzten 1000 Jahre stammen aus dieser kleinen Ecke Italiens. Einzigartige Genies wie Michelangelo und Leonardo da Vinci gehören dazu; der Wissenschaftler Galileo Galilei; Dichter und Schriftsteller wie Dante, Machiavelli, Boccaccio und Petrarca; der Bildhauer Donatello; und eine Reihe unübertroffener Maler wie Botticelli, Giotto, Piero della Francesca, Uccello oder Fra Angelico ...

Von der über 3000-jährigen Geschichte der Toskana zeugen die etruskischen Gräber im Süden, die römischen Ruinen Luccas und Volterras und die wechselhafte, von Handel und Kunst bestimmte Geschichte der mittelalterlichen Stadtstaaten. Der bekannteste Name dieser Zeit ist wohl der der Medici, die mit ihrer Bankdynastie erst Florenz und dann die ganze Toskana für rund 300 Jahre beherrschten.

Das Beste der Toskana in Kunst, Landschaft und Kultur zu betrachten, heißt zugleich, das Beste von Italien zu sehen. Und doch ist in dieser Gegend das Beste nur der Anfang – wo es so viel zu sehen gibt, ist selbst »Zweitrangiges« allemal der Erwähnung wert.

Der Toskaner Galileo Galilei begründete mit seinen Versuchsreihen im 16. Jahrhundert die moderne Naturwissenschaft und die Astronomie

Paradies
der
Auswanderer

Eine Mischung aus Zufall und kultureller Vitalität brachte das Quartett der großen mittelalterlichen Schriftsteller der Toskana hervor – Dante, Boccaccio, Petrarca und Machiavelli. Später war es eher der Lockruf der Kunst, der Sonne und anderer hedonistischer Freuden, die ausländische Poeten, Künstler, Regisseure und Außenseiter in das »Paradies der Auswanderer« zog.

Jeder drückt es anders aus, aber gemeint ist doch immer dasselbe: Italien, besonders die Toskana, verfügt über das gewisse Etwas, das dem kühlen Norden fehlt. Die Skandinavier nennen es die »Sehnsucht nach den Feigen«. Den englischen Dichter Percy Bysshe Shelley verlangte es nach einem »Becher voll warmen Südens«, und Lord Byron, stets das romantische Potenzial eines Orts im Blick, sagte: »Was wir Liebeleien nennen, und Götter als Sünde strafen, ist dort, wo das Klima warm ist, gang und gäbe.«

Petrarca wurde in Arezzo geboren und machte den Dialekt der Toskana populär

Auf Schritt und Tritt wandelt man in der Toskana auf den Spuren von Autoren, Malern und all jenen, die dem Sirenenruf der Kunst, Geschichte, Schönheit, Wissenschaft, des Klimas, der Landschaft und der Romantik nach Süden folgten. Tatsächlich wäre die Liste jener Literaten, die die Toskana *nicht* besuchten, wohl kürzer als die derer, die hier waren.

Shelley ist ein repräsentativer Vertreter der Gentleman-Touristen im 18. und 19. Jahrhundert, für die Leben und Bildung ohne die »Grand eher wegen ihrer Skulpturen. Edward Gibbon, Autor von *Aufstieg und Fall des Römischen Reiches*, sah die Skulpturen zwölf Mal, bevor er auch nur ein Gemälde würdigte. Shelley gab sich gar nicht damit ab.

Auch das pittoreske Empfinden war anders. Heute ist San Gimignano wegen seiner mittelalterlichen Schönheit das meistbesuchte Dorf Italiens. 1905 versinnbildlichte es unter dem Namen »Monteriano« in E. M. Forsters Roman *Wo Engel nicht zu schreiten wagen* Schmutz, Krankheit und Armut des ländlichen Italien.

Der englische Dichter Percy Bysshe Shelley fand in der Toskana seine zweite Heimat

»Ein lichter Ort für schwermütige Charaktere«

Tour« durch die Städte Italiens schlicht unvollständig war. 1818 kam der Dichter hierher, um »den Schatten der ersten Ehe, den Leiden der Menschheit und den Nebeln und Regen unseres Landes zu entfliehen«. Bevor er vier Jahre später vor der toskanischen Küste ertrank, besuchte er Florenz, das er als »so herrlich auf den ersten Blick« beschrieb. Viele Exilanten sahen in der Toskana und seiner Hauptstadt einen beinahe perfekten Zufluchtsort.

Der damalige Fokus auf viele Sehenswürdigkeiten war jedoch ein anderer. Die Uffizien, die heute als Europas wertvollste Sammlung der Renaissancemalerei gelten, besuchte man zum Beispiel

Toskana: Für und Wider

»… der verzauberndste Ort, den ich in der Welt kenne.« – Matthew Arnold, 1879

»Ein lichter Ort für schwermütige Charaktere.« – Sir Harold Acton, 1960

»Solch öde, langweilige Hügel.« – William Beckford, 1783

»… das freundlichste Antlitz auf unserem Planeten, bezaubernd anzusehen, höchst befriedigend für Aug' und Seele.« – Mark Twain, 1892

»… ein verpesteter Ort voller selbstgefälliger Hügel mit Villen übersät. Museen und Kirchen, die so oft beschrieben und abfotografiert wurden, dass man sie schon nicht mehr sehen will, bevor man sie auch nur erreicht hat.« – Violet Trefusis, 1921

Ein toskanisches Quartett

Dante Alighieri

Der 1265 in Florenz geborene Dante Alighieri war Diplomat seiner Heimatstadt. Wegen politischer Verwicklungen wurde er im Jahr 1302 allerdings verbannt. Danach führte er bis zu seinem Tod ein unstetes Wanderleben zwischen den Städten Norditaliens. Er starb 1321 in Ravenna, wo er auch begraben liegt. Sein Meisterwerk ist die epische Dichtung *La Divina Commedia (Die göttliche Komödie)*, die den toskanischen Dialekt zur Literatursprache Italiens erhob. Dieser Dialekt entwickelte sich zu dem Italienisch, das heute gesprochen wird.

Francesco Petrarca

Francesco Petrarca wurde 1304 in Arezzo geboren und starb 1374. Als Reisender und Diplomat besuchte er den päpstlichen Hof in Avignon, wo er Laura de Noves traf, die zur romantischen Inspiration seiner *Canzoniere* wurde – sie gehören zu den schönsten Sonetten, die je verfasst wurden. Wie Dante vor ihm und sein Zeitgenosse Boccaccio, schrieb er oft in italienischer Sprache. Er zählte aber auch zu jener Vorhut von Schriftstellern, die Altgriechisch und Latein als Literatursprachen wiederbeleben wollten und war somit Teil einer Entwicklung, die den Weg in die Renaissance ebnete.

Dante Alighieri, Italiens größter Dichter des Mittelalters

Petrarcas große Liebe und Inspiration, »Laura«, war verheiratet und seinen Avancen nicht aufgeschlossen; sie wies den Dichter ab

Toskanischer Tag

Die Engländer Thomas Gray und Horace Walpole schenkten 1741 auf ihrer »Grand Tour« den Sehenswürdigkeiten keine Beachtung. Gray beschrieb ihren Tagesablauf so: »Wir stehen um zwölf auf, frühstücken bis drei, lunchen bis vier, ruhen bis sechs, trinken Erfrischungen bis acht, wandeln bis um zehn auf der Brücke [Ponte Vecchio], dinieren bis zwei und schlafen wieder bis zwölf.«

Giovanni Boccaccio

Giovanni Boccaccio (1313–75) wurde als Sohn eines florentinischen Kaufmanns in Paris geboren. Er wuchs in der Toskana und Neapel auf, ehe er sich 1340 in Florenz niederließ. Hier traf er Petrarca, mit dem ihn der Wunsch verband, Griechisch und Latein als literarische Sprachen neu zu beleben. Sein berühmtestes Werk ist *Il Decamerone (Das Dekameron)*, das er nach der Pest von 1348 in italienischer Sprache verfasste. Es besteht aus 100 Geschichten, erzählt von zehn Personen, die vor der Pest aus Florenz fliehen.

Nicolò Machiavelli

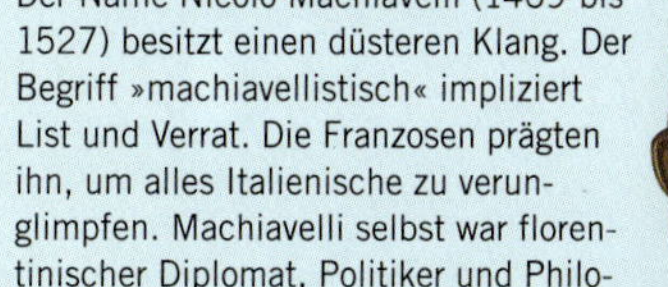

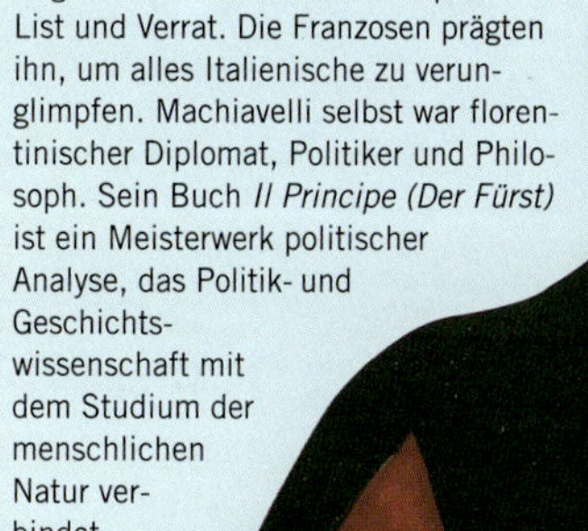

Der Name Nicolò Machiavelli (1469 bis 1527) besitzt einen düsteren Klang. Der Begriff »machiavellistisch« impliziert List und Verrat. Die Franzosen prägten ihn, um alles Italienische zu verunglimpfen. Machiavelli selbst war florentinischer Diplomat, Politiker und Philosoph. Sein Buch *Il Principe (Der Fürst)* ist ein Meisterwerk politischer Analyse, das Politik- und Geschichtswissenschaft mit dem Studium der menschlichen Natur verbindet.

Die Toskana im Film

Die Toskana hat vielleicht keine großartigen Regisseure wie Federico Fellini, Bernardo Bertolucci oder Luchino Visconti hervorgebracht. Dafür dienten ihre herrliche Landschaft und ihre schönen historischen Städte so manchem bekannten Film als Kulisse.

Seit es Kinofilme gibt, wurde die Toskana gerne in italienischen und internationalen Produktionen als Schauplatz gewählt. Aber zu den Filmen, die die derzeitige Vorliebe der Filmindustrie für die Region auslösten, zählen Merchant Ivorys *Zimmer mit Aussicht* von 1985, gedreht in und um Florenz, und Andrej Tarkowskijs *Nostalghia* (1983). Seitdem sind etliche Filme vor toskanischer Kulisse entstanden, darunter Kenneth Branaghs Shakespeare-Adaption *Viel Lärm um nichts* (1993), Bernardo Bertoluccis *Gefühl und Verführung* (1995), Antony Minghellas Melodram *Der englische Patient* (1996), Jane Campions *Portrait of a Lady* (1996) und Franco Zeffirellis *Tee mit Mussolini* (1998). Florenz war jüngst auch Schauplatz für *Hannibal* (2001), den zweiten Teil des Psychothrillers *Das Schweigen der Lämmer*.

Liv Tyler in *Gefühl und Verführung*, der in der Toskana spielt

Anthony Hopkins flaniert in *Hannibal*, der Fortsetzung von *Das Schweigen der Lämmer*, durch Florenz

Ein
Fresko
entsteht

Die Malerei in der mittelalterlichen Toskana war bei Weitem kein einfaches Geschäft. Es bedurfte Talent und Inspiration, so einiges technisches Know-how sowie einer schnellen Arbeitsweise. Der Maler musste Angestellte dirigieren, Mäzene zufriedenstellen – und festen Stand auf dem Gerüst bewahren.

Vom 13. Jahrhundert an handelte es sich bei den meisten toskanischen Wandmalereien um Fresken, die man auf feuchten – bzw. frischen (*fresco*) – Kalkputz malte. Die Ölmalerei, die Farben und Effekte mehr zur Geltung brachte, kam im 15. Jahrhundert zwar schon auf, wurde aber erst im 16. Jahrhundert wirklich beherrscht.

Der mittelalterliche Maler in der Toskana musste also

Ein Druck von Albrecht Dürer zeigt italienische Freskenmaler bei der Arbeit

Vier große florentinische Freskenzyklen

Palazzo Medici-Riccardi, Cappella dei Magi, *Zug der hl. Drei Könige* von Benozzo Gozzoli (➤ 71)

Santa Croce, Cappella Bardi und Cappella Peruzzi, *Szenen aus dem Leben des hl. Johannes und Johannes des Täufers;* und *Szenen aus dem Leben des hl. Franziskus* von Giotto (➤ 66)

Santa Maria del Carmine, Cappella Brancacci, *Szenen aus dem Leben des Petrus* von Masaccio, Masolino de Panicale und Filippino Lippi (➤ 74)

Santa Maria Novella, Fresken in der Hauptchorkappelle von Domenico Ghirlandaio über das Leben der Jungfrau Maria und Johannes des Täufers (➤ 57)

Oben: Ausschnitt aus dem *Zug der hl. Drei Könige* von Gozzoli

Der Tod des hl. Franziskus als Teil von Giottos großartigem Fresko in Santa Croce in Florenz

mit einem eigenwilligen Medium, das seine Grenzen hatte, vorliebnehmen.

Um ein Fresko zu malen, braucht man erst einmal eine Wand, am besten in einer Kirche, Villa oder in einem Palast. Geld von einem Mäzen, von der Kirche oder einem reichen Bankier ist ebenfalls hilfreich. Einige Assistenten für die Kleinarbeit sind vonnöten, um z. B. das Gerüst aufzubauen, auf dem der Maler steht. Dabei ist Vorsicht geboten – Michelangelo verletzte sich bei einem Sturz vom Gerüst in der Sixtinischen Kapelle in Rom. Der toskanische Maler Barna da

... und vier große toskanische Freskenzyklen

Arezzo, San Francesco, *Die Legende des Wahren Kreuzes* von Piero della Francesca (➤ 108)

Monte Oliveto Maggiore, *Szenen aus dem Leben des hl. Benedikt* von Sodoma und Luca Signorelli (➤ 130)

San Gimignano, Collegiata, *Szenen aus dem Alten Testament* von di Fredi; *Szenen aus dem Neuen Testament* von L. Memmi (➤ 104)

Siena, Palazzo Pubblico, *Allegorien der guten und schlechten Herrschaft*, A. Lorenzetti (➤ 93f)

Siena starb gar bei einem solchen Sturz.

Die Assistenten tragen dann die erste Schicht Putz auf, die sogenannte *arichio* oder *aricciato* aus Kalk und Sand. Nun ist der Maler dran und ritzt zunächst einen Entwurf und die grobe Einteilung des Bildes ein. Ein Meister wie Giotto legte allerdings auch ohne Entwurf los.

Im nächsten Arbeitsschritt entsteht eine detailliertere Zeichnung mithilfe eines Farbstoffs aus roter Erde, der *sinopia* genannt wurde, nach der antiken griechischen Stadt Sinope in Kleinasien, von wo der angeblich qualitativ beste

Farbstoff dieser Art stammte. In zahlreichen toskanischen Kirchen sind solche Entwürfe bei Restaurierungsarbeiten ans Tageslicht gekommen.

Nun wird es schwieriger. Da feuchter Putz ein essenzieller Bestandteil eines Freskos ist, kann man täglich nur eine recht kleine Fläche bemalen, ehe der Kalk trocknet. Das Fresko wird demzufolge in *giornate* (Tage, von it.: *giorno*) eingeteilt und jeden Morgen oder Abend muss der Assistent eine feine Putzschicht *(intonaco)* auf das *arichio* des anstehenden Tagewerks auftragen. Sobald das Fresko begonnen wurde, muss es schnell gehen. Man sollte genau wissen, was man malen möchte. Wer patzt oder zu lange zögert, muss das getrocknete *intonaco* abschlagen und neu auftragen.

Am Ende jeder Sitzung müssen die Kanten des *intonaco* geglättet werden, damit sie nicht bröckeln und man einen glatten Anknüpfungspunkt für den nächsten Tag hat. Kunsthistoriker können anhand dieser Kanten später feststellen, wie viele *giornate* der Künstler zum Malen des Freskos benötigt hat. Die meisten toskanischen Künstler brauchten für das Malen einer Figur in der Regel zwei Tage – einen Tag für den Körper, einen für Kopf und Schultern. Masaccio vollendete das gesamte Bild *Vertreibung aus dem Paradies* in der Brancacci-Kapelle in nur vier Tagen (► 74).

Auch die Farbauswahl wird von späteren Generationen eher kritisch beurteilt werden, denn bei der Freskenmalerei lassen sich Farben schlecht mischen. Durch die eingeschränkte Farbpalette kann man Licht- und Schatteneffekte kaum erreichen. Mogeln fällt auch auf: Schlechte oder untaugliche Farbpigmente verblassen oder verändern sich im Laufe der Zeit. Farbe auf trockenem Putz hält wahrscheinlich gar nicht erst.

Dabei ist man aber in bester Gesellschaft. Sogar Leonardo da Vinci, frustriert von den begrenzten Möglichkeiten der Freskenmalerei, schuf den Großteil seines heute fast zerstörten *Abendmahls* in Mailand auf trockenem Putz mit selbst gemischten Pigmenten – mit verheerendem Ergebnis.

Die Chemie muss stimmen

Die Langlebigkeit eines Freskos liegt in einer chemischen Reaktion. Unerlässlich sind die Trocknungs- und Fixierungsfähigkeiten des Gipses, der aus Kalk, Wasser und Sand besteht. Beim Trocknen absorbiert der Gips Kohlendioxid aus der Luft und wandelt den Kalk (Kalziumhydroxid) in Kalziumcarbonat um. Dieser kristallisiert um die Sandpartikel und bindet sie so an die Wand. Wenn man vorher pulverisierte und wasserlösliche Farbstoffe in den

feuchten Gips gemischt hat, fixiert dieser Prozess auch die Farbpartikel und macht sie widerstandsfähig gegen Wasser. Danach kann nur noch das Abbröckeln des Gipses oder das Ausbleichen des Farbstoffs das Fresko verändern. Auf trockenem Gips aufgetragene öl- oder wasserbasierte Pigmente blättern hingegen schnell ab.

Exzentrische Künstler

Exzentrik unter Kreativen ist keine Erscheinung der Moderne. Auch die Toskana hatte ihren Teil an unkonventionellen Künstlern. Drei von ihnen seien hier vorgestellt.

Jacopo Pontormo (1494–1556) war ein sensibler und einsamer Künstler. Er verbrachte den größten Teil seiner Karriere in einer Dachstube, die nur über eine Leiter erreichbar war, die er gerne hinter sich hochzog. Er hatte große Angst vor dem Tod, angeblich bewahrte er in seinem Haus aber Leichen als Modelle für seine Arbeit auf. Seine Werke kann man in der Kirche Santa Felicita in Florenz bewundern.

Sodoma ist der Spitzname von Antonio Bazzi (1477–1549), den er sich einhandelte, nachdem der Kritiker Giorgio Vasari behauptete: »Er war stets von jungen Männern umgeben, deren Anwesenheit er sehr genoss«. Sodoma brüstete sich, drei Ehefrauen und 30 Kinder gehabt zu haben. Er hielt sich eine Menagerie mit »Dachsen, Affen, Wildkatzen, Zwergeseln, Pferden, um sie Rennen laufen zu lassen. Dazu Elstern, Zwerghühner, Schildkröten, indische Tauben…« und einen sprechenden Raben.

Eremit und Hypochonder: der Renaissancekünstler Jacopo Pontormo

Paolo Uccello (1396 bis 1475) war ein Maler, der sich leidenschaftlich mit perspektivischen Maltechniken beschäftigte. Oft grübelte er Wochen über einem bestimmten Problem, was ihn fast in den Wahnsinn trieb und beinahe ruinierte. 1469 schrieb er: »Ich bin alt, schwach und arbeitslos, und meine Frau ist krank.« Beispiele seiner obsessiven Arbeit sind in Florenz in den Uffizien, im Duomo und in Santa Maria Novella zu sehen.

Paolo Uccello, dessen Sucht nach Perfektion ihn in den Wahnsinn trieb

Am 7. Januar 1990 wurde der Zugang zum Schiefen Turm von Pisa gesperrt. Die Schieflage, die 1173 einsetzte, hatte bedrohliche Ausmaße angenommen. Ohne Schutzmaßnahmen würde der Turm in 25 Jahren einstürzen, meinten Wissenschaftler. Wie konnte es dazu kommen – und was wurde unternommen, um eines der berühmtesten Bauwerke Europas zu retten?

Der Schiefe Turm

Die Schuld an der Neigung des Turms tragen die Stadtoberen des 12. Jahrhunderts. Sie ließen den Turm, der als Glockenturm für die nahe Kathedrale gedacht war, auf sandigem Schwemmland erbauen. Der Untergrund im südlichen Bauabschnitt bestand aus weicherem Material als im nördlichen; die Neigung des Turms setzte bereits 1173 ein, kurz nach Baubeginn.

Noch während der Bauarbeiten versuchten die mittelalterlichen Baumeister, die Schräglage zu korrigieren; im Jahre 1284 aber wich der Turm bereits um 90 Zentimeter von der Senkrechten ab. Man benutzte dünnere Bauteile aus Marmor und baute im senkrechten Winkel weiter. Als der Turm 1350 fertiggestellt wurde, betrug die Schräglage bereits 1,45 Meter. Im Jahre 1990 war die Zahl auf 4,5 Meter (5,5 Grad) angewachsen und der Turm wurde für Besucher gesperrt. Und die Abweichung nahm weiter zu. Computerberechnungen zufolge drohte der Einsturz des Turms bei einer Abweichung von über 5,44 Grad von der Senkrechten.

Die Sperrung des Turms war leicht, die Maßnahmen zur Rettung des 16 000 Tonnen schweren Bauwerks hingegen nicht. Rund 16 italienische Regierungsausschüsse haben sich schon daran versucht und nichts zustande gebracht. Zahlreiche internationale Experten haben gefragt oder ungefragt ihre Meinung geäußert: Japaner schlugen vor, einen neuen Turm zu bauen, Russen wollten den Sockel erneuern und Chinesen einen Turm als Stütze daneben stellen.

Zeitgleich zur Expertendiskussion wurde an einer Stützkonstruktion gebaut. Im Jahr 1993 wurden am nördlichen Fundament 800 Tonnen Bleigewichte angebracht, um eine weitere Neigung zu stoppen. Die Schräglage konnte um 15 Millimeter korrigiert werden.

Die Maßnahmen, die zur offiziellen Wiedereröffnung des Turms im November 2001 führten, wurden 1998 initiiert. Zunächst wurden Stahlseile um den Turm geschlungen, die man in Zementblöcken verankerte. Dann wurden auf der Nordseite 70 Zentimeter Erdreich entfernt. Der Turm richtete sich daraufhin langsam auf. Nach fünf Monaten nahm er den Neigungswinkel ein, den er 1890 gehabt hatte und nach drei Jahren hatte sich der Turm um 14 Zentimeter aufgerichtet. Das Ziel liegt bei 42 Zentimetern, – eine »Korrektur«, die vom ungeübten Auge kaum wahrgenommen wird. Der Schiefe Turm wird daher seinem Namen treu bleiben; das Bauwerk aber konnte laut Wissenschaftlern so vor dem Einsturz bewahrt werden.

Nur in wenigen anderen Regionen der Welt hält die Landesküche so viele Gaumenfreuden bereit wie in der Toskana. Allein eine Mahlzeit *alfresco*, ein perfekter Espresso, ein Glas kräftiger Chianti oder das göttliche Eis sind einen Urlaub wert.

Essen, trinken und

Im Allgemeinen hält jeder Italiener die Küche seiner Region für die beste des Landes und zieht auch schon mal über die Speisekarte seiner Landsleute her. Toskaner werden beispielsweise gern *mangiafagioli* – »Bohnenesser« – geschimpft, um die angeblich sehr einfache Küche zu charakterisieren.

Bohnen sind zwar in der Tat Bestandteil der toskanischen Kochkunst und *pasta e fagioli* (Pasta mit Bohnen) ist ein gängiges Gericht. Auch hat sich vieles in der toskanischen Küche aus bäuerlichen Kochtraditionen entwickelt. Deshalb sollte man aber *einfach* nicht mit *einfallslos* gleichsetzen. Wegen ihrer hervorragenden Zutaten kann die toskanische Küche auf komplizierte Kniffe verzichten. Schinken, Salami und Käse zum Beispiel sind exquisit und kommen als Vorspeise (*antipasti*) oder Snacks auf den Tisch, ebenso wie *cros-*

Oben: Ein Glas Wein *alfresco* in Montepulciano genießen

Links: Ein toskanischer Metzgerladen

tini, kleine Toastscheiben mit Olivenpaste, Pastete oder anderen würzigen Aufstrichen. Zu den Grundnahrungsmitteln gehören weiterhin ausgezeichnetes Olivenöl (➤ 24f), verschiedene Brotsorten (oft ungesalzen) und – unverzichtbar – die Erträge aus Hof, Feld, Wald oder Meer.

Frisches Obst, Pilze, Kräuter, Hülsenfrüchte und Gemüse sind in der toskanischen Küche eine Selbstverständlichkeit. Sie stammen fast ausschließlich aus einheimischem Anbau und werden nach Saison und nur als Frischware verkauft bzw. verarbeitet. Im Frühling gibt es Spargel und Kirschen, danach reifen Aprikosen und Pfirsiche, im Spätsommer und im Herbst werden Feigen, Weintrauben sowie die ersten Pilze, Trüffel und Kastanien geerntet.

Die Zutaten werden auf einfache Weise zubereitet und gekocht, so behalten sie ihren Geschmack und ihre Frische. Toskaner lieben herzhafte Suppen, vor allem *minestrone* (mit Schinken und Gemüse), *papa al pomodoro* (Brot in dicker Brühe gekocht und mit passierten Tomaten vermengt) und *ribollita* (»aufgewärmt«), eine eingedickte Gemüsesuppe, die mehrere Tage haltbar ist und immer wieder aufgewärmt wird. Zwei typische Pastage-

Eine *gelateria* (Eisdiele) – unverzichtbar im toskanischen Leben

fröhlich sein

Parmigiano-Reggiano ist einer von vielen einheimischen Käsesorten auf dem Mercato Centrale in Florenz

richte sind *pappardelle alla lepre* (breite Nudeln in Hasensauce) und *pici*, Nudeln aus Mehl und Wasser (ohne Ei). Wildgerichte wie *cinghiale* (Wildschwein) gibt es während der Saison. Das bekannteste toskanische Fleischgericht ist *bistecca alla Fiorentina* (florentinisches Rindersteak).

Bei Desserts kommt die toskanische Küche nicht ganz so gut weg. Einige lokale Spezialitäten sollte man aber auf alle Fälle probieren, wie das *panforte* aus Siena, ein Gewürzkuchen mit Zimt und Nelken, kandierten Früchten und

Nüssen nach einem Rezept aus dem 13. Jahrhundert. Toskanische Naschkatzen müssen jedoch keinesfalls darben und können sich jederzeit auf das phantastische einheimische *gelato* (Eiscreme) verlassen.

Die Käsesorten der Region sind ebenfalls herausragend, besonders der Schafskäse (*pecorino*) aus der Gegend um Pienza.

Toskanische Weine

Die Toskana bringt eine Reihe von guten Weinen hervor, die alle auf der Sangiovese-Traube und ihren Variationen basieren. Einige Namen stechen hervor und stehen meist für gute Qualität. Das Klassifizierungsschema »DOC« (*Denominazione di Origine Controllata*) oder »DOCG« bürgt heute aber nicht mehr immer für Qualität.

Die Weingüter um das Dorf San Gimignano werfen reiche Erträge ab

Viele Winzer bewerben sich gar nicht um das Sigel, produzieren aber dennoch erstklassige Weine unter der sehr bescheidenen Bezeichnung *vino da tavola* (Tafelwein).

Chianti: Es gibt Hunderte von Chiantiweinen – gute und schlechte. Das Konsortium *Gallo Nero* (Schwarzer Hahn) produziert einige gute Chianti und auch Fontodi, Felsina und Isole e Olena besitzen einen guten Ruf.

Supertoskaner: Unter diesem Oberbegriff versteht man hochpreisige Rotweine, die aus einer Kombination traditioneller und neuartiger Techniken unter Verwendung neuer Traubenmischungen produziert werden. Zu den Topnamen zählen Sassicaia, Querciagrande, Olmaia, Tignanello, Ceparello und die Weine aus Carmignano.

Montalcino: Dieser Ort ist für zwei namhafte Rotweine bekannt: den teuren Brunello di Montalcino und

Einer der vielen toskanischen Rotweine aus den Weinbergen um Pienza

freddo), Eistee mit Zitrone (*tè freddo*), Zitronenlimonade (*limonata*), *granita* (zerstoßenes Eis mit Kaffee oder Fruchtsirup) und *frappé* oder *frullati* (Milchshakes mit frischen Früchten und Eiscreme).

Früher Abend: Beliebte Aperitifs sind Campari soda, der fertig gemischt in einer dreieckigen Flasche zu haben ist (fragen Sie nach *Campari bitter*); Cynar, ein Getränk auf Artischockenbasis, und der antialkoholische Crodino. Gin und Tonic wird schlicht und einfach *gin tonic* genannt. Eis heißt *ghiaccio* und eine Scheibe Zitrone *un spicchio di limone*.

Nach dem Abendessen: Beliebt ist Grappa, ein klarer Schnaps, und der dunkle, herbe *amaro* (wörtlich: »bitter«) – Averna ist eine gute Marke. Süße Drinks sind Limoncello (auf Zitronenbasis), Amaretto (ein Mandellikör) und Sambuca (ein Anisgetränk). Beliebt ist auch Vin Santo, ein Dessertwein.

Olivenöl

Die toskanische Küche kann man sich ohne Olivenöl kaum vorstellen und die Landschaft ohne die Olivenhaine schon gar nicht. Seit einiger Zeit wird um den Olivenanbau und die Herstellung des Öls eine ähnliche Mystik aufgebaut, wie man sie von der Kunst des Kelterns kennt.

Fest steht, dass die besten Oliven auf Bäumen wachsen, die mindestens 50 Jahre alt sind, und dass Haine nicht an der Küste liegen sollten, wo sie schwankenden Temperaturen und Feuchtigkeit ausgesetzt sind. Aber auch in den Bergen gedeihen die Bäume nicht, da sie keine Temperaturen unter −8 °C vertragen. Zahllose Olivenbäume Mittelitaliens gingen im berüchtigten Winter von 1985 ein, als das Thermometer auf bis zu −20 °C fiel.

In der Regel erntet man Oliven von Ende Oktober bis

Die drei Vorzeigetugenden der Toskana auf einen Blick: die florentinische Architektur, exzellenter Kaffee und sommerliches Wetter

dessen preiswertere, aber jüngere Variante Rosso di Montalcino. Das renommierte Weingut Il Poggione produziert einen hervorragenden Brunello und Rosso.

Vino Nobile: Dieser sogenannte »König der Weine« aus der Umgebung von Montepulciano ist voller und kräftiger als der Chianti. Bekannte Hersteller sind Avignonesi, Poliziano, Fattoria del Cerro und Cantucci.

Vernaccia: Ein jahrhundertealter Wein, der Michelangelos Lieblingswein gewesen sein soll. Heute leider oft ein fader Trunk, der v. a. Touristen angeboten wird. Teruzzi e Puthod, Panizzi und Falchini stellen gute Jahrgänge her.

Tägliche Getränkekarte

Morgens: Zum Frühstück nimmt man Cappuccino oder *caffè latte* und vielleicht frisch gepressten (*spremuta*) oder in Flaschen abgefüllten Fruchtsaft (*succo di frutta*).

Mittags: Als Erfrischungen in der Mittagshitze gibt es kalten Milchkaffee (*caffè latte*

Januar. Um die Bäume werden grüne Netze gespannt, und Arbeiter, die durch die Haine gehen, schütteln mit langen Stäben die Äste, damit die Oliven herunterfallen. Auf kleineren Gütern pflückt man die Früchte zu Beginn der Saison per Hand, damit diese nicht beschädigt werden. Druckstellen würden dem Öl einen bitteren Geschmack geben. Um die beste Qualität zu erreichen, sollten Oliven spätestens 36 Stunden nach dem Pflücken zu Öl gepresst werden.

Öl aus industrieller Produktion, also jenes, das man in Supermärkten erhält, wird in der Herstellung mild gemacht. Das Klassifizierungsmerkmal »natives Öl« oder »extra natives Öl« besitzt heute nicht mehr seine frühere Bedeutung. Ein Öl muss weniger als 0,1 Prozent Säure besitzen, um die Bezeichnung »extra vergine« zu erhalten. Aber geringe Säure ergibt noch lange kein volles Aroma. Minimale Unterschiede im Säuregehalt sind am Geschmack nicht zu erkennen.

Qualitativ gutes Speiseöl ist v. a. von kleineren Herstellern erhältlich, die aber aufwendige und teurere Methoden anwenden. Zuerst werden die Oliven gewaschen, mit Mahlsteinen zu einem Brei verarbeitet, leicht erhitzt, um das Öl auszulassen, geknetet und dann auf gewebten Matten ausgelegt. Diese Matten werden in einer Presse gestapelt und ausgedrückt. Die daraus entstandene Flüssigkeit wird zentrifugiert, um das Öl herauszuschleudern. Die übrig bleibende Paste, *sansa*, kann z. B. als Treibstoff verwendet werden.

Auch kleinere Hersteller verwenden heutzutage zunehmend moderne Geräte und können so durchgehend produzieren. Dabei werden Oliven und Paste in sterilen, erhitzbaren Stahlcontainern bearbeitet, die leichter zu reinigen sind. Einige der besten Öle werden mittlerweile aus fein zerhackten Oliven gewonnen, die ganze Frucht also nicht mehr gepresst.

Unten rechts:
Der Zweig eines silberblättrigen Olivenbaums ...

Unten links:
... köstliche, pralle Oliven in einem Geschäft

Ein Tag auf der

Der Palio wird wegen der großen Gefahr für Ross und Reiter oft hart kritisiert

Sienas Palio gilt seit Jahrhunderten als harter Wettkampf

Die Bezeichnung »Sportereignis« beschreibt auch nicht nur annähernd das Spektakel oder die Tradition und historischen Hintergründe des populärsten Festes der Toskana.

Das Rennen, das seit 700 Jahren beinahe unununterbrochen stattfindet, wird von Vertretern der *contrade* (Stadtviertel) Sienas ausgetragen.

Die Einteilung der Stadtviertel geht auf das 13. Jahrhundert zurück. Damals waren es 42, heute sind es zwar nur noch 17, aber die alten Verbindungen und Rivalitäten sind so stark wie ehedem. Jede *contrada* verfügt über eine eigene Kirche, eine Taufquelle, einen Club, Flaggen, *alfiere* (Fahnenschwinger) und *tamborini*

Zweimal im Jahr wird Sienas Piazza del Campo zum Schauplatz eines Rennens – auf ungesattelten Pferden. Der Preis ist bescheiden, das Rennen kurz. Trotzdem ist der Palio einer der am härtesten umkämpften Wettkämpfe Europas.

Rennbahn

Die Vorbereitungen zum Palio beginnen bereits mehrere Monate davor. Betrügereien sind während dieser Zeit üblich, daher werden vor dem Rennen Pferde und Reiter streng bewacht. Jede *contrada* bemüht himmlischen Beistand, indem sie ihr Pferd in der eigenen Kirche segnet.

Beim feierlichen Einzug gehen Knappen in mittelalterlichem Kostüm den *contraden* voraus. Die Fernsehsender übertragen das Spektakel, und der Campo in Siena ist total überfüllt. Das Rennen ist hektisch und gefährlich und nach jedem Palio folgt die obligatorische Forderung, das Rennen endlich abzuschaffen. Gegenseitige Behinderungen sind ausdrücklich erlaubt.

Die siegreiche *contrada* feiert ihren Sieg mit einem riesigen Bankett und genießt wochenlang den Triumph.

(Trommler). Der eigenen *contrada* gehört man von Geburt an und ist ihr auf Lebenszeit loyal. Jahrhundertealte Fehden und längst vergessene Kränkungen kochen beim Palio wieder hoch, an dem jeweils zehn der siebzehn *contrade* teilnehmen.

Einst verlief das Rennen mitten durch die Straßen der Stadt, seit 1656 ist es jedoch auf drei Runden auf dem *campo* beschränkt. Der Siegerpreis ist allerdings noch der gleiche – das bestickte Banner (*pallium*), das dem Rennen seinen Namen gibt. Der Wettbewerb ist der hl. Maria gewidmet und wird zweimal im Jahr zu ihren Ehren ausgetragen – jeweils am 2. Juli und 16. August.

Ein junger Trommler in der Tracht seiner *contrada*

Wunderbares & Seltsames aus der Toskana

Mumifizierte Heilige: Die schrumplige, aber vollständige Leiche der hl. Zita aus dem 13. Jahrhundert, Schutzheilige der Mägde, ist in der Kirche San Frediano in Lucca zu sehen (➤ 161f).

Fässerrollen: eines der skurrilsten Feste der Toskana anlässlich des Bavio delle Botti. Bei diesem Wettbewerb im Fässerrollen, am letzten Sonntag im August, treten die acht Stadtviertel von Montepulciano gegeneinander an (➤ 135ff).

Heiligenreliquien: Einige der wichtigsten Reliquien der Toskana werden im Museo dell'Opera del Duomo (➤ 72) in Florenz aufbewahrt. Darunter befinden sich angeblich echte Nägel des Wahren Kreuzes, der Kiefer des hl. Hieronymus, ein Finger von Johannes dem Täufer, der Arm vom hl. Philipp und einer der Pfeile, die im Martyrium des hl. Sebastian verwendet wurden.

Der dampfende Platz: Zu den kuriosen Sehenswürdigkeiten der Toskana zählt ein Platz im Dorf Bagno Vignoni – eigentlich kein Platz, sondern eine Thermalquelle, eingefasst in ein Renaissancebecken. An kühleren Tagen steigt der Dampf gen Himmel (➤ 143).

Ein Wettkämpfer beim Fässerrollen anlässlich des Bravio delle Botti in Montepulciano

nachgebildet sind. Der Garten ist von der Straße aus zu sehen und gelegentlich geöffnet (Tel. (0564) 89 51 22; www.nikidesaintphalle.com für aktuelle Öffnungszeiten).

Gespenstische Gräber: Entlang der Straße zwischen den hübschen Dörfern Sorano und Sovana im Süden der Toskana sieht man Tausende kleiner Nischengräber, die in den Fels gehauen wurden. Diese Gräber stammen aus etruskischer Zeit und sind über 2000 Jahre alt (➤ 145).

Geneigt, aber nicht gekippt: An den Anblick des Schiefen Turms von Pisa hat man sich mittlerweile so gewöhnt, dass

Turm-Baum: Eine Steineiche hat sich einen ausgefallenen Standort ausgesucht. Sie steht trotzig auf dem 44 Meter hohen Torre Guinigi in Lucca (➤ 161).

Tarotgarten: Die auffälligsten Skulpturen der Toskana stehen in dem von Gaudí inspirierten Giardino dei Tarocchi bzw. Tarotgarten. Er liegt nahe dem Dörfchen Pescia Fiorentina zwischen Chiarone und Capalbio im Südwesten der Region. Die Bildhauerin Niki de Saint Phalle legte ihn 1976 an und schuf über 20 riesige Skulpturen, die den wichtigsten Tarotkarten

man vergisst, wie seltsam es ist, dass ein Turm von dieser Höhe und solch einem Gewicht bei dieser Abweichung – fast fünf Meter von der Vertikalen – überhaupt noch

entleert wird – das nächste Mal 2014. Die Kirchturmspitze ist manchmal auch so zu sehen. Der See liegt 15 Kilometer westlich von Castelnuovo di Garfagnana (➤ 170).

Kopflos: In der Kirche San Domenico in Siena kann man einen Reliquienschrein mit dem Kopf der hl. Katharina besichtigen (➤ 100f). Zahlreiche Körperteile der nach ihrem Tod zerstückelten Heiligen werden als Reliquien in ganz Italien ausgestellt.

Wachshorror: Die makaberste Ausstellung von Florenz befindet sich neben dem Palazzo Pitti im Museo di Zoologica La Specola (Via Romana 17, Tel. (055) 228 82 51, Do–Di 9 bis 13 Uhr, mittel). Sie besteht aus Hunderten anatomischer Nachbildungen aus Wachs: liebevoll geschaffene Arme, Augen, Schädel, Organe und ganze Körper im Längs- oder Querschnitt. Jedes noch so kleine Detail bis hin zur kleinsten Kapillare ist exakt und sorgfältig dargestellt.

Fabbriche di Careggine taucht auf, wenn das Wasser des Stausees abgelassen wird

Die Reliquie der hl. Katharina in San Domenico in Siena

steht. Man bemüht sich, eine extremere Schräglage zu verhindern (➤ 18).

Das versunkene Dorf: Im Lago di Vagli in der Gegend der Alpi Apuane liegt das versunkene Dorf Fabbriche di Careggine, das überflutet wurde, als ein Stausee angelegt wurde. Wirklich gespenstisch ist das Auftauchen des Dorfes aller zehn Jahre, wenn der See zum Säubern

Highlights auf einen Blick

Aussichtspunkte

In Florenz steigt man für den besten Blick über die Stadt auf den Campanile oder die Domkuppel (➤ 61), oder man geht zur San Miniato al Monte, wenn man zudem die Hügel der Toskana sehen will (➤ 75). Vom Torre del Mangia (➤ 92) in Siena sieht man den Campo und darüber hinaus; die Santa Mari dei Servi bietet einen weiten Blick auf das Umland. Das Museo dell'Opera del Duomo in Siena hat einen versteckten Aussichtspunkt (➤ 97). Vom Torre Grossa bzw. Torre Guinigi genießt man einen herrlichen Blick auf San Gimignano bzw. Lucca (➤ 105 und 161). Ausblicke auf die Südtoskana hat man von der Fortezza in Montalcino (➤ 138), von der Fortezza Medicea in Cortona (➤ 112), von der Stadtmauer in Pienza (➤ 134) oder vom Monte Amiata (➤ 143f).

Klöster

Unter den Klöstern der Toskana ragen Sant'Antimo (➤ 139) und Monte Oliveto Maggiore (➤ 130) hervor.

Oben: Sienas spektakulärer Campo, der schönste mittelalterliche Platz der Toskana

Unten: Das friedliche Kloster Sant'Antimo

Panoramastrecken

Zu den landschaftlich schönen Straßen – und derer sind viele – gehört die Straße SS222, die **Chiantigiana**, zwischen Florenz und Siena (➤ 181ff); die **Straße SS68 von Colle di Val d'Elsa und Volterra** (➤ 114f); die Bergstraßen in den **Alpi Apuane und Orecchiella** (➤ 169ff); die **Straße SS63** von Montecatini Terme nach San Marcello Pistoiese; die **Straße SS46** von San Quirico d'Orcia nach Pienza (➤ 132ff); und die Straßen **SS70, SS71 und SS556** in der Gegend von Casentino in der nordwestlichen Toskana zwischen Arezzo (➤ 108ff), Dicomano und Pontassieve.

Märkte

Außer Konkurrenz: Der **Mercato Centrale in Florenz** ist Europas größter überdachter Markt für Lebensmittel mit allen Spezialitäten der Toskana (➤ 71f).

Piazzas

An erster Stelle steht der **Campo in Siena** (➤ 92), wo der Palio stattfindet. Dicht gefolgt vom Campo dei Miracoli oder der Piazza del Duomo in Pisa, wo der Schiefe Turm und der Dom stehen (➤ 164). Die **Piazza Grande in Arezzo** (➤ 109) fesselt durch ihre steile Abschüssigkeit, während der Platz gleichen Namens in Montepulciano durch viele Straßencafés besticht (➤ 135). Die **Piazza San Michele in Foro in Lucca** verdankt ihre Schönheit der gleichnamigen Kirche in ihrer Mitte (➤ 156). Der kleine Dorfplatz von **Bagno Vignoni** ist eigentlich gar kein Platz, sondern eine natürliche heiße Quelle (➤ 143).

Eis

Das Eis von **Vivoli** in Florenz gilt schon seit Jahren als das beste der Toskana; manche würden sogar sagen – von ganz Italien (➤ 81).

Abendspaziergänge

Die ruhigen Straßen von fast jeder toskanischen Stadt laden zu Spaziergängen bei Sonnenuntergang ein. Besonders schön: die Promenade entlang der Stadtmauer an der **Piazza Dante in Pienza** (Insider-Tipp ➤ 134); auch die **Passeggiata del Prato in Cortona**; und ein Spaziergang im **Giardino di Boboli in Florenz** (➤ 75).

Strände

Der **Marina di Alberese** ist immer noch ein Geheimtipp: Man erreicht ihn von Rispecia aus, 6,5 Kilometer südlich von Grosseto. Der nahe gelegene Strand im **Parco Naturale della Maremma** ist auch sehr schön, man erreicht ihn aber nur per Bus von Alberese aus, acht Kilometer südwestlich von Rispecia. Nördlich von Grosseto führen Wege zu den Stränden unweit der Küstenstraße nach Castiglione della Pescaia. Im Norden hat **Viareggio** den schönsten Strand (➤ 168); weiter südlich liegen Punta Ala und Sandstreifen am Tombolo di Gianella und di Feniglia nahe Orbetello.

• Der Autor Carlo Lorenzini wurde 1826 in Florenz geboren. Bekannter als er selbst ist seine Schöpfung – Pinocchio.

• Eine Flut tötete 1966 in Florenz 39 Menschen, machte 14 000 Familien obdachlos, zerstörte 15 000 Autos und mehr als 1,5 Millionen Bücher und Manuskripte. An einigen Stellen lag der Wasserspiegel sechs Meter über der Straße.

• Das Zeichen der Medici – sechs Pillen auf einem Schild – taucht noch auf Gebäuden oder Kunstwerken in der Toskana auf. Jedoch kennt keiner die ursprüngliche Bedeutung.

Wussten Sie das?

• Zwei antike Säulen flankieren die Osttüren zur Taufkapelle in Florenz. Ihre polierten Oberflächen deckten angeblich Verrat auf, weshalb die Bürger Pisas sie mit Absicht zerstörten, bevor sie sie Florenz schenkten.

• Ein Gesetz im mittelalterlichen Florenz besagte, dass man dreimal laut warnen sollte, bevor man den Nachttopf auf die Straße entleerte.

• Bis 1750 begann der florentinische Kalender mit dem 25. März, Mariä Verkündigung und Fleischwerdung Jesu.

• Die mittelalterlichen Ratsmitglieder von Florenz, die Priori, erfreuten sich der Dienste eines professionellen Witzeerzählers, des Buffone.

• Michelangelo behauptete, seine Fähigkeiten als Bildhauer habe er mit der Milch seiner Amme eingesogen – sie kam aus der Marmorstadt Carrarra.

• Pistoia besitzt die *cintola* (Gürtel) der Jungfrau Maria, die sie dem Apostel Thomas bei ihrer Auffahrt in den Himmel zugeworfen haben soll.

• Zwei der berühmtesten »mittelalterlichen« Kirchenfassaden von Florenz – vom Duomo und von der Santa Croce – stammen tatsächlich aus dem 19. Jahrhundert.

• Galileo ließ Bälle verschiedenen Gewichts vom Schiefen Turm in Pisa fallen, um Aristoteles' Lehre von der Beschleunigung fallender Körper zu widerlegen.

• Die Rivalität zwischen den toskanischen Städten verdeutlicht ein Sprichwort: »Lieber einen Toten in der Familie als einen Pisaner an der Tür«. Der Spruch stammt aus Lucca, wurde aber für alle Städte der Toskana angepasst.

• Florenz war von 1865 bis 1871 die Hauptstadt Italiens.

Pinocchio-Puppen in einem toskanischen Straßenstand

Erster Überblick

Ankunft

Mit dem Flugzeug

Man hat vier Möglichkeiten, den Toskana-Urlaub per Flugzeug anzutreten:
- **Rom** verfügt über die meisten internationalen Flugverbindungen. Dafür braucht man aber drei Autostunden, um von dort nach Pisa oder Florenz zu kommen (den Süden der Toskana erreicht man etwas schneller).
- **Pisa** wird von etlichen europäischen Linien- und Charterflügen angeflogen. Nach Florenz braucht man mit dem Zug oder dem Auto ca. eine Stunde. Auch für Siena, Chianti, den Westen und den Norden der Region günstig.
- **Bologna** liegt in der Region Emilia-Romagna, nördlich der Toskana, und hat einen internationalen Flughafen. Nach Florenz per Bahn oder Auto braucht man etwa 80 Minuten. Die Reiseroute ist aber etwas komplizierter, Bologna liegt daher ungünstiger als Pisa für eine Reise in die Toskana.
- **Florenz** besitzt einen kleinen Flughafen und ist der ideale Ankunftsort für die Hauptstadt der Toskana sowie das zentrale und östliche Gebiet der Region. Da der Flughafen klein ist, wird er von nur wenigen kleinen internationalen Fluggesellschaften angeflogen.

Von Rom

Der Flughafen von Rom heißt offiziell Leonardo da Vinci (Tel. (06) 65 951; www.adr.it), aber ist allgemein unter dem Namen **Fiumicino** bekannt.
- Schalter für **Autovermietungen** sind zu Fuß von der Hauptankunftshalle zu erreichen und befinden sich in der Nähe des Bahnhofs, von wo aus Züge in die Innenstadt fahren (➤ 38). Nehmen Sie die Unterführung oder die überdachte Brücke über den Parkplatz vor dem Hauptterminal zum Bahnhof. Der Weg ist ausgeschildert.
- **Mit dem Auto vom Flughafen Rom** kommend, folgt man erst der Beschilderung nach Rom (Roma) auf der Straße vom Flughafen in Richtung der Vororte. Nach elf Kilometern achte man auf die Ausschilderung nach Florenz (Firenze) und den Grande Raccordo Anulare (GRA), die Ringautobahn Roms. Man muss aufpassen, denn die Abfahrt kommt unvermittelt. Dann fahren Sie für ungefähr 35–45 Minuten auf dem GRA im Uhrzeigersinn bis zur Abfahrt 10 (Firenze-A1). Von dort aus sind es noch 240 Kilometer auf der gebührenpflichtigen Autobahn (*autostrada*) A1 nach Florenz.
Wenn Sie in den Westen der Toskana wollen, verlassen Sie die Autobahn früher und folgen Sie der Beschilderung nach Civitavecchia und der SS1 Via Aurelia, der Hauptverkehrsstraße an der Westküste nach Grosseto und Pisa.
- **Züge vom Flughafen Rom** nach Florenz, Pisa oder Arezzo: Nehmen Sie zuerst den **Shuttle-Zug vom Flughafen nach Termini**, den Hauptbahnhof Roms. Die Shuttles fahren im Halbstundentakt und brauchen 30 Minuten nach Rom. Fahrkarten erhält man am Flughafen am Schalter rechts in der Bahnhofshalle mit Blick auf die Bahnsteige. Man kann hier gleich die Tickets für die Weiterfahrt kaufen, was langes Warten in Termini erspart.
- **Züge nach Florenz** fahren mindestens stündlich von Termini. Die schnellsten Züge (Eurostar und Intercity) brauchen weniger als zwei Stunden, der langsamste bis zu vier. Für die Schnellzüge werden Zuschläge erhoben. Bitte vergessen Sie nicht, das Ticket vor der Fahrt zu entwerten (➤ 40).

Von Pisa

Pisas **Flughafen Galileo Galilei** (Fluginformation Tel. (050) 84 93 00, Zentrale (050) 84 91 11; www.pisa-airport.com) liegt 95 Kilometer westlich von

Florenz. Er wird von etlichen europäischen **Linien-** und **Charterflügen** ange-steuert. In der Ankunftshalle befindet sich eine Touristeninformation, ein Fahr-kartenbüro für Trenitalia (FS)-Züge (siehe unten) und, direkt in der Nähe der Zollabfertigung, einige Schalter von **Autovermietungen**.

- **Mit dem Auto:** In der Nähe des Flughafens führen einige Autobahnen und Schnellstraßen vorbei, z. B. nach Livorno (A12 nach Süden), nach Viareggio und Lucca (A12 nach Norden) und die A11 über Empoli (hier biegt man nach Siena ab) nach Florenz. Das Straßennetz ist allerdings sehr kompli-ziert, achten Sie daher unbedingt auf die Ausschilderung am Flughafen.
- **Mit dem Zug:** Sechs **direkte Zugverbindungen** gibt es täglich von Pisa Aero-porto (Flughafen Pisa) zum Hauptbahnhof Santa Maria Novella von Florenz. Man braucht 1 Stunde und 20 Minuten. Die meisten Züge hal-ten in Empoli, wo man nach Siena umsteigen kann. Ein Shuttle-Zug fährt stündlich vom Flughafen Pisa zum Pisa Centrale, dem Hauptbahnhof Pisas, wo weitere Verbindungen nach Florenz (auch nach Lucca und andere toskanische Städte) bestehen. Der Fahrkartenschalter am Flug-hafen, direkt vor der Zollabfertigung, verkauft Tickets nach Florenz über Pisa Centrale.
- **Mit dem Bus:** Reisende, die eine gültige Bordkarte der Fluglinien Ryanair, Easyjet oder Hapag-Lloyd Express besitzen, können die Busse der Firma Terravision (Tel. (06) 32 12 00 11; www.terravision.it) zum Bahnhof Santa Maria Novella in Florenz nutzen. Die Busse fahren von 8.40 bis 22.35 Uhr und benötigen 70 Minuten. Tickets kosten 7.50 € (13.50 € Hin- und Rückfahrt) und sind beim Terravision-Schalter in der Ankunfts-halle oder (auf dem Rückweg von Florenz) im Büro der BOPA auf Bahn-steig 5 im Santa Maria Novella zu bekommen. Die Busse zum Flughafen Pisa fahren vor dem Bahnhof von 5.50–19.30 Uhr ab.

Von Florenz

Der Flughafen von Florenz heißt offiziell Amerigo Vespucci (Informationen 7.30 bis 23 Uhr unter Tel. (055) 31 58 74; Informationen zu internationalen Flügen rund um die Uhr unter Tel. (055) 306 17 02; Informationen zu Inlandsflügen unter Tel. (055) 306 17 00; www.safnet.it), wird aber auch **Peretola** genannt. Er liegt nur vier Kilometer nordwestlich des Stadtzentrums und wird von eini-gen **Linien- und Charterflügen** direkt angeflogen. In der kleinen Ankunftshalle befinden sich eine Touristeninformation (Tel. (055) 31 58 74, tägl. 7.30 bis 23.30 Uhr) und etliche Schalter für **Mietwagen**.

- **Mit dem Taxi** (in Florenz sind die Taxis weiß) in die Innenstadt zu fahren, ist zwar die teuerste Variante, dafür aber auch die bequemste. Bei leichtem Verkehr braucht man 15 Minuten. Taxis warten vor der Ankunfts- und der danebenliegenden Abflughalle. Man sollte **18–20 Euro** einkalkulieren. Der Preis erhöht sich für Gepäckstücke im Kofferraum, Fahrten an Sonn- und Feiertagen sowie Fahrten zwischen 22 und 6 Uhr.
- **Mit dem Bus nach Florenz** kommt man mit dem **ATAF-SITA »Vola in bus«** **Service**. Tickets kann man für 4 Euro im Bus kaufen. Sie fahren täglich halbstündlich von 5.30–20.30 Uhr, danach jede Stunde. Die Busse star-ten direkt vor der Ankunftshalle und fahren zum Busbahnhof an der Via Santa Caterina da Siena, die drei Gehminuten vom Hauptbahnhof Santa Maria Novella entfernt ist. Informationen bei ATAF (Tel. (800) 42 45 00; www.ataf.net) oder bei SITA (Tel. (800) 37 37 60; www.sita-on-line.it). Die Telefone sind Mo–Fr 8–19, Sa–So 8–13 Uhr besetzt.
- **Mit dem Auto in die Toskana:** Der **Peretola Flughafen** liegt an einem zehn Kilometer langen Zubringer der Autobahn A11, die nach Westen zum großen Autobahnkreuz der A11 und A1 zwischen Prato und Florenz führt. Von da aus haben Sie Anschluss an Verbindungen in den Norden, Westen und Süden der Toskana.

Von Bologna

Bolognas **Flughafen Guglielmo Marconi** (Tel. (051) 647 96 15; www.bologna-airport.it) liegt 105 Kilometer nordöstlich von Florenz. Hier treffen **Linienflüge** verschiedener Fluggesellschaften ein, darunter Alitalia, Air France, British Airways, SAS, Lufthansa, aber auch **Charter- und Billigflüge**. Alle größeren **Mietwagenfirmen** betreiben Schalter im Terminal A (Ankunftshalle).

- **Mit dem Auto von Bologna:** Die beste Verbindung in die Toskana bietet die Autobahn A1 nach Süden, die die A11 (Lucca – Florenz) zwischen Prato und Florenz kreuzt. Beachten Sie bitte, dass die A1, die durch die Apenninen von Bologna nach Florenz führt, eine **stark befahrene Strecke** ist, mit zahlreichen Kurven und Tunnel.
- **Mit dem Zug von Bologna:** Um nach Bologna Centrale, dem Hauptbahnhof, zu kommen, nimmt man vom Flughafen ein Taxi oder den »Aerobus«-**Shuttle** (Tel. (051) 29 02 90). Der Aerobus fährt etwa alle 20 Minuten zwischen 7.45 und 23.45 Uhr unweit des Terminal A ab. Die Fahrt zum Bahnhof dauert rund 25 Minuten und kostet 4,50 Euro. Von Bologna Centrale verkehren regelmäßig schnelle Züge (2–3 pro Stunde) nach Florenz. Die Fahrt dauert eine gute Stunde. Die Fahrkarten müssen vor Fahrtantritt entwertet werden (➤ 40).

Ankunft mit dem Zug

- Florenz ist ein **Knotenpunkt für Züge** aus ganz Europa und bietet direkte Verbindungen nach Paris, Frankfurt und weitere europäische Großstädte. Der Hauptbahnhof, Santa Maria Novella, liegt nahe der Innenstadt der toskanischen Hauptstadt, nur wenige Gehminuten von der Piazza del Duomo (➤ 59ff) und Piazza della Signoria (➤ 64f).
- Einige der **internationalen Zugverbindungen** nach Rom folgen der Hauptverbindungsroute Italiens entlang der Küste und machen in Pisa Halt.
- Mehr Information über **italienische Zugverbindungen** gibt die staatliche Bahn, die Ferrovie dello Stato, auch FS genannt (Tel. (848) 88 80 88; www.fs-online.it oder www.trenitalia.it; tägl. geöffnet 7–21 Uhr).

Unterwegs in der Toskana

Am besten erkundet man die Toskana mit dem Auto. Aber auch mit Bus und Bahn erreicht man fast alle Sehenswürdigkeiten der Region. Autos kann man an den Flughäfen in Pisa, Florenz, Rom und Bologna mieten (➤ 36ff). Internationale und lokale Autovermietungen sind auch in vielen Städten zu finden. Dort zu fahren und zu parken kann allerdings problematisch werden, besonders in Siena und Florenz, wo Großteile der Innenstadt für den Autoverkehr gesperrt sind.

Mit dem Auto

Um in Italien Auto zu fahren, braucht man einen **gültigen Führerschein**. Während Führerscheine aus EU-Staaten anerkannt werden, müssen die anderer Länder in italienischer **Übersetzung** vorliegen. Übersetzungen besorgen die staatliche italienische Touristeninformation oder die Autoclubs der Heimatländer. Wer sein Auto aus dem Ausland einführt, braucht den **Fahrzeugschein**; als **Versicherungsnachweis** wird die Grüne Versicherungskarte empfohlen.

- **Autovermietung:** Man muss über 21 Jahre alt sein und einen gültigen Führerschein besitzen (siehe oben), um in Italien ein Auto zu mieten. Es ist meist

preiswerter, ein Auto bei der Buchung des Flugs gleich mitzumieten. Reiseveranstalter oder -büros informieren über solche Buchungskombinationen. Man kann Autos auch vor Abreise bei den großen Anbietern im Heimatland über deren Internetseiten oder telefonisch buchen. Vor Ort in der Toskana erkundigt man sich am besten bei der Touristeninformation oder schaut in die Gelben Seiten (*pagine gialle*) unter *autonoleggio* (Autovermietung).

Straßenverkehrsregeln

- In Italien herrscht **Rechtsverkehr**. Bei fehlenden Vorfahrtsschildern gilt rechts vor links.
- Straßenschilder sind blau, auf den Autobahnen (*autostrade*) aber grün.
- Anschnallen auf den Vorder- und Rücksitzen ist **gesetzlich Pflicht**.
- Wenn nicht anders angegeben, liegt die **Geschwindigkeitsbegrenzung** in geschlossenen Ortschaften bei 50 km/h, 90 km/h auf Land- und Fernstraßen, die als *nazionale* (N) oder *strada statale* (SS) ausgewiesen sind, und bei 110 km/h auf mehrspurigen Autostraßen (*superstrade*) sowie 130 km/h auf Autobahnen (*autostrade*).
- Auf Autobahnen (*autostrade*) ist **Maut** zu entrichten. Ziehen Sie an der Auffahrt zur Autobahn ein Ticket am Automaten und zeigen Sie es bei den Beamten am Schalter vor, wenn Sie abfahren möchten.
- In ländlichen Gegenden der Toskana gibt es oft **Schotterpisten**, *strade bianche* (weiße Straßen) genannt. Sie sind auf Straßenkarten verzeichnet und für Autos durchaus gut befahrbar.
- **Benzin** heißt *benzina*, Diesel *gasolio*. Tankstellen richten sich nach den üblichen Öffnungszeiten (i.d.R. 13–15.30 Uhr geschl.), viele sind sonntags geschlossen. Tankstellen an Autobahnen haben durchgängig und täglich geöffnet. Kleinere Tankstellen auf dem Land akzeptieren manchmal keine Kreditkarten. Viele Tankstellen verfügen über Tankautomaten, die rund um die Uhr in Betrieb sind und Euro-Banknoten annehmen.
- Als beste Toskana-**Karte** gilt die grüne Karte des Touring Club Italia im Maßstab von 1:200 000. Der für die Toskana relevante Kartenteil besitzt die Nr. D39. Die Karte ist erhältlich in toskanischen Buchläden oder in gut sortierten Fachhandlungen im Ausland.
- Es ist schwierig, in toskanischen Städten einen **Parkplatz** *(parcheggio)* zu finden, besonders in Siena und Florenz. **Parkscheinautomaten** *(parcometro)* sind mittlerweile die Regel. Parken Sie lieber in den Vororten und fahren Sie mit dem Bus in die Innenstadt oder unternehmen Sie Tagesausflüge mit der Bahn nach Florenz. Lassen Sie kein Gepäck und Wertgegenstände im Auto!
- Sollte das Auto einmal liegen bleiben, schalten Sie das Warnblinklicht ein und stellen das Warndreieck etwa 50 Meter hinter den Wagen. Beachten Sie, dass außerhalb geschlossener Ortschaften das Tragen einer Warnweste Pflicht ist, wenn man sich auf der Fahrbahn aufhält. Vom nächsten Telefon aus ruft man den **Pannendienst** (Tel. 116) und gibt den Standort sowie die Automarke und das Kennzeichen durch. Etliche Autovermietungen haben ihre eigene Vorgehensweise bei Pannen, erfragen Sie diese bei Anmietung.
- Im Falle eines **Unfalls** stellt man ebenfalls das Warndreieck auf (Warnweste nicht vergessen, siehe oben). Die Notrufnummern lauten: Notruf 113, Polizei 113 und Pannendienst 116. Sie sollten am Unfallort keine belastenden Aussagen oder Schuldbekenntnisse abgeben. Bitten Sie Unfallzeugen, vor Ort zu bleiben, und tauschen Sie mit den Unfallbeteiligten Namen, Adressen und Versicherungsdetails aus. Der Polizei schildern Sie den Unfallhergang.

Mit dem Zug

Züge sind **schnelle und zuverlässige Verbindungen** zwischen vielen Städten der Toskana. Vom Bahnhof Santa Maria Novella in Florenz haben Sie gen Süden nach Arezzo und Cortona Anschluss, mit Anbindung von Arezzo nach Poppi

und Stia im Herzen des Casentino. Verbindungen von Florenz nach Westen erreichen Prato, Pistoia, Lucca und Viareggio. Von Lucca aus führt eine Panoramastrecke gen Norden durch die Garfagnana nach Aulla. Eine weitere Bahn-
linie von Florenz in westlicher Richtung geht nach Empoli (und Pisa) und dann
gen Süden nach Siena; sie führt weiter durch die schöne Landschaft nach
Buonconvento und Grosseto nahe der Küste. Italiens wichtigste **Verbindung an
der Westküste**, von Rom nach Genua, verläuft entlang der toskanischen Küste
und verbindet Pisa mit einigen kleineren Städten.

- In Italien gibt es verschiedene Zugtypen. Die schnellsten sind **Intercity** und
  Eurostar. In Letzteren sollte man freitags und sonntags reservieren (it.: *una
  prenotazione*). In der Regel kann man sonst Plätze bis kurz vor Abfahrt
  buchen. Beide Züge verkehren nur auf Hauptstrecken wie Florenz–Rom,
  Rom–Bologna oder Rom–Pisa–Genua. Langsamere Züge, die in kleineren
  Städten halten, heißen *espressi* (ES), *diretti* (Dir), *regionali* (Reg) oder *inter-
  regionali* (IR).
- **Fahrkarten** *(biglietti)* kann man an den Bahnhöfen, in manchen Reisebüros
  und – für Kurzstrecken wie von Florenz nach Siena – auch an Zeitungs-
  kiosken kaufen. Man reist erster *(prima)* oder zweiter *(seconda)* Klasse. Eine
  einfache Fahrt heißt *andato*, Hin- und Rückfahrt *andato e ritorno*.
- Für Schnellzüge wie den Intercity (IC) oder Eurostar (siehe oben) benötigt
  man neben der Fahrkarte einen **Zuschlag** *(supplemento)*. Lösen Sie ihn
  direkt zuammen mit dem Ticket, denn im Zug ist er teurer als am Schalter.
- Welchen Zug man auch nimmt, man muss die **Fahrkarte** vor der Fahrt **entwerten**. Die Entwerter sind meist gelb oder goldfarben und befinden sich auf
  dem Bahnsteig oder in der Bahnhofshalle. Eine Fahrt mit nicht entwertetem
  Ticket führt bei einer Kontrolle zu einer sofortigen **Geldstrafe**.
- Mit einer **Bahncard**-ähnlichen Karte, die es bei der italienischen Bahn gibt,
  können auch Touristen in den Genuss einer Fahrpreisermäßigung kommen.
  Allerdings lohnt sie für die kurzen Strecken innerhalb der Toskana nicht.
- Die **Fahrpläne** sind eingeteilt in *arrivi* (Ankunft) und *partenze* (Abfahrt). Ers-
  tere sind meist weiß, Letztere gelb. Von großem Nutzen kann der *pozzorario*,
  ein Taschenfahrplan, sein, der an jedem Zeitungskiosk erhältlich ist.

Mit dem Bus

Stadtbusse heißen *autobus*, Überlandbusse *pullman* oder *corriere*. Sie verbinden die wichtigsten Städte wie Florenz, Pisa, Lucca und Siena miteinander
sowie auch kleinere Städte und entlegenere Ortschaften. Der Service ist zuver-
lässig und preiswert. Kleinere Orte werden allerdings relativ selten angefahren.
Außerdem ist eine Zugfahrt (siehe oben) meist schneller.

- **Stadtbusse:** Die meisten toskanischen Städte lassen sich aufgrund ihrer
  geringen Größe gut zu Fuß erschließen. Lediglich in Florenz ist ein Stadtbus
  hilfreich. Die orangefarbenen Busse gehören der **ATAF** (Tel. (800) 42 45 00,
  tägl. 7–20 Uhr; www.ataf.net). Fahrscheine sollte man sich vor Fahrtantritt
  besorgen. Man bekommt sie an Kiosken, in Gaststätten, die mit einem ATAF-
  Symbol gekennzeichnet sind, an Fahrscheinautomaten oder im ATAF-Büro,
  das unweit des Osteingangs des Bahnhofs Santa Maria Novella liegt. Die
  Karten sind je nach Preis eine oder drei Stunden nach Entwertung im Bus
  gültig (1–1,80 Euro). An den gleichen Verkaufsstellen gibt es auch **Ein-,
  Zwei-, und Dreitagestickets** (4,50/7,60/9,60 Euro), die ähnlich zu entwerten sind. Mit kleinen **Elektrobussen**, die vier Stadtrouten (A, B, C und D)
  anbieten, kann man die Stadt sehr gut erkunden.
- **Überlandbusse:** Die Städte verfügen selten über einen richtigen Busbahnhof
  (Florenz ist hier eine Ausnahme). Stattdessen halten die Busse einfach am
  größten Platz oder am Bahnhof eines Ortes. Erkundigen Sie sich am besten
  vorher bei der Touristeninformation. Tickets muss man in der Regel vor
  Fahrtantritt kaufen, in größeren Städten wie Siena oder Lucca gibt es extra

Fahrkartenschalter. Fahrscheine sind an Kiosken, an Bahnhöfen oder in den Cafés nahe der Haltestelle erhältlich. Die Überlandbusse sind meistens blau.

Touristeninformation

Arezzo
- Piazza della Repubblica 22; Tel. (0575) 37 76 78; www.apt.arezzo.it; Mai–Sept. Mo–Sa 9–13, 15–18.30 oder 19, So 9–13 Uhr

Cortona
- Via Nazionale 42; Tel. (0575) 63 03 52; www.cortona.net; Mai–Sept. Mo–Sa 9–13, 15–19, So 9–13 Uhr; Okt.–April Mo–Fr 9–13, 15–18, Sa 9–13 Uhr

Florenz
- Via Cavour 1r; Tel. (055) 29 08 32/29 08 33; Mo–Sa 8.30–18.30, So 8.30–13.30 Uhr
- Borgo Santa Croce 29r; Tel. (055) 234 04 44; Mai–Sept. Mo–Sa 9–19, So 8.30–13.30 Uhr; Okt.–April tägl. 9–13.30 Uhr
- Piazza della Stazione 4a; Tel. (055) 21 22 45; Mo–Sa 9–19, So 8.30 bis 13.30 Uhr

Lucca
- Porta di San Donato, Piazza San Donato, bei der Piazzale Giuseppe Verdi; Tel. (0583) 583 15 00 oder (0583) 44 29 44; www.luccaturismo.it oder www.comune.lucca.it; tägl. März–Okt. 9–19 Uhr; Nov.–Feb. 9–17.30 Uhr

Montepulciano
- Via Gracciano del Corso 59r; Tel. (0578) 75 73 41; www.comune.monte pulciano.si.it oder www.prolocomontepulciano.it; April–Okt. Mo–Sa 9.30 bis 12.30, 15–19, So 9.30–12.30 Uhr; Nov.–März Mo–Sa 9.30 bis 12.30, 15–18, So 9.30–12.30 Uhr

Pienza
- Palazzo Comunale, bei Piazza Pio II, Corso Rossellino 59; www.comune dipienza.it; Tel. (0577) 74 90 71; Mo–Sa 10–13, 15–19 Uhr

Pisa
- Piazza Vittorio Emanuele II 16; Tel. (050) 422 91; Mo–Fr 9–19, Sa 9–13 Uhr
- Piazza del Duomo (Campo dei Miracoli); Tel. (050) 56 04 64; tägl. 9.30–18.30 Uhr

San Gimignano
- Piazza del Duomo 1; Tel. (0577) 94 00 08; www.sangimignano.com; tägl. März–Okt. 9–13, 15–19 Uhr; Nov.–Feb. 9–13, 14–18 Uhr

Siena
- Am Platz vor der Piazza del Campo 56; Tel. (0577) 28 05 51; www.terre siena.it; Mo–Sa 9–19 Uhr

---

Eintrittspreise
Eintrittsgelder für Museen und Sehenswürdigkeiten werden durch folgende Preiskategorien angezeigt:
Preiswert: unter 4 Euro **Mittel:** 4–6,50 Euro **Teuer:** über 6,50 Euro

Übernachten

Toskanische Städte und Dörfer verfügen generell über eine breite Palette an Unterbringungsmöglichkeiten. In Städten wie Florenz und Siena sind sie teurer als im Rest Italiens. In den Touristenzentren ist es äußerst ratsam, lange im Voraus zu reservieren, besonders zwischen Juni und September. Auf dem Land sind Unterkünfte relativ leicht zu finden, etwa auf Bauernhöfen oder im Rahmen des *agriturismo*. Man sollte beachten, dass vor allem in kleineren Städten einige Hotels für die Monate Januar, Februar und August schließen.

Hotelklassifikation

- Jedes italienische Hotel *(albergo)* wird mit **einem bis fünf Sternen** bewertet. Die alte Klassifikation *pensione (locanda)* für ein kleines Hotel (manche mit Restaurant) gibt es nicht mehr. Es gibt aber noch Hotels mit einem Stern, die sich *pensione* nennen.
- Die Bewertung richtet sich nach dem **Umfang der Ausstattung** eines Hotels, weniger nach Zustand, Qualität, Service oder anderem. Hotels mit nur einem Stern sind immer preisgünstig. Hier muss man sich oft ein Badezimmer teilen, nur wenige Zimmer verfügen über ein eigenes Bad. Zimmer in 2-Sterne-Hotels haben ein eigenes Bad, die Zimmer in 3-Sterne-Hotels sind auch mit Telefon und TV-Geräten ausgestattet. Der Sprung zum 4-Sterne-Hotel ist gewaltig, was sich in den Preisen und der Ausstattung der Hotelräume niederschlägt. 5-Sterne-Hotels, von denen es einige in der Toskana gibt, brillieren mit luxuriöser Ausstattung und erstklassigem Service. Zunehmend etablieren sich auch Gasthäuser in der Art eines Bed-and-Breakfast.

Agriturismo

- *Agriturismo* nennt sich in Italien der **Urlaub auf dem Lande**. Diese Form des Tourismus findet immer mehr Anhänger und in der Toskana hat man mittlerweile eine breite Auswahl an dieser Art von Unterkünften. Die Urlauber sind auf Bauernhöfen, Gutshäusern oder Weingütern untergebracht, die teilweise noch in Betrieb sind. Oft liegen die renovierten bzw. umgebauten Räume oder Ferienwohnungen aber etwas abseits des bäuerlichen Betriebs. Zu den Freizeitangeboten gehört u. a. Reiten, viele Unterkünfte verfügen im Gegensatz zu den Hotels in den Städten sogar über Swimmingpools.
- Die Preise sind vergleichsweise günstig. Obwohl die Räume meist einfach sind, sind sie gepflegt und modern eingerichtet. In der Hauptsaison werden Zimmer erst ab einem **Mindestaufenthalt** von zwei Tagen vermietet. Ein längerer Aufenthalt wird aber oft mit einem Preisnachlass vergütet. Kleine Apartments eignen sich besonders für Familien.
- Umfangreiche Listen dieser Unterkünfte gibt es noch nicht, aber die meisten lokalen **Touristeninformationen** wissen über die Einrichtungen in der Umgebung Bescheid. Oft hilft auch der Zufall – häufig entdeckt man die gelben Hinweisschilder einfach unterwegs.

Lage

- Einen besonderen Reiz stellen Unterkünfte im **Zentrum** *(centro)* dar. Man wohnt in unmittelbarer Nähe zu den Sehenswürdigkeiten und vielleicht inmitten eines mittelalterlichen oder Renaissance-Stadtteils. Hotels in den **Vororten** *(la periferia)* besitzen dagegen nicht so viel bzw. moderneres Ambiente. Allerdings sollte man nicht vergessen, dass das Parken in größeren Städten wie Florenz oder Siena ein Problem werden kann. Dies ist in den Außenbereichen nicht der Fall. Manche Stadthotels verfügen über eigene Parkplätze *(parcheggio privato)*, allerdings sind die Plätze oft begrenzt.

- In **Florenz** finden sich die meisten preisgünstigen Hotels in den Straßen östlich des Bahnhofs – Via Faenza, Via Nazionale und Via Fiume – und in den Straßen um die Piazza della Libertà in der nordöstlichen Ecke der Innenstadt. Um von dort in die Innenstadt zu gelangen, ist man auf Taxi oder Bus angewiesen. Die Hotels in Bahnhofsnähe liegen zwar günstiger, aber wie in den meisten Städten sind die Bahnhofsgegenden nicht sehr anheimelnd.

Lärm

- Lärm kann in toskanischen Städten auch in den besseren Hotels zum Problem werden. Manchmal nimmt man besser ein Zimmer mit Fenster zum Innenhof bzw. -garten, denn in heißen Sommernächten muss man – außer das Zimmer hat eine Klimaanlage – unweigerlich bei offenen Fenstern schlafen.
- Urlauber wundern sich oft über den Lärm, der selbst in den Dörfern herrscht. Kirchenglocken, stark frequentierte Plätze oder Hauptstraßen, bellende Hunde, Hahnenkrähen, Teenager auf ihren Vespas – das und vieles mehr kann einem schon mal den Schlaf rauben. Nehmen Sie sicherheitshalber **Oropax** mit.

Preise

- Preise pro Hotelzimmer *(camera)* sind **gesetzlich festgelegt** und müssen in der Lobby eines Hotels und in den Zimmern **ausgehängt** werden. Innerhalb eines Hotels können Preise **schwanken**, daher sollten Sie sich erst verschiedene Zimmer ansehen.
- Preise beinhalten meist alle **Steuern**, aber man sollte auf **Aufpreise** achten, die z. B. für ein überteuertes **Frühstück** *(prima colazione)* anfallen können. Es ist billiger, in einer Bar zu frühstücken. Frühstücksbüfetts werden zwar immer häufiger angeboten, aber meist besteht das Frühstück in einem toskanischen Hotel immer noch nur aus Brötchen mit Marmelade und Kaffee.
- In manchen Hotels werden z. B. auch **Klimaanlage** *(aria condizionata)* oder ein Garagenstellplatz zusätzlich berechnet.

Preise
Für ein Doppelzimmer gelten folgende Preise:
€ unter 100 Euro   €€ 100–175 Euro   €€€ über 175 Euro

Buchungen

- Für Übernachtungen in Florenz und Siena sollte man ganzjährig unbedingt **im Voraus** buchen. Lediglich November, Januar und Februar sind etwas ruhiger. Zu Ostern und von Juni bis September ist am meisten los.
- Auch in kleineren Städten sollte man rechtzeitig buchen, wenn der Besuch mit **Festivals** oder einem **kulturellen Fest** zusammenfällt.
- **Reservierungen** sollten telefonisch gemacht und dann per Fax oder E-Mail bestätigt werden. Man sollte auch erwägen, die Buchung ein paar Tage vor der Ankunft noch einmal zu bestätigen. Ein Doppelzimmer mit zwei Betten heißt *una doppia*, mit Doppelbett *una matrimoniale*. Ein Einzelzimmer wird *una singola* genannt.
- Hoteliers sind verpflichtet, ihre Gäste **polizeilich zu melden**. Man legt beim Einchecken den Pass oder Personalausweis vor, der spätestens bei der Abreise zurückgegeben wird.
- Die **Abreisezeit** liegt zwischen 10 und 12 Uhr.

Villen und Apartments

- Unten aufgeführt, finden Sie einige ausgewählte Agenturen, die Villen, Apartments und Bauernhäuser zur Vermietung in ihrem Angebot führen.

Toskana Holiday GmbH. Vermittlung von Ferienwohnungen in der Toskana und Umbrien. Die Agentur hat mehr als 460 Villen im Angebot. Buchungsbüro Toskana: Tel. (0039) 0575-84 61 19; Fax (0039) 0575-84 66 35; E-Mail: toskanaholiday@inwind.it; www.toskana-holiday.de
Ferien-privat. Eine Plattform der InterDomizil GmbH. Urlaubsunterkünfte (Ferienhäuser, Apartments oder Ferienwohnungen) auf Weingütern in privater Atmosphäre in der Toskana. Tel. (040) 43 09 32 70; Fax (040) 43 09 32 83, www.ferien-privat.de; E-Mail: info@ferien-privat.de
Klassik Tour Toscana. Katalog unter www.toskana.com

Essen und Trinken

Essen und Trinken in der Toskana kann ebenso wie die historischen Städte und die Landschaft (➤ 20ff) ein Erlebnis sein. Die Restaurants reichen von Gourmettempeln, die im Michelin verzeichnet sind, bis hin zu kleinen, rustikalen *trattorie*, wo *la mamma* noch selbst kocht. In den größeren und kleineren Städten findet man auch eine breite Auswahl an Cafés und Bars, wo man einen Cappuccino zum Frühstück, einen Snack zwischendurch oder Brot und Käse zu einem Glas Wein bekommt.

Restaurants

Die Unterschiede zwischen den verschiedenen Restauranttypen verschwimmen zunehmend. Ein *ristorante* (Restaurant) stand einmal für gehobene Küche bei entsprechendem Preis. Eine *trattoria* war einfach und günstig, eine *osteria* noch etwas einfacher und eine *pizzeria* war gänzlich rustikal und leger.

- Die **trattoria** im alten Stil verschwindet zumindest in den Städten mehr und mehr. Stattdessen entstehen modernere Restaurants mit jungen Betreibern und sogenannter »junger« Küche, die sich dann oft **osteria** nennen. Als **ristorante** bezeichnet sich mittlerweile so ziemlich jedes Lokal, in dem man etwas zu essen bekommen kann. Eine **pizzeria** ist nach wie vor auf reine Sättigung der Gäste ausgerichtet, doch bekommt man dort nun auch diverse Pastagerichte, Salate und andere Hauptspeisen.
- Diese Veränderungen schlagen auch in den beliebten toskanischen Städten durch, wo der Touristenstrom viele neue Restaurants hervorgebracht hat. **Qualität** wird in den offensichtlichen »Touristenfallen« nicht immer groß geschrieben. Feste Touristenmenüs lohnen das Geld meist nicht. Wo auch immer man sich aufhält, sollte man nicht von dem Aussehen eines Restaurants auf die Qualität des Essens schließen. Besonders in Florenz und Siena steht ein stilvolles Ambiente noch lange nicht für gute Küche. Dagegen kann ein bescheiden aussehendes Restaurant in der Stadt oder auf dem Land exzellentes Essen zu annehmbaren Preisen bieten.
- Eine **enoteca** ist ein Weinlokal. Hier bestellt man eine Flasche oder einen offenen Wein und bekommt kleine Mahlzeiten oder Snacks. Ähnliche Weinlokale in etwas einfacherer Ausführung heißen auch **fiaschetteria** oder **vinaio**. Sie waren einmal häufig anzutreffen, verschwinden aber auch zunehmend aus dem toskanischen Stadtbild. Das gilt allerdings nicht für die **gelateria**, die allseits beliebte Eisdiele, die in jeder Stadt zu finden ist.

Öffnungszeiten

- **Bars** öffnen um 7 Uhr oder früher zum Frühstück (*colazione* oder *prima colazione*), das meist aus Kaffee (Cappuccino oder *caffè latte*) und einem Croissant besteht *(brioche)*.

- **Mittagessen** *(pranzo)* beginnt um 12.30 und endet um 14 Uhr. Die meisten Restaurants sind aber noch etwas länger geöffnet.
- **Abendessen** *(cena)* startet gegen 20 Uhr, aber viele Restaurants öffnen früher, um Touristen zu bedienen, die nicht so spät essen möchten. Die Bars, die tagsüber geöffnet haben, schließen häufig gegen 20 oder 21 Uhr. In den großen Städten gibt es oft Bars für Nachtschwärmer. Eine *enoteca* hat ähnliche Öffnungszeiten wie eine Bar, manche schließen am Nachmittag.

Mahlzeiten

- Italienische Mahlzeiten beginnen mit einer Vorspeise, den **Antipasti** (wörtlich: vor der Mahlzeit), gefolgt von einem **ersten Gang** *(il primo)* mit Pasta, Suppe oder Reis.
- Der Haupt- bzw. **zweite Gang** *(il secondo)* besteht aus Fleisch *(carne)* oder Fisch *(pesce)* mit Gemüsebeilage *(contorni)* oder Salat *(insalata)*. Beides wird meist getrennt voneinander serviert.
- **Desserts** heißen *dolci* und werden mit oder anstelle von Früchten *(frutta)* und Käse *(formaggio)* serviert. Statt eines Desserts kann man sich auch ein Eis *(gelato)* aus der nächsten *gelateria* holen, denn außer in Nobelrestaurants sind die Desserts meist kaum bemerkenswert.
- **Zu den Mahlzeiten** wird Brot *(pane)* und Mineralwasser *(acqua minerale)* gereicht, das mit auf der Rechnung auftaucht. Mineralwasser gibt es mit Kohlensäure *(gassata)* oder als stilles Wasser *(non gassata)*.
- **Nach dem Essen** trinkt man einen Grappa, einen bitteren Digestif, z. B. einen *amaro*, einen Espresso oder einen Kräutertee. Übrigens: Italiener bestellen nach dem Essen nie einen Cappuccino.
- Man muss nicht jedes Mal alle Gänge essen. Als Mittagessen und in allen Restaurants, ausgenommen die Nobelrestaurants, ist es völlig akzeptabel, nur **Pasta und Salat** zu bestellen. In teuren und beliebten Restaurants wird dies jedoch besonders am Abend nicht gerne gesehen.

Cafés und Snacks

- In Cafés und Bars ist es billiger, **an der Theke** zu stehen, als am Tisch zu sitzen. Man bezahlt zuerst an einer separaten Kasse *(cassa)*, nimmt dann den Bon *(scontrino)* an die Bar mit und wiederholt dort die Bestellung. An der Bar selbst kann man nicht bezahlen.
- Wenn man sich **an einen Tisch setzt**, nimmt ein Kellner die Bestellung auf. Wer versucht, erst an der *cassa* zu bezahlen und sich dann einen Tisch sucht, wird schnell von einem herbeieilenden Kellner vertrieben. Dafür kann man für den Aufpreis an einem Tisch aber so lange sitzen, wie man möchte.
- In Cafés und Bars bekommt man exzellente **Sandwiches** *(tramezzini)*, belegte Brötchen *(panini)* und manchmal kleine Mahlzeiten. Kleine Läden und Bäckereien verkaufen auch oft **Pizza stückweise** *(pizza al taglio)*.

Menüs

- Restaurants, die ein sogenanntes *menù turistico* (Touristenmenü) anbieten, sollte man meiden. Das Menü mag preiswert erscheinen, aber die Portionen sind oft klein, der Wein (falls im Preis inbegriffen) farblos, die Qualität der Speisen gering und die Küche eher phantasielos. Meist läuft es auf Nudeln mit Tomatensauce, Brathähnchen mit Salat und eine Beilage hinaus.
- In teuren Restaurants bietet *un menù degustazione* oder *menù gastronomico* einen gehaltvollen Querschnitt durch die Küche des Hauses. Eine gute Wahl, wenn man sich angesichts der vielseitigen Karte nicht entscheiden kann.

Bezahlen und Trinkgeld

- Die **Rechnung** *(il conto)* sollte die einzelnen Posten aufweisen. Die Restaurants sind per Gesetz verpflichtet, eine Quittung auszustellen *(ricevuta)*.

- Die meisten Restaurants berechnen *pane e coperto* **(Gedeckkosten)**; dies soll zwar abgeschafft werden, muss aber bezahlt werden, wenn es aufgeführt ist.

Preise
Die Preise gelten pro Person für ein Drei-Gänge-Menü mit Wein:
€ unter 26 Euro   €€ 26–52 Euro   €€€ über 52 Euro

Etikette und Rauchen

- Manche Touristen tragen legere Kleidung, aber die Italiener legen durchaus Wert auf eine angemessene Garderobe. »**Lässig elegant**« lautet die Faustregel. In Toprestaurants wird allerdings ein Jackett und Krawatte erwartet.
- Das Rauchen wird zwar noch akzeptiert, kürzlich wurde jedoch ein **Rauchverbot** für öffentliche Gebäude eingeführt, auch in Bars und Restaurants. Es wird jedoch nicht immer eingehalten.

Einkaufen

Die Toskana bietet jede Menge Einkaufsmöglichkeiten. In der ganzen Region findet man eine breite Palette an Geschäften mit Spezialitäten, Wein oder Kunsthandwerk. In Florenz und Pisa gibt es viele Luxusgeschäfte, die Designermode, edle Schuhe und Lederwaren, Schmuck, Stoffe, Keramik und Gemälde, Drucke und Antiquitäten verkaufen.

Florenz

Wenn man aufs Einkaufen aus ist, ist Florenz der richtige Ort. Entsprechend dem Reichtum der Stadt findet man hier Luxusgüter, v. a. Lederwaren sowie Schuhe und Kleidung von hoher Qualität. Dasselbe lässt sich auch über andere toskanische Städte sagen, besonders Lucca und Pisa. Allerdings bietet Florenz die größte Auswahl.

- Die wichtigsten **Designerläden** liegen im Westen der Stadt an der Via de' Tornabuoni und den umliegenden Straßen wie der Via della Vigna Nuova.
- **Lederwaren** gibt es in der ganzen Stadt, die besten sind jedoch im Stadtteil Santa Croce zu finden.
- **Schmuckgeschäfte** liegen auf dem Ponte Vecchio, wo sie traditionellerweise seit dem 16. Jahrhundert angesiedelt sind. Aber auch in anderen großen Straßen finden sich Juweliere.
- **Kunsthandwerkstätten** und Läden, die deren Ware verkaufen – von Möbeln bis zu marmoriertem Papier – findet man in der ganzen Stadt. Zahlreiche solcher Läden sind in Oltrarno angesiedelt, besonders auf und nahe der Via Maggio und in der Via delle Porcellana im Westen der Stadt.
- Die Via Maggio und die umliegenden Straßen beherbergen zahlreiche **Antiquitätenläden** und kommerzielle **Kunstgalerien**. Weitere sind in der ganzen Stadt verteilt.
- In der Innenstadt findet man viele Buchläden sowie Geschäfte mit Küchen- und Haushaltwaren im herausragenden italienischen Design. Von den dort befindlichen **Kaufhäusern** ist das COIN das beste (► 83).

Toskana

Lebensmittel und Wein gibt es in der ganzen Region zu kaufen. Man sollte **Importbestimmungen** beachten, wenn man Fleisch und ähnliche Produkte mit nach Hause nehmen will. Wein, Pasta, Olivenöl oder Käse sind kein Problem.

- **Spezialitäten** der Region sind die Weine aus dem Chianti, Montalcino und Montepulciano, Speiseöle aus Lucca, Schafskäse aus Pienza *(pecorino)*, Honig aus Montalcino oder der Gewürzkuchen *panforte* aus Siena.
- **Kunsthandwerk:** Beachtenswert sind v. a. Alabastergefäße aus Volterra, Glaswaren aus Colle di Val d'Elsa oder Marmorgegenstände aus Carrara.

Märkte

In den Läden und Supermärkten *(alimentari)* sind gute Lebensmittel erhältlich. Die beste Auswahl an Feinschmeckerkost, anderer Qualitätsware und eine ordentliche Portion Lokalkolorit bieten jedoch die Märkte der jeweiligen Stadt.

- Der schönste Markt in **Florenz** ist der Mercato Centrale nahe San Lorenzo (➤ 71f). Der normale Markt auf den Straßen nahe San Lorenzo bietet außerdem allerlei Dinge wie z. B. preiswerte Kleidung, Taschen und Souvenirs. Zu den weniger bekannten Märkten gehört Sant'Ambrogio nordöstlich von Santa Croce sowie der kleine Flohmarkt (Mercato dei Pulci) auf der Piazza dei Ciompi.
- Die kleineren Städte haben in der Regel Wochenmärkte, die neben Lebensmitteln auch andere Dinge anbieten. Der größte Wochenmarkt in Florenz findet jeden Dienstag (8–13 Uhr) am Parco della Casine nahe dem Arno westlich von der Innenstadt statt. Nur wenige Besucher verirren sich hierher, dabei sind die Preise für alle Produkte sehr günstig.

Öffnungszeiten

- Meistens haben Geschäfte in kleineren Städten dienstags bis samstags ab 8 oder 9 bis 13 Uhr geöffnet. Dann wieder ab 15.30 oder 16 bis 20 Uhr. Montagmorgen oder einen anderen halben Tag in der Woche sind viele Läden geschlossen.
- Mehr und mehr Geschäfte in Florenz haben **ganztägig geöffnet** *(orario continuato)*. Das bedeutet dienstags bis samstags von 9 oder 10 bis 19.30 oder 20 Uhr. Manche Läden, v. a. Kaufhäuser, öffnen auch sonntags.

Kreditkarten

Die meisten größeren Geschäfte akzeptieren Kreditkarten, aber Bargeld ist in Italien besonders in den kleineren Läden immer noch das bevorzugte Zahlungsmittel. Man sollte sich daher erkundigen, bevor man etwas Größeres kauft. Käufer aus Nicht-EU-Ländern können etliche Waren steuerfrei bekommen. Achten Sie auf die Zeichen für **steuerfreies Einkaufen** in den Läden.

Ausgehen

Die Toskana bietet ein breites Unterhaltungsrepertoire: zum einen die Musik- und Kulturfestivals in Florenz und anderen großen Städten, zum anderen eine Fülle von Festumzügen und ländlichen Festivitäten *(festa* oder *sagra)* in Städten und Dörfern der ganzen Region anlässlich von Heiligenfesten oder historischen Ereignissen. Ein Nachtleben mit Clubs, Bars und Livemusik ist vornehmlich auf Florenz beschränkt, wobei auch andere größere Städte wie Pisa, Lucca und Siena etwas in dieser Richtung zu bieten haben. Touristen können problemlos am kulturellen Leben teilhaben. Kino- und Theaterbesuch lohnen sich allerdings nur mit Kenntnissen der italienischen Sprache.

Information

Erste Anlaufstelle für Informationen zu Kulturveranstaltungen sollten das Internet (➤ 188) oder die lokalen Touristeninformationen sein.

- Touristeninformationen in größeren Städten wie Florenz und Siena (➤ 41) liefern generell auch Informationen zu großen **Festivals** etc. in der umliegenden Region. Dort erhalten Sie in der Regel Programme und Informationen zum Kartenverkauf. Hier erfährt man auch etwas über kleinere, unbekanntere Veranstaltungen. Die meisten *feste* oder *sagre* werden auf **Plakaten** angekündigt, die in den betreffenden Dörfern ausgehängt werden.
- Besucherinformationen bieten auch Hinweise zum **lokalen Nachtleben**. So erfährt man, wo ein neuer Club eröffnet, ein anderer schon wieder schließt oder nicht mehr angesagt ist.
- Alternativ kann man auch den **Programmteil im Feuilleton** der Tageszeitung *La Nazione,* der wichtigsten Zeitung in Florenz und der Toskana, studieren. In den verschiedenen Ankündigungen zu den jeweiligen Regionen findet sich eine Vielzahl von Veranstaltungen und Festivals. In Florenz erscheint monatlich der *Firenze Spettacolo*, eine Art Stadtmagazin. Selbst wenn man des Italienischen nicht mächtig ist, kann man aufgrund seiner übersichtlichen Struktur das Wesentliche leicht entnehmen; außerdem enthält es einen Teil in englischer Sprache. Das Magazin ist an fast allen Kiosken sowie in Buchläden wie dem Feltrinelli (➤ 82) erhältlich.

Tickets
Karten für Veranstaltungen in Florenz bekommt man an den jeweiligen Veranstaltungsorten oder bei **Box Office**, der zentralen Vorverkaufsstelle der Stadt. Büros finden sich auf der Via Alamanni 39 (Tel. (055) 21 08 04; www.boxol.it) und Chiasso dei Soldanieri 8r, bei der Via Porta Rossa und an der Ecke zur Via de'Tornabuoni (Tel. (055) 21 94 02).

Festivals

Die wichtigsten Festivals in Florenz und der Toskana werden unten detailliert aufgeführt. Daneben gibt es aber eine Reihe kleinerer Veranstaltungen, über die die lokalen Touristenbüros informieren. Zu **Ostern** finden Prozessionen und Gottesdienste statt.

- Die berühmteste Veranstaltung in der Toskana ist das Pferderennen **Palio** in Siena, das zweimal im Jahr stattfindet, am 2. Juli und 16. August (➤ 26f).
- Der **Scoppio del Carro**, die »Explosion des Leiterwagens«, beendet die Ostersonntagszeremonie in Florenz. Ein Leiterwagen mit Blumen und Feuerwerk wird mittags durch eine mechanische »Taube« entzündet, die an einer Schnur hängend vom Altar der Kathedrale auf die Piazza davor »fliegt«.
- Beim angesehenen **Maggio-Musicale-Festival** für Kunst und Musik finden im Mai und Juni in Florenz Orchester-, Tanz- und Theateraufführungen statt.
- Das lebhafteste Stadtfest von Florenz ist das **Calcio Storico**, bestehend aus drei wilden Fußballspielen, die in mittelalterlichen Kostümen ausgetragen werden. Das erste findet am Tag nach dem Tag des hl. Johannes (➤ 190) statt, die Termine für die anderen beiden werden am Ostersonntag ausgelost. Gespielt wird auf der Piazza Santa Croce oder der Piazza della Signoria.
- Die wichtigsten Sommerveranstaltungen in **Pisa** sind die Regatta di San Ranieri mit einer farbenfrohen Prozession (16.–17. Juni) und das Gioco del Ponte, ein Schaukampf in Kostümen am dritten Sonntag im Juni.
- **Lucca** veranstaltet historische Festivitäten am dritten Sonntag im Juli (Festa di San Paolino) und am 14. September (Festa della Croce), wenn die Reliquie *Volto Santo* bei Fackellicht durch die Straßen getragen wird.
- **Arrezzos** Hauptattraktion ist ein mittelalterliches Turnier, der *Giostro del Saraceno*, der am ersten Sonntag im September ausgetragen wird.
- **Montepulciano** lädt am vorletzten Samstag im August zu einem Weinfest anlässlich der Weinlese für den dort angebauten Vino Nobile.

Florenz

Erste Orientierung

Florenz ist eine der größten Kunststädte Europas; es ist Sinnbild der Renaissance, eine der wichtigsten Epochen schöpferischen Strebens der Geschichte, und Heimstatt prächtiger Gemälde, Skulpturen und Architektur aus fast einem ganzen Jahrtausend.

Der Gedanke, die Höhepunkte der toskanischen Hauptstadt in nur zwei Tagen zu besichtigen, klingt unglaublich, aber es ist möglich. Am besten übernachten Sie in der Stadt; bedenken Sie dabei, Ihre Unterkunft im Zeitraum zwischen April und Oktober im Voraus zu buchen. Am bequemsten ist die Anreise mit dem Zug, die meisten der toskanischen Hauptreiseziele sind mit Zugverbindungen an Florenz angeschlossen (➤ 39).

Florenz ist eine Stadt der Kunst und Architektur. Einige der hervorragendsten Bauten finden Sie auf der Piazza del Duomo, einem der beiden Hauptplätze: Hier steht der Dom, das Baptisterium und der Campanile (Glockenturm). Ganz in der Nähe davon befinden sich zwei der größten Museen der Stadt, das Museo dell'Opera del Duomo und das Museo Nazionale del Bargello. Nur ein paar Schritte entfernt liegt der zweite

★ Nicht verpassen!

2 Galleria dell'
Accademia ➤ 54

5 Cappelle Medicee ➤ 55

6 Santa Maria
Novella ➤ 57

7 Piazza del Duomo ➤ 59

10 Museo Nazionale del
Bargello ➤ 62

13 Piazza della
Signoria ➤ 64

14 Santa Croce ➤ 66

15 Uffizien (Galleria degli
Uffizi) ➤ 68

Vorhergehende Seite: Die berühmte Kuppel des Doms von Florenz

Rechts: Der Arno und seine Brücken, darunter der berühmte Ponte Vecchio

Nach Lust und Laune!

- **1** Museo di San Marco ➤ 71
- **3** Palazzo Medici-Riccardi ➤ 71
- **4** Mercato Centrale ➤ 71
- **8** Museo dell'Opera del Duomo ➤ 72
- **9** Museo di Firenze com'era ➤ 72
- **11** Orsanmichele ➤ 72
- **12** Santa Trinità ➤ 73
- **16** Ponte Vecchio ➤ 73
- **17** Cappella Brancacci ➤ 74
- **18** Giardino di Boboli ➤ 75
- **19** Palazzo Pitti ➤ 75
- **20** San Miniato al Monte ➤ 75

große Platz von Florenz, die Piazza della Signoria, die vom Palazzo Vecchio, dem Sitz der Stadtverwaltung, beherrscht wird. Ganz in der Nähe sind die Uffizien (Galleria degli Uffizi), Heimat vieler der bedeutendsten Renaissancegemälde der Welt. Östlich der Piazza della Signoria steht Santa Croce, die eindrucksvollste der vielen Kirchen von Florenz. Fast genauso schön ist Santa Maria Novella im Westen mit ihren vielen Fresken.

Über den berühmten Ponte Vecchio erreicht man die Gegend um Oltrarno mit den Gemälden und Fresken des Palazzo Pitti und der Cappella Brancacci. Nördlich des Flusses sind zwei Höhepunkte aus Michelangelos Schaffen zu bewundern: seine Davidsstatue in der Galleria dell'Accademia und eine Reihe von Skulpturen in den Cappelle Medicee. Florenz bietet sich auch bestens zum Einkaufen an, von Designermode bis zu bunten Märkten (➤ 82ff), außerdem gibt es tolle Bars, Cafés und Restaurants sowie Parks.

Die Höhepunkte von Florenz kann man in zwei Tagen gerade schaffen, achten Sie jedoch genau auf die Öffnungszeiten der Sehenswürdigkeiten, um keine Enttäuschungen zu erleben.

Florenz in zwei Tagen

Erster Tag

Vormittags

Besorgen Sie sich Eintrittskarten für die Uffizien für den nächsten Tag, bevor Sie das ❶ **Museo di San Marco** (➤ 71, u. a. Bilder von Fra Angelico, oben) besuchen. Spazieren Sie dann zur nahe gelegenen ❷ **Galleria dell'Accademia** (➤ 54), um Michelangelos berühmten *David* zu sehen. Besichtigen Sie anschließend die meisterhaften Fresken von Benozzo Gozzoli im ❸ **Palazzo Medici-Riccardi** (➤ 71).

Mittags

Auf dem Weg zum Mercato Centrale empfiehlt sich eine Essenspause im **Zà-Zà** (➤ 80).

Nachmittags

Entdecken Sie den ❹ **Mercato Centrale** (➤ 71f), bevor Sie die Gegend um die ❺ **Cappelle Medicee** und San Lorenzo (➤ 55f) erlaufen. Lassen Sie den Tag mit einem Besuch in der Kirche ❻ **Santa Maria Novella** (➤ 57f, links) in Ruhe ausklingen.

Zweiter Tag

Vormittags

Nun führt Ihr Weg auf die **7 Piazza del Duomo** (➤ 59ff),
wo Sie auf den Campanile oder die Domkuppel steigen
sollten – beide bieten einen einzigartigen Ausblick.
Danach können Sie den Dom besichtigen, der später
als der Campanile und die Domkuppel geöffnet wird.
Die Taufkapelle (links) ist morgens geschlossen, kommen Sie einfach später wieder. Weiter geht es zum
8 Museo dell'Opera del Duomo
(➤ 72) und dem **10 Museo
Nazionale del Bargello**
(➤ 62f, rechts
Tondo Pitti von
Michel-
angelo).

Mittags

An der **13 Piazza della Signoria**
(➤ 64f) kann man gut zu Mittag
essen (unten) – im teuren Rivoire
(➤ 81) oder in der günstigeren
Cantinetta del Verrazzano (➤ 79).

Nachmittags

Sie sollten den Nachmittag vor allem
den **15 Uffizien** (➤ 68ff) widmen. Planen
Sie dennoch etwas Zeit für die Kirche
14 Santa Croce (➤ 66f) und die Cappella dei
Pazzi ein, und verwöhnen Sie sich anschließend mit einem Eis bei Vivoli (➤ 81). Baldovino
(➤ 78) oder Cibreo (➤ 79) sind empfehlenswert, um in der Nähe von Santa
Croce zu Abend zu essen, eine Reservierung ist in beiden Fällen nötig.

2

Galleria dell'Accademia

Etwas abseits der Touristenpfade, versteckt im nördlichen Teil der Stadt, liegt die Galleria dell'Accademia oder einfach nur Accademia, wie sie in Florenz genannt wird. Dennoch ist der Besuch ein Muss. Hier erwartet Sie ein besonderer Kunstschatz – Michelangelos berühmter *David*.

Sobald Sie die Accademia betreten, werden Sie von Italiens berühmtester Skulptur willkommen geheißen – Michelangelos *David*. Sie wurde 1501 in Auftrag gegeben. Viele Künstler, darunter Leonardo da Vinci, hatten bereits versucht, diesen Marmorblock zu bearbeiten. Angeblich war das zerbrechliche Stück Stein aus den Apuanischen Bergen, nördlich von Pisa, für die Bildhauerei ungeeignet. Der damals 26-jährige Michelangelo verwandelte zur großen Verblüffung seiner Zeitgenossen den Stein in gerade einmal drei Jahren in ein Meisterwerk. Nach Monaten zäher Auseinandersetzungen entschloss man sich, das Standbild auf der Piazza della Signoria aufzustellen. Dort blieb sie, bis man die Skulptur 1873 an ihren heutigen Standort versetzte. Die Statue war ursprünglich für eine Aufstellung unter freiem Himmel gedacht, sodass die Proportionen absichtlich verzerrt scheinen: Die überlangen Arme und die übergroße Ausführung von Kopf und Händen sollten ihr gewaltiges Erscheinungsbild unterstreichen. Nicht versäumen sollte man außerdem Michelangelos Statuen des **Hl. Matthäus** (1504–48) und die unvollendeten **Vier Sklaven** (oder *Gefangene)*, die ebenfalls in der Accademia stehen. Weitere Werke stammen von Filippino Lippi and Fra Bartolomeo.

Michelangelos *David* heißt die Besucher in der Accademia willkommen

Schauen Sie im **Gran Caffè San Marco** an der Piazza San Marco (Tel. (055) 21 58 33), nur wenige Gehminuten nördlich, vorbei.

✚ 199 D5 ✉ Via Ricasoli 60 ☎ (055) 238 86 09 oder (055) 29 48 83 (Kartenvorbestellung) ⊕ Di–Fr 8.15–18.50 Uhr (letzter Einlass 18.05 Uhr) ✋ teuer

5

Cappelle Medicee

In den Cappelle Medicee (Medici-Kapellen) befinden sich die Familiengrabstätten der Medici. Viele dieser mehrere Dutzend Gräber sind entweder völlig belanglos oder allzu schwülstig gestaltet. Drei davon verdienen jedoch ob ihrer Verzierung mit einem Skulpturentrio von Michelangelo besondere Beachtung.

Die Kapellen teilen sich in drei Bereiche auf; als Erstes betritt man eine niedrige, düstere **Gruft**, letzte Ruhestätte einiger unbedeutender Medici. Von hier aus führen Stufen zur **Cappella dei Principi**, einer mit buntem Marmor verkleideten Halle. Sie beherbergt die sechs Gräber der letzten regierenden Großherzöge der 1743 ausgestorbenen Medici-Dynastie. Die Arbeiten an diesem Bauwerk wurden 1604 begonnen; es sollte sich als das kostspieligste Unterfangen der Familie herausstellen. Als Gian Gastone, der letzte Großherzog, starb, war der Bau immer noch nicht abgeschlossen.

Der Höhepunkt ist zweifellos die von Michelangelo entworfene **Sagrestia Nuova** (Neue Sakristei): Drei Skulpturengruppen des Meisters befinden sich hier. Die Sakristei wurde 1520 von Papst Leo X., selbst ein Medici, als Grabstätte für Lorenzo den Prächtigen und seinen Bruder Giuliano in Auftrag gegeben. Paradoxerweise wurden ihre Gräber nie vollendet; so wurden sie zu Füßen von Michelangelos ebenfalls unvollendeter *Madonna mit Kind* (1521) beigesetzt. Es entbehrt nicht einer gewissen Ironie, dass die einzigen vollendeten Grabmäler gerade die der unfähigsten Medici-Herrscher sind: Lorenzo de' Medici (1533), Enkel von Lorenzo dem Prächtigen, und Giuliano de' Medici,

Die Medici

Die Medici beherrschten das Leben in der Toskana fast vier Jahrhunderte lang. Giovanni de Bicci de' Medici (1360–1429) gründete die Bankdynastie, indem er sich die Rechte an den lukrativen päpstlichen Konten sicherte. Sein Sohn Cosimo der Ältere (1389–1464) festigte die Stellung der Familie und wurde wie sein Enkel Lorenzo der Prächtige (1449–92) ein Kunstmäzen. Im 16. Jahrhundert stellte die Familie zwei Päpste. Der Florentiner Zweig der Medici wurde zu Großherzogen der Toskana geadelt, starb 1743 aber aus.

Michelangelo-Skulptur auf Giulianos Grab

des dritten Sohnes von Lorenzo dem Prächtigen. Lorenzo wird als Denker dargestellt, Giuliano als Mann der Tat. Allegorische Figuren von Michelangelo schmücken ihre Grabmäler.

KLEINE PAUSE

Am nahe gelegenen **Mercato Centrale** gibt es viele kleine Bars (➤ 71f), im südlichen Teil ist das **Caffè Gilli** an der Piazza della Repubblica am besten. Ebenso empfehlenswert sind das **Zanobini** oder das **Casa del Vino** (➤ 81) ganz in der Nähe.

In der Cappella dei Principi befinden sich die Gräber von sechs Groß-herzögen der Medici

✚ 198 C4   ✉ Piazza Madonna degli Aldobrandini 6   ☎ (055) 238 86 02
🕐 Mo–So 8.15–16.50 Uhr, geschl. 1., 3. und 5. Mo des Monats ; Feiertage
8.15–13.50 Uhr   🚌 1, 6, 17 bis Via Cavour   ✋ teuer

CAPPELLE MEDICEE: INSIDER-INFO

Top-Tipps: Die Medici-Kapellen sind sehr gefragt, kommen Sie also so früh wie möglich. Oder bestellen Sie eine **Eintrittskarte im Voraus** (Tel. (055) 29 48 83).
• Achten Sie beim Besuch des Markts auf **Taschendiebe**, die in den Straßen um San Lorenzo und in den Cappelle Medicee ihr Unwesen treiben.

Außerdem: Die Cappelle Medicee sind ein Teil der **Kirche San Lorenzo** aus dem 4. Jahrhundert. Sie war die frühere Pfarrkirche der Medici und ist eines der ältesten Gebäude der Stadt. Die jetzige Kirche wurde im 15. Jahrhundert von Brunelleschi entworfen, Teile der zwei Bronzekanzeln stammen von Donatello.

6

Santa Maria Novella

Die zwei großen Kirchen von Florenz sitzen sich wie zwei Wächter zu beiden Seiten der Stadt gegenüber: Santa Croce (►66f) im Osten und Santa Maria Novella im Westen. Santa Maria verfügt zwar nicht über so viele geweihte Gräber wie Santa Croce, sucht dafür aber in Größe, wundervollen Fresken oder anderen sehenswerten Kunstwerken ihresgleichen.

Mit dem Bau der Kirche wurde 1246 begonnen, 1360 war sie beinahe fertiggestellt. Nur die Fassade blieb unvollendet, bis 1456 ein Textilhändler namens Giovanni Ruccellaia den Künstler Leon Battisti Alberti damit beauftragte. Der Name des Förderers und sein Wappen, ein auf hoher See geblähtes Segel, ist an der Fassade zu erkennen. Die Sonne im Giebel ist das Symbol der Dominikaner.

Die reich verzierte Fassade der Santa Maria Novella aus dem 15. Jahrhundert

Perspektivische Täuschung

Der gewaltige Innenraum wirkt durch einen **perspektivischen Trick** wesentlich größer, als er tatsächlich ist: Die Pfeiler des Mittelschiffs stehen in Richtung des Hochaltars zunehmend enger beieinander. Dem geschickten Umgang mit räumlicher

Perspektive ist auch die Wirkung des bekanntesten Gemäldes der Kirche, **Masaccios *Trinità*** (1427), an der linken (Nord-) Wand zwischen den zweiten und dritten Pfeilern, zuzuschreiben. Es ist eines der ersten Renaissancegemälde, in dem die Technik der Perspektive künstlerisch und formal gelang.

Weitere Kunstwerke

Weniger bekannt, aber ebenso eindrucksvoll sind die Gemälde in den Kapellen zu beiden Seiten der Hauptchorkappelle. In der **Cappella Filippo Strozzi**, rechts vom Hochaltar, ist ein Freskenzyklus von Filippino Lippi zu bewundern, der das ***Leben des hl. Philipp des Apostels*** darstellt (1489–1502). Das **Grab** (1491 bis 95) von **Filippo Strozzi**, dem reichen Bankier, der die Fresken in Auftrag gab, ist eine ausgezeichnete Arbeit von Benedetto da Maiano.

Die Hauptchorkapelle schmücken beeindruckende **Fresken** (1485–90) von Domenico Ghirlandaio. Die zweite Kapelle von links ist die **Cappella Strozzi di Mantova** mit Fresken (1350–57) von Nardo di Cione. Er ließ sich von Dantes *Paradiso* (links) und *Inferno* (rechts) inspirieren.

Die dreidimensionale Wirkung von Masaccios *Trinità*

KLEINE PAUSE
Für ein leichtes Mittagessen empfiehlt sich das **Belle Donne** (➤ 79) oder das **Caffè Amerini** (➤ 80).

Santa Maria Novella
✚ 198 B4 ✉ Piazza Santa Maria Novella ☎ (055) 21 59 18 ✪ Mo–Do und Sa 9–17, Fr und So 13–17 Uhr 🚌 1, 14, 17, 22, 23 ✋ preiswert

Museo di Santa Maria Novella
✚ 198 B4 ✉ Piazza Santa Maria Novella ☎ (055) 28 21 87 ✪ Mo–Do und Sa 9–17, Fr, So und Feiertage 9–14 Uhr 🚌 1, 14, 17, 22, 23 ✋ preiswert

SANTA MARIA NOVELLA: INSIDER-INFO

Top-Tipp: Santa Maria liegt in der Nähe des **Hauptbahnhofs**. Gehen Sie also zu Beginn oder am Ende Ihrer Reise dorthin, falls Sie mit dem Zug reisen.

Außerdem: Linker Hand, wenn man vor Santa Maria steht, befindet sich der Eingang zum **Museo di Santa Maria Novella**. Zu seinen Höhepunkten zählen ein Kreuzgang mit verblassten Fresken von Paolo Uccello sowie die Cappellone degli Spagnoli, die mit überwältigenden Fresken in gewaltigen Ausmaßen (1367–69) von dem ansonsten wenig bekannten Andrea da Firenze ausgemalt wurde.

7

Piazza del Duomo

Die Piazza del Duomo bietet eine herrliche Kulisse für den Dom (Duomo), das Baptisterium und den Campanile, den Glockenturm des Doms. An der Ostseite der Piazza ist zudem das Museo dell'Opera del Duomo beheimatet, ein Museum mit eindrucksvollen Gemälden und Skulpturen, die über Jahrhunderte hinweg aus den Hauptgebäuden der Piazza zusammengetragen wurden.

Der Dom Santa Maria del Fiore (Duomo)

Die Bauarbeiten zum majestätischen und farbenprächtigen Dom begannen 1296 an der Stelle der Kirche Santa Reparata aus dem 7. Jahrhundert. Die Errichtung des Duomo erstreckte sich über einen langen Zeitraum: Filippo Brunelleschis **Kuppel**, ein Wunderwerk mittelalterlicher Baukunst, wurde erst in den späten Sechzigerjahren des 15. Jahrhunderts vollendet. Die reich verzierte Fassade wurde vor nicht allzu langer Zeit, im Jahre 1887, hinzugefügt. Der Höhepunkt eines jeden Besuchs ist die Domkuppel, deren Zugang über einen gesonderten

Die Kuppel des Florentiner Doms aus dem 15. Jahrhundert gilt als Wunderwerk mittelalterlicher Baukunst; bis heute ist vieles der damaligen Vorgehensweise noch ein Rätsel

Eingang, auf der rechten (südlichen) Seite des Mittelschiffs, erfolgt. Eng und bedrückend gestaltet sich der Aufstieg über die mehr als 400 Stufen, dafür wird man mit einem atemberaubenden Ausblick auf Florenz belohnt. Das Innere des Doms wirkt zunächst nüchtern, doch im Halbdunkel verbergen sich außergewöhnliche Gemälde und Kunstwerke wie z. B. die Fresken *Sir John Hawkwood* von Paolo Uccello (1436) und *Niccolò da Tolentino* von Andrea del Castagno (1456).

Das Baptisterium San Giovanni

Die zweitgrößte Sehenswürdigkeit auf der Piazza del Duomo ist das **Baptisterium** (*battisterio*), das älteste noch erhaltene Gebäude in Florenz. Wann die Kapelle genau gebaut wurde, ist heute unbekannt; frühere Chronisten hielten sie für einen rö-

mischen Marstempel aus dem 1. Jahrhundert. Wahrscheinlich stammt das Baptisterium aus dem 8. oder 9. Jahrhundert, seine markante Marmorfassade wurde zwischen 1059 und 1128 hinzugefügt. Die Höhepunkte der **Fassade** bilden drei Bronzeportale. Das große, südliche Bronzeportal (1303–36) schuf der aus Pisa stammende Bildhauer Andrea Pisano; das nördliche Bronzeportal (1403–24) und die sogenannte Paradiestür (1426–52) gestaltete der Florentiner Lorenzo Ghiberti.

Auch der **Innenraum** der Taufkapelle nimmt Besucher sofort gefangen. Wenn man den Blick entlang der recht kargen Wände – umringt von Granitsäulen, die vom antiken römischen Kapitol Florenz' herbeigeschafft wurden – nach oben schweifen lässt, enthüllt sich ein prächtiges Mosaik aus dem 13. Jahrhundert, das Motive aus dem Leben Christi, Josefs und Johannes des Täufers zeigt. Rechts von der charakteristischen Apsis (*scarsella*), an der Nordwand, liegt die **Grabstätte von Baldassare**

Eindrucksvolle Mosaikbilder von Christus wachen über den Innenraum des Baptisteriums

Cossa, ein Gemeinschaftswerk Donatellos und seines Schülers Michelozzo. Cossa war der Gegenpapst Johannes XXIII. und ein Freund der Medici-Familie; er starb 1419 in Florenz.

Der Campanile

Nur wenige Besucher sind in der körperlichen Verfassung, sowohl die Domkuppel als auch den 85 Meter hohen Campanile (1334–59) zu besteigen. Dennoch ist der **Ausblick** am Ende der 414 Stufen mindestens genauso gut, wenn nicht sogar besser als die Aussicht von der Domkuppel – und wenn auch nur, weil man vom Campanile die Domkuppel und das achteckige Baptisterium bewundern kann. Der Glockenturm ist ein Entwurf von Giotto.

KLEINE PAUSE

Lassen Sie die überfüllten und viel zu teuren Cafés an der Piazza links liegen, und gehen Sie stattdessen lieber ins **Caffè Italiano** (➤ 81).

Die Fassade des Doms wurde mit weißem und rosafarbenem toskanischem Marmor verkleidet

Duomo ✚ 199 D4 ✉ Piazza del Duomo ☎ (055) 230 28 85 🕓 Mo–Mi, Fr 10–17, Do 10–15.30, Sa 10–16.45 Uhr (letzter Sa im Monat 10–15.30 Uhr), So 13.30–16.45 Uhr 🚌 A, 1, 6, 14, 17, 23 ✋ frei

Domkuppel
✚ 199 D4 ✉ Piazza del Duomo ☎ (055) 230 28 85 🕓 Mo–Fr 8.30–19 Uhr (letzter Einlass 18.20 Uhr), Sa 8.30–17.40 Uhr (1. Sa des Monats 8.30–16 Uhr); geschl. an staatl. und kirchl. Feiertagen 🚌 A, 1, 6, 14, 17, 23 ✋ mittel

Baptisterium
✚ 198 C4 ✉ Piazza del Duomo–Piazza di San Giovanni ☎ (055) 230 28 85 🕓 Mo–Sa 12–19, So 8.30–14 Uhr 🚌 A, 1, 6, 14, 17, 23 ✋ preiswert

Campanile
✚ 198 C4 ✉ Piazza del Duomo ☎ (055) 230 28 85 🕓 April–Okt. tägl. 8.30 bis 19.30 Uhr (letzter Einlass 18.50 Uhr); Nov.–März tägl. 9–17 Uhr (letzter Einlass 16.20 Uhr) 🚌 A, 1, 6, 14, 17, 23 ✋ mittel

PIAZZA DEL DUOMO: INSIDER-INFO

Top-Tipps: Die **Menschenschlangen** vermeiden Sie, indem Sie die Domkuppel und den Campanile möglichst zu einer frühen Uhrzeit besichtigen.

• Das **Baptisterium** ist nur am Sonntag vor der Mittagszeit geöffnet. An diesem Tag ist der Einlass bereits um 8.30 Uhr.

• **Campanile und Domkuppel** öffnen bereits vor dem Dom selbst. Sparen Sie Zeit, indem Sie sie vor dem Dombesuch ersteigen.

Außerdem: Das Museo dell'Opera del Duomo (➤ 72) beherbergt, nach dem Museo Nazionale del Bargello (➤ 62f), die beste Sammlung von **Skulpturen aus dem Mittelalter und der Renaissance**.

10

Museo Nazionale del Bargello

Das Museo Nazionale del Bargello, einst ein Palast und Gefängnis, nennt heute die beste Sammlung italienischer Renaissanceskulpturen sein Eigen, mit herausragenden Werken von Donatello, Michelangelo und anderer Künstler. Außerdem befindet sich hier eine schöne, wenngleich kaum bekannte Sammlung von sehenswertem Kunsthandwerk.

Das Museumsgebäude ist der Palazzo del Bargello, ein prächtiger mittelalterlicher Palast, der 1255 als Sitz des *podestà*, des obersten Stadtbeamten, errichtet wurde. Seinen heutigen Namen erhielt das Gebäude 1574, als die Medici das Amt des *podestà* abschafften und der *bargello*, der Polizeihauptmann, den Palazzo bezog. Das Museum wurde 1865 eröffnet.

Giambolognas oft imitierte Figur des Merkur – anmutig fließende Bewegung in Bronze gegossen

Einzigartige Skulpturen in der Loggia des Bargello

Gleich hinter der Kasse betritt man einen einzelnen Raum mit Skulpturen, der so manches Museum vor Neid erblassen lassen würde. Herausragend sind v. a. die Arbeiten Michelangelos, die auffallendste Skulptur unter ihnen sicherlich der **Trunkene Bacchus** (1496 bis 97), die der Künstler im Alter von 22 Jahren schuf. Andere Arbeiten des Meisters sind das **Tondo Pitti** (1504), ein zierliches Flachrelief, das die Madonna mit Kind zeigt; eine Figur von **David** oder **Apoll** (1503–32) – Kritiker können die Identität der Figur nicht genau zuordnen – und der **Brutus** (1539–40), die einzige Porträtbüste, die Michelangelo je vollendet hat. Auf keinen Fall sollte man im selben Raum die Arbeiten aus dem 16. Jahrhundert von Benvenuto Cellini, einem bemerkenswerten Bildhauer und Goldschmied, und von Giambologna, insbesondere dessen geschmeidiger Figur des **Merkur** (1564), verpassen.

Von diesem Raum gelangt man in den **Innenhof** des Bargello, der früher als Hinrichtungsplatz diente. Die Treppen des Innenhofs führen in eine Loggia, in der eine Menagerie von Bronzetieren des aus Frankreich stammenden Bildhauers Giambologna ausgestellt ist. Rechts von der Loggia führt ein Weg zum **Salone del Consiglio Maggiore**, der die Höhepunkte früher florentinischer Renaissanceskulpturen beherbergt. Zu den bedeutendsten Werken gehören die Meisterwerke Donatellos. Davon seien hier eine androgyne Bronzestatue des *David* (1430–40), der ältere *Marmordavid* (1408), ein heldenhafter *Hl. Georg* (1416), die dem Cupido verwandte Figur des *Amor-Atys* (1430–40) und eine Porträtbüste des Soldaten Niccolò da Uzzano erwähnt. Das Museum zeigt auch Kunsthandwerk und islamische Kunst.

KLEINE PAUSE

Gehen Sie einige Minuten südlich des Bargello auf der Via del Proconsolo zur **Bar San Firenze**, die sich in einem Palazzo aus dem 15. Jahrhundert befindet (Piazza San Firenze 1r; Tel. (055) 21 14 26; im Winter So geschl.).

✚ 199 D3 ✉ Via del Proconsolo 4 ☎ (055) 238 86 06 ◉ Di–Fr, 2. und 4. So im Monat sowie 1., 3. und 5. Mo im Monat 8.15–13.50 Uhr (letzter Einlass 13.20 Uhr), Sa 8.15–18.50 Uhr 🚌 A, 14, 23 ✋ mittel

MUSEO NAZIONALE DEL BARGELLO: INSIDER-INFO

Top-Tipp: Die **kunsthandwerklichen** Exponate verdienen mindestens ebenso viel Beachtung wie die Skulpturen.

Außerdem: Die **Abtei Badia Fiorentina** aus dem 10. Jahrhundert liegt genau gegenüber dem Bargello. Trotz unregelmäßiger Öffnungszeiten lohnt sich der Besuch: das Gemälde *Die Jungfrau Maria erscheint dem hl. Bernhard* (1485) von Filippino Lippi, Skulpturen aus dem 15. Jahrhundert von Mino da Fiesole und ein anonymer Freskenzyklus über das Leben des hl. Benedikt im Kreuzgang der Abtei (zu dem man über eine Tür rechts vom Hochaltar gelangt) sind zu sehen.

Piazza della Signoria

Neben der Piazza del Duomo ist die Piazza della Signora der zweitwichtigste Platz in Florenz. Sie hatte lange Zeit auch eine politische Bedeutung. Hier befinden sich der beeindruckende Palazzo Vecchio, über 700 Jahre lang Sitz der Stadtregierung, und einige Brunnen und Monumente, die von den florentinischen Herrschern in Auftrag gegeben wurden.

Die Piazza della Signoria gibt es seit dem 13. Jahrhundert, als die Stadt den Baugrund zur Errichtung des Palazzo dei Priori (1299 bis 1315) zuwies. Aus dem Ratsgebäude entstand der heutige Palazzo Vecchio. Die Piazza wurde im Lauf der Jahrhunderte mehrfach vergrößert und verändert, daher auch die unregelmäßige Form des Platzes. Die größten Umbauarbeiten fanden im 14. Jahrhundert statt, um Raum für die Loggia della Lanzi (auch: Loggia dei Signori) auf der Südseite zu schaffen, und 1560, als Cosimo I. de' Medici ein Verwaltungsgebäude erbauen ließ, in dem später die Kunstsammlung untergebracht wurde (it. *ufficio* bedeutet Büro, Verwaltung).

Bandinellis *Herkules und Cacus* auf der Piazza della Signoria

Statuen und Brunnen

Die **Statuen und Brunnen** befinden sich auf der Ostseite des Platzes. Von links nach rechts sehen Sie das Reiterstandbild von Cosimo I. de' Medici (1594–98) von Giambologna und die Fontana del Nettuno (1563–75) von Bartolomeo Ammanati, dessen zentrale Figur ebenfalls eine idealisierte Darstellung von Cosimo I. de' Medici zeigt. Danach folgen die Kopien zweier Arbeiten von Donatello: *Il Marzocco* (1418 bis 20), eine Darstellung des Marzocco (Löwe), des Wappentiers von Florenz, und *Judith und Holofernes* (1456 bis 60). Die Originale der beiden Werke befinden sich

PIAZZA DELLA SIGNORIA: INSIDER-INFO

Top-Tipps: Besuchen Sie die **Kirche von Orsanmichele** (► 72), die zwischen der Piazza del Duomo und der Piazza della Signoria an der Via dei Calzaiuoli liegt.
• Ein »**Carnet**«-Ticket (ein Jahr lang gültig) bietet 50 Prozent Ermäßigung auf die Eintrittspreise des Palazzo Vecchio und anderer Sehenswürdigkeiten.
• **Kostenlose Broschüren** in Deutsch sind an der Kasse erhältlich.

Außerdem: Die Sala degli Gigli ist nach ihren Lilienverzierungen *(gigli)* benannt. In diesem Saal sind vor allem die geschnitzte Decke (1472–76) von Giuliano und Benedetto da Maiano und ein Freskenzyklus von Ghirlandaio sehenswert. Später hinzugefügte Attraktionen im Palazzo Vecchio umfassen einen Multimediabereich, ein **Kindermuseum** und Führungen durch **Geheimgänge**.

im Palazzo Vecchio. Die beiden letzten Statuen sind Kopien von Michelangelos *David* (► 54) und die Figuren von *Herkules und Cacus* (1534) von Baccio Bandinelli, die als Ergänzung zum *David* gestaltet wurden.

Setzen Sie Ihren Weg nun nach rechts fort, und schlendern Sie über die **Loggia dei Lanzi**, einen luftigen überdachten Platz, der 1376 errichtet wurde, um die Würdenträger der Stadt während Prozessionen und Feierlichkeiten vor Wind und Wetter zu schützen. Die schönsten der dort aufgestellten Statuen sind die Bronzearbeit *Perseus* (1545) von Benvenuto Cellini, und Giambolognas Marmorgruppe *Raub der Sabinerinnen* (1583).

Palazzo Vecchio

Der Bau des Palazzo Vecchio wurde 1295 unter dem Architekten Arnolfo di Cambio begonnen, den herrlichen **Innenhof** gestaltete später (1553–74) Giorgio Vasari. Im ersten Stock befinden sich der **Salone dei Cinquecento**, einst das wichtigste Ratszimmer, das Studiolo di Francesco I. (1569–73), ein Arbeitszimmer für den Sohn von Cosimo I., und das Werk *Sieg* (1525) von Michelangelo. Weitere Höhepunkte sind die mit **Fresken** ausgestatteten Cappella di Eleonora, Sala dell'Udenzia und die Sala dei Gigli.

Detail von Ammanatis Fontana del Nettuno (Neptunbrunnen)

KLEINE PAUSE

Im Palazzo Vecchio gibt es ein **Café** in den Quartiere degli Elementi und der Terrazza di Saturno im zweiten Stock. Das **Rivoire** ist ein berühmtes altes Café mit Sitzgelegenheiten im Freien auf der Piazza della Signoria (► 81) – teuer, aber die Umgebung lohnt.

Palazzo Vecchio

✚ 199 D3 ✉ Piazza della Signoria ☎ (055) 276 83 25; www.palazzovecchio.it; Reservierungen für Führungen durch Geheimgänge, Veranstaltungen im Kindermuseum ☎ (055) 276 82 24; www.museoragazzi.it (Öffnungszeiten wie Palazzo) ◉ Palazzo Vecchio: Mo–Mi, Fr, Sa 9–19, Do/So 9–14 Uhr (letzter Einlass 30 Minuten vor Schließung). Geheimgänge: bei der Touristeninformation oder dem Kartenverkauf des Palazzo Vecchio erfragen oder Tel. (055) 276 84 65 🚌 B zur Piazza della Signoria oder A zur Via della Condotta ✋ mittel; Kombiticket mit Cappella Brancacci: teuer

Santa Croce

Man kann zu Recht sagen, dass Santa Croce die bedeutendste Kirche in Florenz ist. Sie ist für ihre außergewöhnlichen Kunstschätze – wie den bemerkenswerten Freskenzyklen von Giotto und anderen mittelalterlichen Meistern – aber auch als Grabstätte vieler prominenter Persönlichkeiten der Stadt, u. a. Michelangelo, Galileo und Machiavelli, bekannt. Die Franziskanerkirche war als Gegenpol zu Santa Maria Novella gedacht, der Kirche des rivalisierenden Dominikanerordens.

Santa Croce wurde wahrscheinlich 1294 von Arnolfo di Cambio entworfen, dem Architekten, der auch den Dom und den Palazzo Vecchio gestaltete. Die vielen Gräber und sorgfältig ausgestalteten Kapellen wurden von reichen Florentinern, vornehmlich Leuten aus dem Bankgeschäft, finanziert: Sie waren sehr darauf bedacht, neben den bescheidenen Franziskanermönchen begraben zu werden, um das Stigma sündiger Wuchergeschäfte oder des Zinsverleihs auszugleichen.

Berühmte Grabstätten

Hier fanden jedoch nicht nur Banker ihre letzte Ruhe: Die erste Grabstätte an der rechten (südlichen) Wand ist das Grab **Michelangelos**. Er ist auf eigenen Wunsch nahe am Eingang begraben worden, damit er bei seiner Auferstehung am Jüngsten Tag als Erstes Brunelleschis Domkuppel erblicken könne. Beinahe direkt daneben liegt ein Gedenkstein für **Dante**, den florentinischen Dichter, der in Ravenna an der Adriaküste starb und auch dort begraben liegt. Nur wenige Meter weiter befindet sich das Grab **Machiavellis**. Das Grab des Wissenschaftlers **Galileio** liegt an der Wand gegenüber, ebenfalls in der Nähe des Kircheneingangs.

Fresken und Gräber

Die Hauptkunstwerke stellen zwei **Freskenzyklen von Giotto** dar. Sie befinden sich in den zwei Kapellen rechts des Hauptaltars: der Capella Bardi, die mit *Szenen aus dem Leben des hl. Franziskus* (1315–20) verziert ist, und der Capella Peruzzi, die mit *Szenen aus dem Leben des hl. Johannes und Johannes des Täufers* (1326–1330) ausgeschmückt ist. Weitere bedeutende

Das *Bankett des Herodes* ist eines der Meisterwerke in Santa Croce

SANTA CROCE: INSIDER-INFO

Top-Tipp: Verweilen Sie direkt nach Betreten von Santa Croce kurz, um ihre gesamte **Größe** sowie die eindrucksvolle Holzdecke auf sich wirken zu lassen.

Außerdem: Rechts von Santa Croce (wenn Sie vor der Fassade stehen) befindet sich der Eingang zum **Museo dell'Opera di Santa Croce** (Kirchenmuseum) und der Cappella dei Pazzi (1429–70), dem früheren Domkapitel der Kirche. Das Museum besitzt Arbeiten von Donatello und Cimabue; die Kapelle stellt eine der besten architektonischen und kunsthandwerklichen Gesamtkunstwerke der frühen Renaissance dar. Sie wurde von Brunelleschi entworfen und von Luca della Robbia, Desiderio da Settignano und anderen Künstlern ausgestaltet.

Zyklen aus dem 14. Jahrhundert von Taddeo und Agnolo Gaddi, zwei Anhängern Giottos, bereichern die Cappella Castellani und die Cappella Baroncelli, zwei angrenzende Kappellen im südlichen Querschiff. Ebenfalls sehenswert sind weitere **Fresken aus dem 14. Jahrhundert** rund um den Altarraum und in den Räumen des rechten Querschiffs. Unbedingt anschauen sollten Sie zwei **Grabmäler**, die großen Einfluss auf die Kunst der Renaissance hatten – das von Bernardo Rossellino gestaltete Grab des Humanisten Leonardo Bruni (1445–50) und das von Desiderio da Settignano geschaffene Monument (1453), wo Carlo Marsuppini begraben liegt. Sie befinden sich im linken bzw. rechten Seitenschiff.

KLEINE PAUSE

Die Piazza Santa Croce bietet viele Cafés, die nahe gelegene *enoteca* **Baldovino** (➤ 78) besitzt aber mehr Flair. In der Nähe von Santa Croce sollten Sie sich unbedingt ein Eis von der berühmten **Gelateria Vivoli** gönnen, das viele immer noch für das »beste Eis Italiens« halten (➤ 81).

Santa Croce
✚ 199 E3　✉ Piazza Santa Croce　☎ (055) 24 46 19　🕐 Mo–Sa 9.30–17.30, So 13–17.30 Uhr, (8–13 Uhr nur für Gebet)　🚌 B, 23　💶 mittel (inkl. Museo dell'Opera di Santa Croce)

Museo dell'Opera di Santa Croce–Cappella dei Pazzi
✚ 199 E2　✉ Piazza Santa Croce 16　☎ (055) 24 46 19　🕐 Öffnungszeiten wie Santa Croce　🚌 B, 23　💶 mittel (inkl. Kirche Santa Croce)

⑮ Uffizien

Die Galleria degli Uffizi, überall als Uffizien bekannt, besitzt nicht nur eine der weltweit größten Sammlungen italienischer Renaissancekunst, sondern auch außergewöhnliche Gemälde aus anderen Epochen und anderen europäischen Ländern.

Der riesige Palast, der die Kunstgalerie der Uffizien beherbergt, wurde 1560 von Giorgio Vasari als Bürotrakt (it. *ufficio*: Amt) für Cosimo I. de' Medici errichtet. Die Gemälde stellen den größten Teil der **Privatsammlung der Medici** dar, die sie über viele Jahrhunderte erworben hatten, aber der Stadt Florenz unter der Bedingung, dass sie niemals die Stadt verließ, übergaben.

Die Ausstellungsfläche umfasst 45 Räume mit mehr als 2000 Gemälden. Seien Sie auf ein großes Gedränge gefasst, besonders vor den Werken Botticellis in den Räumen 10–14. Sie sollten jedoch die vorhergehenden Meisterwerke nicht auslassen: z. B. die drei Bilder in Raum 2, die die **Maestà** oder auch *Thronende Muttergottes* darstellen. Sie stammen von drei der

Paolo Uccellos *Die Schlacht von San Romano* (ca. 1456)

großartigsten Maler des 13. Jahrhunderts: Duccio, aus Siena, und Giotto und Cimabue, die beide in Florenz arbeiteten. In den Räumen 3–6 befinden sich weitere Highlights von Künstlern aus Siena, allen voran die glanzvolle **Verkündigung** (1333) von Simone Martini sowie Arbeiten von Pietro

Buchen Sie eine Eintrittskarte für die Uffizien im Voraus, um nicht zu lange anzustehen

und Ambrogio Lorenzetti. Diese zwei Maler wurden vom Schwarzen Tod, der Pest, die 1348 in der Toskana wütete, dahingerafft. Achten Sie auf die Details und Farbenpracht in den Gemälden *Die Anbetung der Könige* von Gentile da Fabriano (1423) und *Krönung Mariä* (1413) von Lorenzo Monaco.

In Raum 7 sind Werke früher Renaissancekünstler ausgestellt; darunter Gemälde von Piero della Francesca, Masaccio und Paolo Uccello, dessen **Schlacht von San Romano** (ca. 1456) perspektivisch unnachahmlich gelungen ist. Dieser Raum wird jedoch von den Botticellis in den Räumen 10–14 übertroffen.

Hier sehen sie die Bilder **Primavera** (1478) und **Die Geburt der Venus** (1485), die sich in ihrer Bildersprache und Themenwahl an klassischen Mythen und nicht an der Religion orientieren. In Raum 15 finden Sie Leonardo da Vincis **Anbetung der Könige** und **Die Verkündigung**. Letzteres stammt aus der Werkstatt Verrocchios; da Vinci, der aus dem kleinen Dorf Vinci in der Hügellandschaft westlich von Florenz stammte, hat daran mitgearbeitet.

Auch in den anderen Räumen finden Sie viele Meisterwerke. Halten Sie besonders nach folgenden Kunstwerken Ausschau: die *Medici Venus* (Raum 18), einem der erotischsten Bilder des 3. Jahrhunderts; dem *Heiligen Gleichnis* des Venezianers Giovanni Bellini (von 1490, Raum 21); *Tondo Doni* (1505, Raum 25), dem einzigen Gemälde von Michelangelo im Besitz der Uffizien; den Arbeiten von Raffael im Raum 26; der *Venus von Urbino* (1538, Raum 28), ein berüchtigter Akt von Tizian; und den Gemälden von Van Dyck, Caravaggio, Rubens, Rembrandt und anderen Künstlern in den letzten sechs Räumen.

Die atemberaubende Architektur der Uffizien ist fast so beeindruckend wie die ausgestellten Gemälde

KLEINE PAUSE

Das Kunstmuseum hat eine gute **Café-Bar**, Sie können aber auch ins nahe gelegene **Rivoire** auf der Piazza della Signora oder ins **Caffè Italiano** (➤ 81) gehen.

🕂 198 C3 ✉ Loggiata degli Uffizi 6, bei der Piazza della Signoria ☎ (055) 238 86 51 🕐 Di–So 8.15–18.50 Uhr (letzter Einlass 18.05 Uhr); geschl. Mo; Corridoio-Vasariano-Führungen: unterschiedlich, meist zweimal die Woche: Mi und Fr; Buchung notwendig (Tel. (055) 265 43 21) 🚌 B oder 23 ✋ teuer

UFFIZIEN: INSIDER-INFO

Top-Tipps: Mit langen Warteschlangen müssen Sie zu jeder Jahreszeit und an jedem Tag rechnen. Vermeiden können Sie diese nur, wenn Sie Ihre **Eintrittskarte und die Besuchszeit im Voraus buchen** (Tel. (055) 29 48 83, Mo–Fr 8–18.30 Uhr, Sa 8.30–12.30 Uhr; oder unter www.weekendafirenze.com). Sie erhalten dann eine Reservierungsnummer für den genauen Tag und die Uhrzeit. Die Eintrittskarten können gegen eine kleine Vorverkaufsgebühr am Treffpunkt für Vorbestellungen links vom Haupteingang abgeholt werden.

• Beim oben genannten Vorbestellungsservice (Telefon und Internet) für Eintrittskarten kann man Tickets für die **staatlichen Museen in Florenz** reservieren.

• Falls es die Zeit erlaubt, besuchen Sie die Uffizien **zweimal**: einmal, um die italienischen Gemälde in den Räumen 1–15 zu sehen, und ein zweites Mal, um die übrigen Gemälde anzuschauen.

Außerdem: Sie können den **Corridoio Vasariano**, einen außergewöhnlichen, mit Gemälden bestückten Flur, besichtigen. Er wurde im 16. Jahrhundert von Giorgio Vasari erbaut, um die Uffizien mit dem Palazzo Pitti zu verbinden (➤ 75).

Nach Lust und Laune!

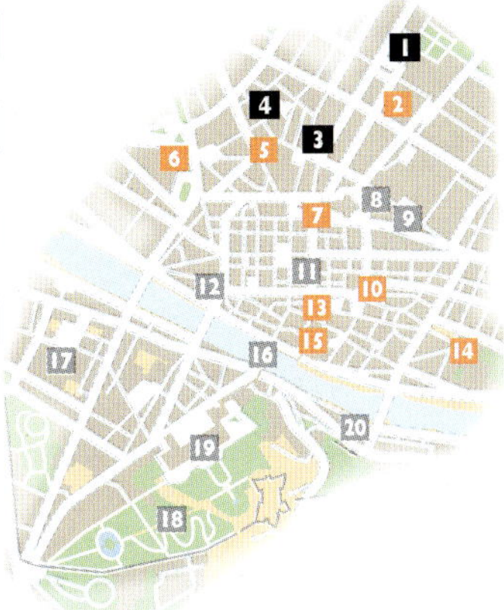

1 Museo di San Marco

Das Museum liegt nördlich der großen Sehenswürdigkeiten von Florenz, von den »kleinen« Attraktionen ist es aber zweifellos das Sehenswerteste. Fast alle Ausstellungsstücke des früheren Dominikanerklosters sind Gemälde von Fra Angelico, einem Mönch und früheren Prior des Klosters – und einem der vorzüglichsten Maler der Frührenaissance. Die Höhepunkte der Hauptabteilung des alten Klosters, dem Ospizio dei Pellegrini, sind das Altargemälde von San Marco (1440) und die *Madonna dei Linaiuoli* (1433). Das *Letzte Abendmahl* von Domenico Ghirlandaio (1480) im Refettorio Piccolo (kleiner Speisesaal) sollten Sie nicht verpassen. Im ersten Stock begrüßt Sie Angelicos *Verkündigung* als Einstimmung auf eine Reihe kleiner Mönchszellen, die alle mit einem Bild Angelicos oder seiner Schüler bedacht sind. Die Bibliothek wurde von Cosimo de' Medici gestiftet (1441–44).

✚ 199 D5 ✉ Piazza San Marco 1 ☎ (055) 238 86 08 ✪ Di–Fr und 1., 3. und 5. Mo im Monat 8.15–13.50 Uhr (letzter Einlass 13.20 Uhr), Sa, 2. und 4. So im Monat 8.15–18.50 Uhr 🚍 1, 5, 17 zur Piazza San Marco; 11 von San Marco ins Stadtzentrum ✋ teuer

3 Palazzo Medici-Riccardi

Dieser Palast gehörte den Medici auf dem Höhepunkt ihrer Macht. Für Cosimo den Älteren 1462 fertiggestellt, sollte er bis 1540 der Wohnsitz der Familie bleiben; dann zog Cosimo I. de' Medici in den Palazzo Vecchio.

Während das bedrohlich wirkende Äußere erhalten blieb, überlebte im Innern nur ein kleiner Teil des einstigen Glanzes – die kleine Cappella dei Magi mit Fresken von Benozzo Gozzoli aus dem Jahre 1460. Sie zeigen die Heiligen Drei Könige, doch der Künstler integrierte zeitgenössische Details wie z. B. die Darstellung einiger Medici.

✚ 198 A4 ✉ Via Cavour 3 ☎ Reservierung Eintrittskarten (055) 276 03 40 ✪ Mo, Di und Do–So 9–19 Uhr (letzter Einlass 18.30 Uhr) 🚍 1, 6, 17 zur Via Cavour, alle Linien zur Piazza del Duomo ✋ mittel

4 Mercato Centrale

Dieser riesige Lebensmittelmarkt ist der größte seiner Art in Europa. Er

Saftige italienische Tomaten an einem Verkaufsstand auf dem Mercato Centrale

wurde 1874 eröffnet und hat seitdem Touristen und Einheimische gleichermaßen mit seinem Aufgebot an kulinarischen Köstlichkeiten betört. An den Verkaufsständen kann man sich hervorragend für ein Picknick eindecken oder Geschenke einkaufen; oder Sie genießen einfach nur die vielen Düfte und Eindrücke. Ein Besuch lässt sich ideal mit der Besichtigung von San Lorenzo (➤ 84) oder den Cappelle Medicee verbinden (➤ 55f).

✚ 198 C5 ✉ Piazza del Mercato Centrale ◉ Mo–Sa 7–14 Uhr (im Winter auch Sa 16–20 Uhr) 🚌 1, 6, 7 zur Via Cavour und Linien zur Piazza del Duomo ✋ frei

🔢8 Museo dell'Opera del Duomo

Die Opera del Duomo wurde 1296 als Körperschaft zur Erhaltung des Doms, des Baptisteriums und des Campanile gegründet (➤ 59ff). Seit 1891 beherbergt ihr Hauptgebäude östlich des Doms das heutige Museum. Es versammelt Kunstwerke aus 700 Jahren, die entweder gestiftet oder aus Sicherheitsgründen aus Gebäuden rund um die Piazza verlagert werden mussten. Höhepunkte sind hauptsächlich Skulpturen aus dem Mittelalter oder der Renaissance, außerdem sind hier Schätze an Gemälden, Gold- und Silbergegenständen, illustrierte Handschriften und andere Kunsterzeugnisse versammelt. Als wertvollster Schatz gilt die *Pietà* (1550–53) von Michelangelo.

Andere sehenswerte Arbeiten sind u. a. Donatellos *Maria Magdalena* (1453–55), Lorenzo Ghibertis restaurierte Bronzetäfelungen der Paradiestür des Baptisteriums sowie beinahe alle Flachreliefs von Andrea Pisano und della Robbia vom Campanile.

✚ 199 D4 ✉ Piazza del Duomo 9 ☎ (055) 230 28 85 ◉ Mo–Sa 9–19.30, So 9–13.40 Uhr 🚌 14, 23 ✋ mittel

🔢9 Museo di Firenze com'era

Das »Museum von Florenz, wie es einst war« ist ein wenig besuchtes Kleinod, nur einige Gehminuten vom Museo dell'Opera del Duomo entfernt. Das Museum kann man in kürzester Zeit besichtigen. In der Ausstellung befinden sich zwölf der schönsten Gemälde (1555) in ganz Florenz. Sie stammen vom flämischen Künstler Justus Utens (gest. 1609) und zeigen die Villen der Medici. Beachtung verdient auch die *Pianta della Catena*, die Kopie eines Kupferstichs von Florenz im Jahr 1470 aus der Vogelperspektive.

✚ 199 D4 ✉ Via dell'Oriuolo 24 ☎ (055) 261 65 45 ◉ Mo–Mi, Fr–So 9–14 Uhr 🚌 A nach Borgo degli Albizzi oder A, 14 oder 23 zur Via del Proconsolo ✋ preiswert

Eine Kopie von Verrocchios *Hl. Thomas* an der Fassade von Orsanmichele

🔟 Orsanmichele

Die Kirche von Orsanmichele bietet sich für einen Besuch an, wenn man von der Piazza del Duomo (➤ 59ff) über die Via dei Calzaiuoli zur Piazza della Signoria (➤ 64f) geht. Das Gebäude wurde verschiedenartig genutzt: als Oratorium (seit dem 7. Jahrhundert) oder Getreidespeicher (ab 1280). Die heutige Kirche wurde 1380 erbaut und verdankt ihre künstlerische Bedeutung den Statuen aus dem frühen 15. Jahrhundert, die in 14 Außennischen stehen. Diese wurden von den mittelalterlichen Zünften von Florenz in Auftrag gegeben und zeigen deren Zunftpatrone. Man kann sie gewiss als einige der wichtigsten Standbilder dieser Epoche bezeichnen. Geschaffen wurden sie von den bedeutendsten Künstlern ihrer Zeit – Donatello, Ghiberti, Michelozzo, Brunelleschi und Verrocchio. Heute sind viele der ausgestellten Stücke Kopien, die Originale wurden aus Sicherheitsgründen in Museen, wie zum Beispiel den Bargello, gebracht (➤ 62f). Die Innenwände der Kirche sind mit ausgeblichenen Fresken der Zunftheiligen ausgeschmückt. Das Hauptschiff wird von dem kostbaren Tabernakel (1355–59) von Orcagna bestimmt, in dem ein Gemälde der *Madonna delle Grazie* (1347) von Bernardo Daddi zu sehen ist.

✚ 198 C3 ✉ Via dei Calzaiuoli–Via dell'Arte della Lana ☎ (055) 28 49 44 🕐 tägl. 9–12, 16–18 Uhr; geschl. erster und letzter Mo im Monat 🚌 A und Linien zur Piazza del Duomo 👋 frei

Die Geschäfte in den Arkaden des Ponte Vecchio spiegeln sich im Arno

🔢 Santa Trinità

Die Kirche Santa Trinità aus dem 11. Jahrhundert wirkt von außen bescheiden. Die Fassade aus dem späten 16. Jahrhundert verbirgt eine hauptsächlich gotische Innenausstattung, die zwischen 1300 und 1330 umgestaltet wurde. Sehenswert sind v. a. ihre Seitenkapellen, in denen sich einige überwältigende Kunstwerke befinden. In der Cappella Sassetti, der zweiten Kapelle rechts vom Hochaltar, befindet sich der Freskenzyklus *Szenen aus dem Leben des hl. Franziskus* (1483–86) von Ghirlandaio. Derselbe Künstler ist auch für das Altarbild der Kapelle verantwortlich, die *Anbetung durch die Hirten* (1485), eine vollendete Verschmelzung von heidnischer und christlicher Bilderwelt aus der Renaissance. Die vierte Kapelle auf der rechten Seite der Kirche besitzt einen Freskenzyklus von Lorenzo Monaco – die *Szenen aus dem Marienleben* (1420–25).

✚ 198 B3 ✉ Piazza Santa Trinità ☎ (055) 21 69 12 🕐 Mo–Sa 8–12, 16–18, So 16–18 Uhr 🚌 A, B, 6, 11, 36, 37 👋 frei

🔢 Ponte Vecchio

Die berühmteste Brücke von Florenz nimmt ihren Platz seit ungefähr 1345 ein, unweit der schmalsten Stelle des Arno in der Stadt. Vor ihr befanden sich hier u. a. eine römische und zwei hölzerne mittelalterliche Brücken, die während des Hochwassers von 1117 und 1333 weggespült wurden. Dem gleichen Schicksal entging die heutige Brücke nur knapp während der großen Flut von 1966. Sie war 1944 die einzige Brücke der Stadt, die von der deutschen Wehrmacht nicht in die Luft gesprengt wurde, um so die US-Armee aufzuhalten.

Schon seit den Anfangstagen der Brücke »hängen« malerische Läden und Werkstätten an ihren Seiten, die früher von Metzgern und Fischhändlern besetzt waren. Später residierten hier insbesondere Gerber, die im Arno ihre Felle einweichten, und danach kamen die Schmuckhändler und Goldschmiede. Einige Nachkommen dieser Geschäftsleute besitzen noch heute einen Laden auf der Brücke.

✚ 198 C3 ✉ Via Por Santa Maria–Lungarno degli Acciaiuoli 🕐 tägl. 🚌 B, 6, 11, 36, 37 ♿ frei

Einer der vielen schattigen Wege im Giardino di Boboli

ⓘ Cappella Brancacci

Florenz besitzt unzählige Freskenzyklen, aber zwei davon üben eine besondere Anziehungskraft aus. Im nördlichen Florenz sind es die Fresken von Gozzoli im Palazzo Medici-Riccardi, sie fallen besonders durch ihren erzählerischen Elan auf (➤ 71). Im Oltrarno-Viertel gehören die Fresken der Cappella Brancacci dazu, deren innovative Technik bahnbrechend für die florentinische Kunst der Renaissance war. Die Fresken befinden sich in einem Teil der ansonsten unscheinbaren Kirche Santa Maria del Carmine. Sie wurden 1424 von Felice Brancacci, einem wohlhabenden Diplomaten und Seidenhändler, in Auftrag gegeben. Anfangs arbeiteten Masolino da Panicale (1383–1447) und sein Schüler Masaccio (1401–28) zusammen daran. Zwei Jahre nach Beginn des Unterfangens wurde Masolino als offizieller Hofmaler des ungarischen Herrscherhauses nach Budapest gerufen. In seiner Abwesenheit erblühte Masaccios Schöpferkraft. Masolino kehrte 1427 zurück, folgte aber ein Jahr später einem Ruf nach Rom. Masaccio verstarb und der Auftraggeber Brancacci wurde 1436 von den Medici verbannt. Erst 1480 wurden die Arbeiten von Filippino Lippi wieder aufgenommen. Er vervollständigte den Freskenzyklus so eng am Stil seiner Vorgänger, dass sein Beitrag erst 1838 entdeckt wurde. Die erzählerische Kraft, die perspektivische und realitätsnahe Darstellung waren bis dahin in Florenz ohne Beispiel.

✚ 198 A3 ✉ Piazza del Carmine ☎ (055) 238 21 95 oder 276 82 24; Vorbestellung Eintrittskarten (055) 29 48 83 🕐 Mo und Mi–Sa 10–17, So 13–17 Uhr ♿ mittel; mit Palazzo Vecchio: teuer

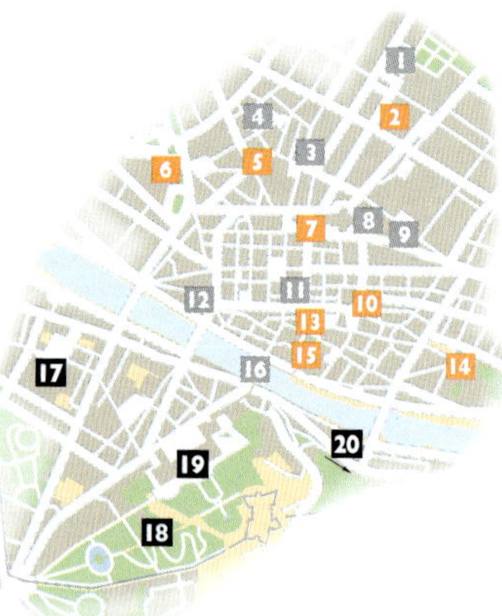

18 Giardino di Boboli

Der Giardino di Boboli ist der größte Park der Innenstadt von Florenz und der einzige grüne Ort, wo man den Straßen entfliehen kann. Er wurde 1549 hinter dem Palazzo Pitti angelegt, als Cosimo I. de' Medici den Palast bezog. 1776 wurde er der Öffentlichkeit zugänglich gemacht. Im Hochsommer wirkt er oft ausgedörrt, in den übrigen Jahreszeiten sind seine schattigen Wege, Gärten, Brunnen, Grotten und Statuen eine Wohltat. Der Garten besitzt ein Café, lädt aber auch zu einem Picknick ein.

198 B1 Zugänge über die Piazza de' Pitti und Piazzale di Porta Romana (055) 265 18 16/18 38 Di–So April–Mai und Sept.–Okt. 8.15 bis 18.30 Uhr; März 8.15–17.30 Uhr; Juni bis Aug. 8.15–19.30 Uhr (letzter Einlass 18.30 Uhr); Nov.–Feb. 8.15–16.30 Uhr; auch am 2. und 3. Mo im Monat geöffnet D, 11, 36, 37 preiswert

19 Palazzo Pitti

Die längst vergessene Familie Pitti ließ diesen riesigen Palast wohl um 1458 erbauen, aber nachdem Cosimo I. de' Medici ihn 1549 gekauft hatte, war er für viele Jahre der florentinische Hauptwohnsitz der Medici. Heute beherbergt er einige Museen, zwei davon sind erwähnenswert. Im Museo degli Argenti gibt es v. a. Silberwaren (*argento*) zu sehen, aber auch viele andere wertvolle Sammlerstücke der Medici. Die Galleria Palatina besitzt Hunderte unbezahlbarer Gemälde der Medici und stellt somit nach den Uffizien das zweitgrößte Kunstmuseum dar (68ff). Unter den Schätzen befinden sich Arbeiten von Raffael und Tizian, außerdem Ölgemälde von Filippino Lippi, Caravaggio und anderen bekannten Künstlern.

198 B2 Piazza de' Pitti (055) 238 86 14 Galleria Palatina: tägl. 8.15–18.50 Uhr (letzter Einlass 18.05 Uhr) D teuer

20 San Miniato al Monte

Die Kirche von San Miniato liegt außerhalb des Zentrums, aber der Weg lohnt, denn sie zählt zu den schönsten Gotteshäusern. Nehmen Sie den Bus oder den Weg, der Sie nahe dem Ponte Vecchio bergauf führt und mit einigen unvergesslichen Ausblicken aufwartet. San Miniato ist eines der schönsten romanischen Bauwerke der Toskana. Sie wurde 1013 an Stelle einer früheren Kapelle für den hl. Minias errichtet. Die Fassade stammt von 1207 – beachten Sie die Statue eines Adlers, der ein Bündel Stoff in seinen Klauen hält, ein Zeichen für die Stoffhändlerzunft. Der Marmorfußboden im Kircheninneren stammt von 1207, ebenso die Kanzel und das Mosaik der Chorschranken und der Altarnische.

198 E1 Via del Monte alle Croci– Viale Galileo Galilei (055) 234 27 31 April–Sept. tägl. 8–12.30, 15–19 Uhr; Okt.–März tägl. 8–12.30, 14.30–16.30 oder 18 Uhr; während Gottesdiensten geschl. 12 oder 13 frei

Die Apsis-Mosaiken aus dem 13. Jahrhundert gehören zu den zahlreichen Meisterwerken in San Miniato al Monte

Wohin zum ... Übernachten?

Preise
Für ein Doppelzimmer gelten folgende Preise:
€ unter 100 Euro   €€ 100–175 Euro   €€€ über 175 Euro

In Florenz gibt eine große Hotelauswahl – von einfachen 1-Sterne-Hotels mit Gemeinschaftsbad bis hin zu luxuriösen Villen. Für die meisten Monate im Jahr ist es unbedingt nötig, im Voraus zu buchen, vor allem in den mittleren Preislagen (1- oder 2-Sterne-Hotels).

Alessandra €€

Dank seiner Lage in einer stillen Nebenstraße zwischen Ponte Vecchio und der Kirche von Santa Trinità ist es in diesem 2-Sterne-Hotel recht ruhig. Die Zimmer sind hell und luftig. Alle haben Holzfußböden, aber nur die Hälfte besitzt ein eigenes Bad (mit Aufpreis); ungefähr die gleiche Anzahl an Zimmern verfügt über Fernseher und Klimaanlage.

✚ 198 C3   ✉ Borgo SS Apostoli 17
☎ (055) 28 34 38; Fax (055) 21 06 19;
www.hotelalessandra.com
🕓 geschl. 2 Wochen im Dez.

Bellettini €

Das Bellettini übertrifft andere Hotels der 2-Sterne-Kategorie und ist in Qualität und Preislage nur mit dem Casci vergleichbar. Die einfachen, aber sauberen 27 Zimmer sind alle mit Telefon und Klimaanlage ausgestattet, die Hälfte sogar mit Fernseher. Die Atmosphäre ist einladend, das Frühstück überdurchschnittlich und die zentrale Lage – in einer kleinen Straße westlich der Cappelle Medicee – ideal.

✚ 198 C4   ✉ Via dei Conti 7
☎ (055) 21 35 61; Fax (055) 28 35 51;
www.hotelbellettini.com

Brunelleschi €€€

Das 4-Sterne-Hotel Brunelleschi zeichnet sich durch seine gute Lage in einer ruhigen Nebenstraße zwischen dem Duomo und der Piazza della Signoria aus. Der italienische Toparchitekt Italo Gamberini hat die 87 Zimmer des Hotels in einem Gebäude untergebracht, das er um eine byzantinische Kapelle und den Torre della Pagliazza, einen der ältesten Bauten der Stadt aus dem 5. Jahrhundert, herumbauen ließ. Ein kleines Museum im Hotel stellt die dabei gefundenen archäologischen Schätze aus. Die Gestaltung des Hotels verbindet moderne Architektur und Originalgebäude sehr stimmig.

✚ 198 C4   ✉ Via dei Calzaiuoli–
Piazza Santa Elisabetta 3
☎ (055) 273 70; Fax (055) 21 96 53;
www.hotelbrunelleschi.it

Casci €

Aufgrund seiner Lage (nördlich des Piazza del Duomo), der freundlichen und mehrsprachigen Bediensteten dieses Familienbetriebs, des guten Frühstücksbüfetts, der angemessenen Preise und der sauberen und angenehmen Zimmer kann sich das Casci rühmen, eines der besten 2-Sterne-Hotels von Florenz zu sein.

✚ 199 D5   ✉ Via Cavour 13
☎ (055) 21 16 86; Fax (055) 239 64 61;
www.hotelcasci.com

Firenze €

Das 1-Sterne-Hotel Firenze verfügt über 57 Zimmer und so findet man hier häufig noch ein freies Zimmer, wenn andere Hotels bereits ausgebucht sind. Die Zimmer sind zwar einfach und schlicht, aber in ordentlichem Zustand und haben ein Bad und Fernseher. Die Lage an einem kleinen Platz zwischen Duomo und Piazza della Signora ist wunderbar.

✚ 199 D4 ✉ Via del Corso–Piazza dei Donati 4 ☎ (055) 21 42 03; Fax (055) 21 23 70; www.albergofirenze.org

Gallery Hotel Art €€€

Dieses stilvolle 4-Sterne-Hotel ist in seiner Art einzigartig in Florenz. Es besticht durch seine klare und minimalistische Optik – dunkles Holz, neutrale Farbgebung und moderne Kunst sind die vorherrschenden Elemente des Empfangs und der 65 Zimmer. Das Hotel liegt an einem ruhigen Platz beim Ponte Vecchio.

✚ 198 C3 ✉ Vicolo dell'Oro 5 ☎ (055) 272 63; Fax (055) 26 85 57; www.lungarnohotels.com

Helvetia & Bristol €€€

Das aus dem 18. Jahrhundert stammende Helvetia & Bristol hat sicher viele Konkurrenten im Wettstreit um die Auszeichnung »Bestes Hotel in Florenz« – aber keines kann sich mit der Klasse dieses 5-Sterne-Hotels messen. Es liegt im Westen des Stadtzentrums, zwischen der Via de' Tornabuoni und der Piazza Strozzi. Zu den Hotelgästen gehörten schon Pirandello, Strawinsky, De Chirico und Bertrand Russell. Die Ausgestaltung der Gemeinschaftsräume, der 34 Zimmer und 18 Suiten erinnert mit ihren prächtigen Stoffen und Gemälden an alte europäische Eleganz. Service und Einrichtung ist jedoch topmodern.

✚ 198 C4 ✉ Via de' Pescioni 2 ☎ (055) 28 83 53; Fax (055) 28 83 53; www.hotelhelvetiabristolfirenze.it

Hermitage €€

Nur wer frühzeitig bucht, hat eine Chance, eines der 28 Zimmer dieses reizenden 3-Sterne-Hotels zu ergattern. Seinen guten Ruf verdankt es dem freundlichen Service, den komfortablen sanitären Anlagen (einige Badezimmer verfügen über Jacuzzis) und der bestechenden Lage beinahe direkt am Ponte Vecchio. Nicht alle Zimmer haben Ausblick auf den Fluss oder die Brücke, dafür können diese Räume recht laut sein, trotz der doppelverglasten Fenster. Im Sommer kann man auf der schönen Dachterrasse frühstücken.

✚ 198 C3 ✉ Vicolo Marzio 1–Piazza del Pesce ☎ (055) 28 72 16; Fax (055) 21 22 08; www.hermitagehotel.com

Loggiato dei Serviti €€€

Das Hotel liegt recht weit nördlich der Piazza del Duomo – und damit am ungünstigsten unter den 2-Sterne-Häusern der Stadt. Dafür ist an der Ausstattung rein gar nichts zu bemängeln. Die 25 Räume und vier Suiten sind in Größe und Gestaltung unterschiedlich, aber alle sind in einem klaren und minimalistischen Stil eingerichtet – eine Hommage an die Geschichte des Gebäudes, das im 16. Jahrhundert als Servitenkloster diente. Die Stoffe, Gemälde und Antiquitäten geben den Räumen gleichwohl ein heiteres Flair. Alle Zimmer sind mit Fernseher und Klimaanlage ausgestattet.

✚ 199 D5 ✉ Piazza SS Annunziata 3 ☎ (055) 28 95 92; Fax (055) 28 95 95; www.loggiatodeiservitihotel.com

Maxim €

Das freundliche und gut geführte Maxim ist ein 2-Sterne-Hotel, erwarten Sie also nicht so viele Extras. Die Lage unweit des Duomo ist dafür kaum zu übertreffen. Es besitzt 22 Räume, entweder mit eigenem Bad oder mit Gemeinschaftsbad. Fragen Sie nach einem ruhigeren Zimmer.

✚ 198 C4 ✉ Via dei Calzaiuoli 11 (mit Lift) und Via de' Medici 4 (Treppen) ☎ (055) 21 74 74; Fax (055) 28 37 29; www.hotelmaximfirenze.it

Morandi alla Crocetta €€

Diesem 3-Sterne-Kleinod merkt man den Geschmack seiner britischen Besitzerin Kathleen Doyle an. Die zehn Räume des Hotels sind alle reichlich mit Antiquitäten, Drucken und Holzfußböden versehen; das schönste Zimmer besitzt sogar ein Freskenfragment der Klosters, das früher in diesem Gebäude untergebracht war. Eine Reservierung ist notwendig.

✚ 199 E5 ✉ Via Laura 50 ☎ (055) 234 47 47; Fax. (055) 248 09 54; www.hotelmorandi.it

Wohin zum …
Essen und Trinken?

Preise
Die Preise gelten pro Person für ein Drei-Gänge-Menü mit Wein:
€ unter 26 Euro   €€ 26–52 Euro   €€€ über 52 Euro

Die Öffnungszeiten hängen von verschiedenen Faktoren ab – der Jahreszeit oder dem Kommen und Gehen der letzten Gäste. Die meisten Cafés öffnen gegen 7 Uhr und schließen am frühen Abend. Weinlokale öffnen zwischen 10 Uhr und Mittag, schließen am Nachmittag für einige Stunden, um dann am frühen Abend wieder zu öffnen.

Einige der besten Restaurants und Bars der Stadt befinden sich in der Gegend um **Santa Croce**. Darunter fallen die zwei besten Restaurants, **Cibreo** (➤ 79) und **Enoteca Pinchiorri** (➤ 79); daneben gibt es auch eine große Auswahl an Lokalen mittlerer Preislage. Man kann zwischen lebendigen, modern gestalteten Restaurants – v. a. dem **Baldovino** (➤ unten), oder einer einfachen Trattoria wie dem **Benvenuto** (➤ 79) wählen.

Im **Norden von Florenz** befinden sich eher preisgünstige Cafés und Restaurants; im **Westen** garantieren das **Rose's** (➤ 80), das **Caffè Amerini** (➤ 80) und das **Belle Donne** (➤ 79) gutes Mittagessen. Im **Oltrarno-Viertel** gibt es viele beliebte Bars, Cafés und Restaurants mit erschwinglichen Preisen, besonders an der Piazza Santa Spirito, der Piazza de'Pitti und der Piazza del Carmine.

RESTAURANTS

Angiolino €-€€

Das Angiolino ist eine traditionelle Trattoria in Oltrarno mit einer der schönsten Inneneinrichtungen der Stadt: Tomatengirlanden und einige große runde Kürbisse zieren die Bar am Eingang, getrocknete Blumen und Chilischoten hängen von der gewölbten Backsteindecke des Speiseraums. Rot karierte Tischdecken und Korbflaschen vervollständigen das Bild. Auf der Speisekarte stehen toskanische Standardgerichte.

✚ 198 B3   ✉ Via di Santo Spirito 36r   ☎ (055) 239 89 76   ◷ tägl. 12.30 bis 14.15, 19.30–22.30 Uhr

Baldovino €-€€

Wenn Sie unschlüssig sind, wo Sie in der Nähe der Kirche Santa Croce essen wollen, gehen Sie einfach ins Baldovino. Das Restaurant ist eine lockere Mischung aus modernen und traditionellen Elementen und eines der erfolgreichsten in Florenz. Das liegt vielleicht auch am freundlichen Empfang durch den Besitzer, den Schotten David Gardner. Obwohl kein Italiener, hat er es verstanden, seine Kunden durch die Verbindung von gutem Essen – klassische toskanische Küche und neapolitanische Pizzen, dazu phantasievoll angerichtete Salate und andere nicht italienische Kreationen – und einer heiteren Einrichtung sowie gastlichen Atmosphäre für sich einzunehmen. Eine Reservierung ist empfehlenswert. Die *enoteca* zum Lokal liegt gegenüber und lockt mit Snacks, Kaffee oder Wein.

✚ 199 E3   ✉ Via San Giuseppe 22r   ☎ (055) 24 17 73   ◷ tägl. 11.30 bis 14.30, 19–23.30 Uhr; Nov.–März Mo geschl.

Beccofino €–€€

Erfolg zieht häufig Erfolg nach sich, und das ist im Falle des Beccofino in Oltrarno sicherlich so – es wurde nämlich von David Gardner vom Baldovino eröffnet. Die Erfolgsformel ist ähnlich: einladende Atmosphäre, gute, preislich angemessene italienische Küche; dazu eine moderne, schlichte Einrichtung, die Gemütlichkeit mit Design kombiniert.

✠ 198 B3 ✉ Piazza degli Scarlatti 1, bei Lungarno Guicciardini ☎ (055) 29 00 76 ◷ Restaurant: Mo–Sa 19–23.30, So 12.30–15, 19–23.30 Uhr Weinbar: Mo–Sa 19–Mitternacht, So 12.30–15.30 Uhr, 19–Mitternacht

Belle Donne €

Gleich nach Betreten des Belle Donne fallen einem die riesigen, skulpturenartigen Arrangements aus Früchten, Gemüse und Blumen auf. Das Lokal ist klein, stark frequentiert und die Atmosphäre sehr leger – man sitzt mit anderen Gästen an großen Holztischen mit Papiertischdecken. Die Speisekarte besteht aus täglich variierenden florentinischen Spezialitäten, die auf einer Tafel angeschrieben sind.

✠ 198 B4 ✉ Via delle Belle Donne 16r ☎ (055) 238 26 09 ◷ tägl. 12–15, 19–23 Uhr; im Aug. zeitweise geschl.

Benvenuto €–€€

Wenn Sie sich vom Benvenuto nicht allzu viel versprechen, werden Sie sicherlich auch nicht enttäuscht. In dieser Trattoria wird wohltuend auf jeglichen Schnickschnack verzichtet, dafür kann man sich hier auf traditionelle toskanische Gerichte verlassen.

✠ 199 D3 ✉ Via della Mosca 16r, Ecke Via de' Neri ☎ (055) 21 48 33 ◷ Mo–Sa 12–14.30, 19–22.30 Uhr

Cantinetta del Verrazzano €

Ein ausgezeichneter Ort für einen kleinen Snack oder ein leichtes Essen, der günstigerweise auch noch ganz zentral, nur wenige Schritte von der Via dei Calzaiuoli entfernt, liegt. Allerlei Arten Sandwiches und andere Köstlichkeiten präsentieren sich hinter einer großen verglasten Theke. Sie können Ihr Essen mitnehmen oder sich in die Weinbar setzen. Das Lokal gehört dem Weingut Castello di Verrazzano, die einen der beliebtesten Chianti produzieren – eine Kostprobe empfiehlt sich also.

✠ 198 C3 ✉ Via dei Tavolini 18–20r ☎ (055) 26 85 90 ◷ Mo–Sa 8–21 Uhr

Cibreo €€

Das Cibreo halten viele für das beste Restaurant von Florenz, dank seiner einfallsreichen Versionen traditioneller florentinischer »Bauerngerichte«. Der Speiseraum ist einfach gestaltet – Tische im ländlichen Stil und einfarbige Wände –, der Service und die Atmosphäre sind zwanglos. Die Preise sind für jeden einzelnen Gang festgelegt (inkl. Bedienung). Lassen Sie auf jeden Fall Platz für eines der köstlichen Desserts. In der angrenzenden Trattoria Vineria Cibreino kann man etwas günstiger essen, die Atmosphäre ist allerdings eher gedämpft. Einen Besuch wert sind auch die anderen Teile des Cibreo-»Imperiums« wie das Café (▶ 81). Für das Restaurant sollten Sie im Voraus reservieren.

✠ 199 E3 ✉ Via de' Macci 118r ☎ (055) 234 11 00 ◷ Di–Sa 12.50–14.30, 19.30–23.15 Uhr; geschl. Aug.

Enoteca Pinchiorri €€€

Eine *enoteca* ist eigentlich ein preiswertes Weinlokal. Das ist hier nicht der Fall. In dem ausgezeichneten Weinkeller des Lokals lagern etwa 80 000 Flaschen erlesener Tropfen aus Italien, Frankreich und anderen Ländern, darunter befinden sich einige der edelsten Weine der Welt. Das Pinchiorri ist in der Tat das beste und teuerste Restaurant von Florenz und bekam drei Michelin-Sterne verliehen. Die Preise für die erlesenen italienischen und internationalen Speisen sind stolz, Atmosphäre und Bedienung förmlich (Anzug und Krawatte sind obligatorisch).

✠ 199 E3 ✉ Via Ghibellina 87 ☎ (055) 24 27 77; www.pinchiorri.it

Lunch: Do–Sa 12.30–14 Uhr; Abendessen: Di–Sa 19.30–22 Uhr; geschl. Mo und Aug.

Mario €

Das Mario ist eine florentinische Institution. Wer eine preiswerte, bodenständige, aber qualitativ hochwertige, toskanische Küche zu schätzen weiß, ist hier richtig. Das einfache Lokal (nur Mittagessen) liegt nördlich des Mercato Centrale und zählt hauptsächlich Studenten und Markthändler zu seinen Kunden. Kutteln gibt es montags, Fisch donnerstags, *cantuccini con vino santo* (Biskuits mit Dessertwein) als einziges Dessert. Wenn Sie ein eher stilvolles Ambiente suchen, dann sollten Sie im nahe gelegenen Zà-Zà vorbeischauen (► siehe unten).

198 C5 Via Rosina 2r–Piazza del Mercato Centrale (055) 21 85 50 Mo–Sa 12–15 Uhr

Osteria dei Benci €€

Dieses Lokal steht für einen neuen Typus florentinischer Restaurants, hell und leger; es zeichnet sich durch einen einzigen ansprechenden Speiseraum aus, der in warmen Farben gehalten ist und von einer mittelalterlichen Ziegeldecke überwölbt wird. Das jugendliche Personal ist charmant, das toskanische Essen phantasievoll und gut zubereitet. Die Speisekarte wechselt regelmäßig, um saisonale Unterschiede zu integrieren.

199 D3 Via de' Benci 13r (055) 234 49 23 Mo–Sa 13–14.45, 19.30–22.45 Uhr

Rose's €

Wenn Sie einmal etwas Abwechslung von den typischen florentinischen Restaurants mit ihren Terrakottafußböden, Holzbalken und toskanischer Küche suchen sollten, dann ist das Rose's, ein modernes und flottes Bar-Restaurant, das auch in New York oder Sydney bestehen könnte, genau das Richtige für Sie. Das Essen ist vielfältig: Sushi, das abends in einem separaten Bereich links von der Bar serviert wird, gibt es ebenso wie leckere Sandwiches oder Snacks zur Mittagszeit.

198 B3 Via del Parione 26r (055) 28 70 90 Mo 12–16, Di–Sa 12.30–15, 19.30–Mitternacht, So 19.30–Mitternacht

Zà-Zà €

Bis vor kurzem kannten nur wenige Leute das Zà-Zà, ein eher unauffälliges Lokal in der Nähe des Mercato Centrale. Unverhoffte Popularität erhielt das Zà-Zà durch den Besuch internationaler Prominenz: König Juan Carlos von Spanien, der amerikanische Schauspieler Bill Cosby und die Supermodels Naomi Campbell und Linda Evangelista. Niedrige Preise sowie gute und bodenständige Gerichte in rustikal-charmantem Ambiente lohnen einen Besuch. Probieren Sie insbesondere die warmen Antipasti oder die *crostini* (Toasts) mit Käse aus Taleggio, Öl, Pfeffer und Weinessig.

198 C5 Piazza del Mercato Centrale 26r (055) 21 54 11 tägl. 11–23 Uhr

Caffè Amerini €

Das Caffè Amerini unterscheidet sich ebenso wie das nahe gelegene Rose's ein wenig von den meisten florentinischen Restaurants. Wie viele Bars und Restaurants der Stadt besitzt es eine gewölbte Ziegeldecke – die effektvoll bemalten Wände und das ausgefallene Mobiliar geben dem Lokal einen leicht exzentrischen Anstrich. Hier verkehrt alles von Shoppern über Studenten bis hin zu vornehmen älteren Damen. Man kann sich bei schlechtem Wetter bequem mit einem Buch zurückziehen, aber auch gut frühstücken oder zu Mittag essen – suchen Sie sich am Eingang einfach ein Sandwich, einen Salat oder eine andere Kleinigkeit aus dem verglasten Büfett aus. Gegen einen kleinen Aufpreis wird Ihnen das Gewünschte dann an einem der Tische serviert.

198 B3 Via della Vigna Nuova 61r (055) 28 49 41 Mo–Sa 8–20 Uhr

Caffè Cibreo €

Es gibt kaum ein bezauberndes Café in Florenz als das Caffè Cibreo, das v. a. durch den Charme seiner altertümlichen Holzvertäfelung besticht. Obwohl es ein Stück vom Stadtzentrum entfernt ist, liegt es recht günstig, wenn man den Markt oder die Kirche von Sant'Ambrogio besucht. Die Snacks und Kuchen (darunter die berühmte Schokoladentorte mit bitterer Orangencreme) stammen übrigens aus den berühmten Küchen des nahe gelegenen Cibreo, das demselben Besitzer gehört (▶ 79).

✚ 199 E3 ✉ Via Andrea del Verrocchio 5r ☎ (055) 234 58 53 ⊙ Di–Sa 8–1 Uhr

Caffè Italiano €

Dieses elegante Café hat etwas von einem wohlbehüteten Geheimnis, obwohl es direkt an der belebten Via dei Calzaiuoli liegt. Einladend ist die hübsche, holzgetäfelte Bar. Das in dunklem Holz gehaltene Obergeschoss mit den roten Samtsesseln lädt zum Verweilen ein. Zwischen 13 und 15 Uhr gibt es kleine Snacks.

✚ 199 D3 ✉ Via della Condotta 56r ☎ (055) 29 10 82 ⊙ Mo–Sa 8 bis 20.30, So 13–20.30 Uhr

Caffè Pitti €

Die Piazza Pitti vor dem Palazzo Pitti wird von mehreren Cafés gesäumt. Das Caffè Pitti, an der südlichen Seite des Platzes, zählt mit seinem hübschen und ein wenig altmodischem Interieur zu den Besten.

✚ 198 B2 ✉ Piazza de' Pitti 9r ☎ (055) 239 98 63 ⊙ tägl. 11 bis 2 Uhr; evtl. im Winter Mo geschl.

Casa del Vino €

Es überrascht wohl kaum, dass man im »Haus des Weines« Wein trinken oder kaufen kann. Wegen der Nähe zum Mercato Centrale oft von Einheimischen gut besucht. Wer mag, isst zum Glas Wein an der Bar *crostini* (Toasts) or *panini* (Sandwiches).

✚ 198 C5 ✉ Via dell'Ariento 16r ☎ (055) 21 56 09 ⊙ Mo–Fr 9.30–19, Sa 10–15 Uhr

Hemingway €

Das Hemingway, das in einer Seitenstraße der Piazza del Carmine liegt, ist dank seiner Spezialitäten mit keinem anderen Lokal in Florenz zu vergleichen. Man kann zwischen einer Vielzahl von Teesorten wählen oder eine der 20 Kaffeesorten kosten. Versuchen Sie einen Cocktail, der aus Tee gemacht wird, oder probieren Sie einen der preisgekrönten Kuchen oder Schokoladenspezialitäten.

✚ 198 A3 ✉ Piazza Piattellina 9r ☎ (055) 28 47 81 ⊙ Di–Do, So 16.30–1, Sa 16.30–2 Uhr

Le Volpi e L'Uva €

Ein erstklassiges Weinlokal an einem kleinen Platz auf der anderen Seite des Ponte Vecchio. Auf der Karte stehen circa 50 offene Weine, darunter einige seltene Jahrgänge. Die Weinkarte wechselt alle paar Tage. Außerdem sind gute Snacks im Angebot.

✚ 198 C2 ✉ Piazza dei Rossi 1r, bei der Piazza di Santa Felicita ☎ (055) 239 81 32 ⊙ Mo–Sa 10–21 Uhr

Rivoire €

Es fällt einem nicht schwer, länger an einem der Tische vor dem Rivoire zu verweilen, und wenn auch nur wegen der schönen Aussicht auf die Piazza della Signoria. Seit der Eröffnung 1872 ist heiße Schokolade hier die Spezialität, heute bekommt man auch Kaffee, Tee und andere Drinks. Das Essen ist durchschnittlich, die Preise sehr hoch – ein Mal sollte man sich diesen Ausblick aber gönnen.

✚ 198 C3 ✉ Piazza della Signoria 5r ☎ (055) 21 44 12 ⊙ Di–So 8–Mitternacht

Vivoli €

Seit drei Generationen ist die florentinische Institution in Familienhand. Früher inoffiziell als »beste Eiscreme Italiens« gerühmt, muss man in der Tat lange nach Eis- und Sorbetspezialitäten in dieser Topqualität suchen. In einer Seitenstraße von Santa Croce, bei der Via Ghibellina zu finden.

✚ 199 D3 ✉ Via Isole delle Stinche 7r ☎ (055) 29 23 34 ⊙ Mo geschl.

Wohin zum… Einkaufen?

In Florenz kann man wunderbar Lebensmittel, Wein, Designer-, Luxus- und Lederwaren einkaufen. Außerdem gibt es einige gute Märkte. Schicke Designerläden befinden sich auf der Via de' Tornabuoni und den umliegenden Straßen. Im Borgo Ognissanti versammeln sich Desigernateliers, um die Via del Porcellana Möbel- und Kunsthandwerksläden. Im nördlichen Florenz eignen sich v. a. die zwei Märkte Mercato Centrale und San Lorenzo zum Shoppen. Im Osten der Stadt und im Zentrum hingegen konzentrieren sich die Geschäfte auf die Via dei Calzaiuoli und den Borgo degli Albizzi. Einige ausgefallene Läden liegen rund um Sant'Ambrogio, wo sich ebenfalls ein Markt befindet, und in den Seitenstraßen von Santa Croce. Im Oltrarno-Viertel sind zahlreiche Lebensmittelgeschäfte ansässig. Kunst- und Antiquitätengeschäfte finden sich hauptsächlich auf der Via Maggio und ihren Seitenstraßen.

BÜCHER

Feltrinelli

Feltrinelli gehört zu einer italienweiten Ladenkette. Das Geschäft ist viel besucht; in den Regalen findet man italienische und fremdsprachige Titel – an Letzteren hat das Pendantgeschäft Feltrinelli Internazionale in der Via Cavour 12–20 mehr zu bieten. In diesem Laden westlich vom Duomo gibt es dafür gute Reiseführer und Karten auf Englisch und Italienisch.

198 C4   Via Cerretani 30r
(055) 238 26 52; www.feltrinelli.it
Mo–Sa 9–18, So 10–13, 15–20 Uhr

KLEIDUNG UND ACCESSOIRES

Armani

Giorgio Armanis florentinisches Hauptgeschäft befindet sich in der Via de' Tornabuoni; das günstigere Emporio Armani Outlet auf der Piazza degli Strozzi.

198 B3   Via de' Tornabuoni 48r
(055) 21 90 41; www.armani.com
Mo 15–19, Di–Fr 10–19, Sa 10.30 bis 19.30 Uhr
198 C3
Piazza degli Strozzi 14–17r
(055) 28 43 15   Mo 15.30 bis 19.30, Di–Sa 10–14, 15.30–19.30 Uhr

Gucci

In diesem Haus wurde das berühmte Gucci-Label gegründet und noch heute gibt es hier einen prestigeträchtigen Laden. Die Preise sind hoch, dafür ist Qualität und topaktueller Stil garantiert.

198 C3   Via de' Tornabuoni 73r
(055) 26 40 11   Mo–Sa 10–19, So 14–19 Uhr

Prada

Prada mag zwar ursprünglich aus Mailand stammen, aber die Florentiner haben das Geschäft, in dem zurzeit die beste Designermode verkauft wird, mit Begeisterung angenommen.

198 C3
Via de' Tornabuoni 51–53r
(055) 28 34 39; www.prada.it
Mo 15–19, Di–Sa 10–19 Uhr

Pucci

Der Aristokrat Marchese Emilio Pucci hat sich in den 1950er- und 1960er-Jahren mit seiner glänzenden und charakteristischen Seidenmode einen Namen gemacht. Sein Stern war am Verblassen, bis in den 1990er-Jahren dieselbe Seidenmode wieder topaktuell wurde. Heute ist

Pucci der Grandseigneur der florentinischen Designer und wird in den Modezirkeln der Stadt gefeiert.

✛ 198 B3 ✉ Via de' Tornabuoni 20–22r ☎ (055) 29 40 28; www.emiliopucci.com ◷ Mo 15.30–19.30, Di–Sa 10–13, 15.30–19.30 Uhr

KAUFHÄUSER

COIN

Im COIN bekommt man einfach alles: In dem zentral gelegenen Kaufhaus sind Kleidung, Wäsche und andere Haushaltwaren von ausgezeichneter Qualität. Im Angebot befindet sich eine hauseigene Kleidermarke, aber auch Designerware. Man findet klassische italienische Mode für Damen und Herren; für jüngere, modernere Mode geht man in eine eigene Abteilung im Erdgeschoss. Küchenartikel gibt es im Untergeschoss. Das Kaufhaus ist auch am Sonntag geöffnet.

✛ 198 C3 ✉ Via dei Calzaiuoli 56r ☎ (055) 28 05 31; www.coin.it ◷ Mo–Sa 10–20, So 11–20 Uhr

LEBENSMITTEL UND WEIN

Pegna

Diesen Delikatessentempel, der südlich des Duomo liegt, gibt es bereits seit 1860. Hier finden sich Köstlichkeiten wie Käse, Salami, Kaffee, Tee, Olivenöl, Wein und Schokolade aus Italien und dem Rest der Welt.

✛ 199 D4 ✉ Via dello Studio 26r ☎ (055) 28 27 01/2; www.pegna.it ◷ Mo–Di, Do–Sa 9–13, 15.30–19.30, Mi 9–13 Uhr; im Sommer Sa nachmittags geschl., Mi nachmittags geöffnet

Stenio del Panta

Dieses alte Delikatessengeschäft westlich des Mercato Centrale verfügt über ein großes Angebot an Lebensmitteln. Bekannt ist es allerdings wegen seiner haltbaren Fischspezialitäten: u. a. gesalzener Dorsch, Sardinen und Anchovis in der Büchse. Im Laden können Sie auch Fischbrötchen kaufen.

✛ 198 C4 ✉ Via Sant' Antonino 49r ☎ (055) 21 68 89 ◷ Mo–Sa 9 bis 19.30, So 10–13 Uhr

HAUSHALTSWAREN

Bartolini

Im Jahre 1921 gegründet, ist Bartolini mittlerweile zu einer festen Größe geworden. Das zeigt sich auch daran, dass Einheimische die Straße, an der es liegt, nur »*angolo Bartolini*« (Bartolinikreuzung) nennen. Man findet hier alle Arten von Küchenutensilien, bestes Porzellan sowie allerlei Glas.

✛ 199 D4 ✉ Via dei Servi 30r ☎ (055) 28 92 23; www.dinobartolini.it ◷ Mo 15.30–19.20, Di–Sa 9–12.30, 15.30–19.30 Uhr

La Ménagère

Dieses Geschäft wurde 1901 gegründet und wird seit 1921 von der gleichen Familie betrieben. Hier finden sich auf mehreren Stockwerken Glaswaren, Porzellan, Möbel sowie eher eigenwillige Einrichtungsgegenstände für Heim und Büro.

✛ 198 C4 ✉ Via de' Ginori 8r ☎ (055) 21 38 75 ◷ Mo 15.30 bis 9.30, Di–Sa 9–13, 15.30–19.30 Uhr

Raspini

Raspini führt eine breite Spanne an Designern, aber auch andere Marken und preiswertere Nebenkollektionen von namhaften Designern. Die Hauptfiliale ist in der Via Roma.

✛ 196 A1 ✉ Via Roma 25r ☎ (055) 21 30 77 ◷ Dez.–Okt. Mo–Sa 10.30–19.30, So 14–19 Uhr, (Öffnungszeiten für Nov. bitte erfragen)

SCHMUCK

Lapini

Dieses historische Schmuckgeschäft zählt zu den wirklich exquisiten seiner Art in Florenz. Der Schmuck ist von allerhöchster Güte und besitzt häufig ein ungewöhnliches Design. Der Laden verkauft auch Uhren.

✛ 198 C3 ✉ Borgo San Frediano 50r ☎ (055) 21 32 76 ◷ Mo–Fr 15.30–19.30 Uhr

Torrini

Man kann schwerlich über den Ruf oder die Qualität eines Juweliers streiten, der bereits im Jahre 1369 sein Warenzeichen – ein halbes Kleeblatt – eintragen ließ. Torrini ist immer noch einer der besten Läden, um Schmuck zu kaufen, besonders wenn es Gold sein soll.

✚ 199 D4 ✉ Piazza del Duomo 10r
☎ (055) 230 24 01 ⏲ Mo 15–19.30, Di–Sa 9.30–13.30, 15–19.30 Uhr

MÄRKTE

Mercato Centrale

Die riesigen Markthallen sind ein wunderbarer Ort, um für ein Picknick einzukaufen oder nach Geschenken zu stöbern (▶ 71f).

✚ 198 C5 ✉ Piazza del Mercato Centrale ⏲ Mo–Sa 7–14 Uhr; im Winter auch 16–20 Uhr

San Lorenzo

Der Markt beherrscht den Platz vor der Kirche von San Lorenzo und ebenso die kleineren Seitenstraßen in der unmittelbaren Nähe. An vielen Ständen werden ähnliche Produkte angeboten – Lederjacken, Schuhe, Handtaschen und T-Shirts.

Die Qualität der Lederwaren, v. a. der Mäntel und Jacken ist oft gut, aber für einen Markt eigentlich zu teuer. Sie können versuchen zu handeln, stellen Sie sich aber auf hartgesottene Verkäufer ein.

✚ 198 C4 ✉ Via dell'Ariento–Piazza di San Lorenzo-Via Canto de' Nelli ⏲ tägl. 7–20 Uhr

PAPIER- UND SCHREIBWAREN

Pineider

Pineider ist *das* Schreibwarengeschäft Italiens – und vielleicht sogar ganz Europas. Es besteht seit 1774 und konnte sich im Lauf der Jahrhunderte über solch illustre Kunden wie Napoléon, Stendhal, Puccini, Lord Byron, Shelley und Maria Callas freuen. Sie alle waren von der erlesenen Auswahl an Stiften, Taschenkalendern und damit verbundenen Artikeln begeistert.

✚ 198 C3
✉ Piazza della Signoria 13r
☎ (055) 28 46 55; www.pineider.com
⏲ Di–Sa 10–13.30, 14.30–19.30 Uhr

PARFUMS UND TOILETTENARTIKEL

Farmacia di Santa Maria Novella

Die Farmacia di Santa Maria Novella gehört zu den berühmtesten Apotheken Italiens. Das wunderbare alte Geschäft sitzt in einer Kapelle aus dem 13. Jahrhundert im Komplex der Santa Maria Novella, mit Fresken, alter Apothekerausstattung und Holzschränken. Sie wurde 1612 von Dominikanern gegründet, um Elixiere, Salben und andere Produkte aus ihren Werkstätten und Heilkräutergärten zu verkaufen. Die meisten Artikel werden bis heute nach alter Tradition hergestellt, darunter die Potpourris aus Blumen der florentinischen Hügel und das beruhigende Aqua di Santa Maria Novella. Alle Produkte sind liebevoll verpackt, eignen sich also auch als Geschenk.

✚ 198 B4 ✉ Via della Scala 16
☎ (055) 21 62 76; www.smnovella.it
⏲ Mo–Sa 9.30–19.30, So 10.30 bis 18.30 Uhr; geschl. öffentliche Feiertage und zwei Wochen im Aug.

DRUCKE UND STICHE

Giovanni Baccani

Drucke und Stiche werden überall in Florenz angeboten, doch kein Geschäft lockt mit einem so verführerischen Angebot wie das Baccani, das bereits 1903 gegründet wurde. Für jedes Budget ist etwas dabei.

✚ 198 B3 ✉ Via della Vigna Nuova 75r ☎ (055) 21 44 67
⏲ Mo 15.30–19.30, Di–Sa 9–13, 15.30–19.30 Uhr

SCHUHE

Ferragamo

Der berühmte Salvatore Ferragamo machte sich mit den Schuhen, die er für Hollywoodstars anfertigte, einen Namen. Seine Nachfahren führen heute den Betrieb. Hier findet man eine Topauswahl an Kleidung und Accessoires sowie die aktuellsten und schönsten Schuhe.

✚ 198 C4 ✉ Via de' Tornabuoni 16r
☎ (055) 29 21 23; www.salvatore ferragamo.it ⏲ Mo–Sa 10–19.30 Uhr

Wohin zum... Ausgehen?

TICKETS

Eintrittskarten für viele Konzerte und andere Veranstaltungen in Florenz gibt es an verschiedenen Vorverkaufsstellen in der Stadt oder beim **Box Office**, einem Vorverkaufsbüro mit Niederlassungen in der Via Alamanni 39 (Tel. (055) 21 08 04) und Chiasso dei Soldanieri 8r, an der Kreuzung Via Porta Rossa und Via de' Tornabuoni (Tel. (055) 21 94 02; www.boxol.it).

INFORMATION

Genaue Angaben zu Veranstaltungen und den vielfältigen Ausgehmöglichkeiten in Florenz finden Sie im vorderen Teil dieses Buchs (▶ 48).

KLASSISCHE MUSIK

Das **Teatro Comunale** (Corso Italia 16, Tel. (055) 277 91) ist die größte Bühne in Florenz und bietet Eigenproduktionen sowie Gastspiele von Orchestern. Die Hauptspielzeit für Konzerte, Opern und Ballette währt von Januar bis April und September bis Dezember. Das Teatro ist auch Kulisse für Aufführungen des jährlichen Musikfestivals Maggio Musicale. Karten und Informationen erhalten Sie an der Kasse (Di–Fr 10 bis 16.30, Sa 10–13 Uhr, Tel. (055) 21 35 35; www.maggiofiorentino.com). Karten bekommt man auch bei Box Office (siehe oben) oder beim Charta Callcenter (Tel. 199 11 21 12 innerhalb Italiens, (0424) 60 04 58 aus dem Ausland).

Das Regionalorchester der Toskana, das **Orchestra della Toscana** (Via Verdi 5, Tel. (055) 234 07 10 oder (055) 234 27 22; www.orchestradellatoscana.it), spielt in der Regel von Dezember bis Mai im nahe gelegenen **Teatro Verdi** (Via Ghibellina 99–101; Tel. (055) 21 23 20; www.teatroverdifirenze.it). Karten gibt es an der Kasse des Teatro Verdi oder bei Box Office. Das Stadtorchester von Florenz, die **Filarmonica di Firenze »Giacchino Rossini«**, tritt von Januar bis Februar an verschiedenen Spielstätten auf. Im Sommer gibt das Orchester auch einige Freiluftkonzerte auf der Piazza della Signoria. Auskünfte erhalten Sie beim Besucherzentrum (▶ 41).

Das **Orchestra da Camera Fiorentina** (Via Enrico Poggi 6; Tel. (055) 78 33 74; www.orchafi.it) gibt Konzerte in der Kirche von Orsanmichele (▶ 73): Karten und Informationen erhalten Sie unter der o. g. Telefonnummer, bei Box Office oder eine Stunde vor jeder Vorstellung in Orsanmichele. Die Organisation der

Amici della Musica (Via Pier Capponi 41, Tel. (055) 60 84 20 oder (055) 60 74 40; www. amicimusica.fi.it) organisiert Konzerte im wunderschönen Teatro della Pergola, nordöstlich des Duomo (Via della Pergola 18; Tel. (055) 226 43 16; www.pergola.firenze.it). Das Theater wurde 1656 erbaut und ist angeblich Italiens ältestes erhaltenes Theatergebäude. In Kirchen wie San Lorenzo oder dem Duomo finden gelegentlich Konzerte statt; Näheres ist beim Besucherzentrum oder auf Plakaten an den Veranstaltungsorten zu erfahren.

JAZZ

Im legeren **Jazz Club** (Via Nuova de' Cacciani 3, Tel. (055) 247 97 00; Mo und Juni–Sept. geschl.) wird fast jeden Abends Livejazz geboten. Er liegt in einer Seitenstraße, einen Häuserblock südlich der Via degli Alfani an der Ecke Borgo Pinti. Sie müssen formal Mitglied werden, wenn Sie in den Club möchten.

NACHTCLUBS

Meccanò (Viale degli Olmi 1; Tel. (055) 33 13 71; Mi, Fr–Sa 23.30 bis 6 Uhr) im Cascine-Park ist die berühmteste Disko der Stadt. Die Besucher kommen aus allen Teilen der Toskana, sodass sie meist gut besucht ist. Im Sommer spielt sich das Geschehen im Freien ab. Man hört Popmusik und legt Wert auf gepflegte Kleidung. Zentral gelegen ist der **Blob Club** (Via Vinegia 21r; Tel. (055) 21 12 09; tägl. 18–3 Uhr), östlich des Palazzo Vecchio. Er ist eher klein und bei den florentinischen Studenten sehr beliebt.

Im Westen der Stadt liegt die riesige Mainstream-Diskothek **Space Electronic** (Via Palazzuolo 37, Tel. (055) 29 30 82, tägl. 22–2 Uhr oder länger), angeblich die größte in Europa. Im **Yab** (Via Sassetti 5r, Tel. (055) 21 51 60, Mo, Mi–Sa 21 bis 4 Uhr, Juni–Juli/Aug. evtl. geschl.) ist die Musikauswahl etwas ausgefallener als bei der Konkurrenz. Es betreibt jedoch ein gemeines »Kar-ten«-System, das zwar freien Eintritt gewährt, aber einen Mindestverzehr (der auf der Karte vermerkt ist) beeinhaltet: Wer zu wenig trinkt, muss am Ende draufzahlen.

Livejazz gibt es gelegentlich im **BZF** (ausgesprochen: Bizzeffe), einer Mischung aus Bar, Restaurant, Buchladen, Galerie und Internetcafé nördlich des Mercato Centrale (Via Panicale 61r, Tel. (055) 274 10 09; www. bzf.it; Di–Sa 11–Mitternacht, So 12 bis Mitternacht).

Die angesagteste Bar bzw. Club ist das **Angels** (Via del Proconsolo 29–31; Tel. (055) 239 87 62; www. ristoranteangels.it; Lunch tägl. 12 bis 15 Uhr, 19–23 Uhr (Bar bis 1 Uhr). Machen Sie sich schick, hier geht es ziemlich stylish zu.

BARS

Um einen Abend ruhig zu beginnen oder ausklingen zu lassen, sollte man in der **Art Bar** (Via del Moro 4r; Tel. (055) 28 76 61; Mo–Do 19.30–1, Fr–Sa 19.30–2 Uhr), vor-beischauen, einer ruhigen kleinen Bar, wo die Florentiner gerne am frühen Abend einen Cocktail trinken. Auf der anderen Seite der Stadt befindet sich das stets beliebte **Rex Café** (Via Fiesolana 23r; Tel. (055) 24 83 31; tägl. 18.30–3 Uhr, Mitte Mai–Mitte Sept.); es zählt zu den besten Bars im Osten von Florenz. Die Einrichtung wirkt zwar zunächst etwas befremdend – viele Spiegel und seltsame Lampen –, aber die Atmosphäre und die Besucher sind locker und entspannt.

Ganz anders sind zwei Bars auf bzw. neben der Piazza di Santa Maria Novella, die v. a bei jungen Leuten sehr beliebt sind: das **Chequers** (Via della Scala 7–9r; Tel. (055) 28 75 88; Mo–Do 19–23.30 Uhr oder länger, Fr–Sa 19–3 Uhr), ein rauer Pub nach englischem Vorbild und das **Fiddler's Elbow** (Piazza di Santa Maria Novella 7r; Tel. (055) 21 50 56; Sa 11–2, So–Fr 11–1 Uhr), ein quirliger, kleiner »Irish Pub«.

Ein beliebter Treffpunkt für Nachtschwärmer ist das **Dolce Vita** (Piazza del Carmine 6; Tel. (055) 28 45 95; tägl. 22–2 Uhr, im Winter Di–So 18–2 Uhr) in Oltrarno. Das unkonventionellere **Cabiria** (Piazza Santo Spirito 4r; Tel. (055) 21 57 32; tägl. 8–1.30 Uhr, im Winter Di geschl.) zieht eine »alternativ« angehauchte Kundschaft an. Am Abend ist die Atmosphäre hier am schönsten. Im Sommer kann man draußen sitzen, wenn man dem Gedränge und der lauten Musik drinnen entkommen möchte.

Etwas stilvoller gibt sich das **Il Caffè** (Piazza de Pitti 9r; Tel. (055) 239 98 63; tägl. 11 Uhr bis spät, im Winter Mo geschl.) mit Livejazz und anderen Musikstilen.

KINO

Wenn Sie Filme in englischer Originalfassung sehen möchten, dann gehen Sie ins **Cinema Goldoni** (Via dei Serragli 109, Tel. (055) 22 24 37). Dort gibt es normalerweise einmal in der Woche eine Vorstellung im englischen Original.

Zentrale Toskana

Erste Orientierung

Mit Siena kann sich allenfalls Florenz messen, dabei ist Siena nicht so groß, aber schöner als ihre Rivalin. Man sollte sich in der mittelalterlich geprägten Stadt mindestens zwei oder drei Tage gönnen, um die vielen Sehenswürdigkeiten – einen spektakulären Marktplatz, eine reich verzierte Kathedrale, ein erlesenes Kunstmuseum und verschiedene andere große Museen – zu sehen. Daneben sollte man unbedingt den Charme der Gässchen, die kleinen Läden, Cafés und Restaurants genießen. Der Reiz der restlichen zentralen Toskana liegt hauptsächlich in ihrer lieblichen Landschaft begründet.

Abgesehen von den eigenen Sehenswürdigkeiten, ist Siena ein guter Ausgangspunkt für Ausflüge in die zentrale Toskana. Allerdings gibt es nur begrenzte Unterkunftsmöglichkeiten, und die fast nur für Fußgänger zugängliche Innenstadt macht das Reisen mit dem Auto nicht gerade einfach. Auf jeden Fall liegt Siena ideal für Ausflüge in die Chianti-Region im Norden mit ihren Weinbergen, Landhäusern und ihrer bezaubernden Landschaft. Machen Sie einen Abstecher in diese Gegend, wenn Sie von Florenz nach Siena unterwegs sein sollten. In der zentralen Toskana kann man beinahe überall eine herrliche

Aussicht genießen, fast immer führen die Straßen zu einem reizvollen Städtchen oder Dorf. Ein Muss ist der Besuch von San Gimignano. Das bekannteste Dorf der Toskana ist für seine alten Türme, seine kleinen, aber faszinierenden Museen, Kirchen und seine herrliche Lage berühmt. Da der Ort häufig von Tagesausflüglern überlaufen ist, wäre eine Übernachtung anzuraten, damit Sie genügend Zeit für einen Besuch der benachbarten mittelalterlichen Orte Monteriggioni und Colle di Val d'Elsa finden.

Andere besuchenswerte Städte der Region sind Arezzo und Cortona, die jedoch etwas abseits der üblichen Routen liegen. Ein Umweg lohnt sich dennoch – das auf einem Hügel gelegene Cortona seiner Aussicht und Arezzo seines berühmten Freskenzyklus' aus der Renaissance wegen. Beide besitzen eine gut erhaltene mittelalterliche Bausubstanz und sind von Siena aus auf gut ausge-

★ Nicht verpassen!

1 **Siena: Piazza del Campo** ➤ 92
1 **Siena: Piazza del Duomo** ➤ 95
1 **Siena: Kirchen und Galerien** ➤ 99
5 **San Gimignano** ➤ 102
7 **Arezzo** ➤ 108
8 **Cortona** ➤ 111

Nach Lust und Laune!

2 Monteriggioni ➤ 114
3 Colle di Val d'Elsa ➤ 114
4 Volterra ➤ 116
6 Fiesole ➤ 117

Vorherige Seite: Einwohner Sienas gehen auf der mittelalterlichen Piazza del Campo ihren täglichen Beschäftigungen nach

Oben: Atemberaubende Ausblicke von den Hügeln Cortonas

bauten Straßen problemlos zu erreichen. Der Besuch dieser beiden Städte lässt sich gut mit einem Ausflug ins Chianti oder in die südliche Toskana, nach einem Abstecher nach Montepulciano (➤ 135ff), verbinden. Wenn Sie in Arezzo oder in Cortona übernachten möchten, dann entscheiden Sie sich für Cortona – dort gibt es die besseren Hotels.

Eine viertägige Rundreise durch die zentrale Toskana bietet viel Abwechslung mit einem zweitägigen Aufenthalt in Siena, neben Florenz das Hauptreiseziel der Toskana, einem Tag in San Gimignano, dem berühmtesten toskanischen Dorf, und einem Tag in den kleineren Kunststädten Arezzo und Cortona.

Die zentrale Toskana in vier Tagen

Erster Tag

Vormittags

Siena ist die besterhaltene mittelalterliche Stadt der Toskana. Ausgangspunkt ist die ❶ **Piazza del Campo**, Italiens majestätischster mittelalterlicher Platz (➤ 92ff, unten), dann folgt ein Besuch im Museo Civico (➤ 92f). Den restlichen Vormittag können Sie beim Einkaufen in der Via di Città und den anderen Straßen rund um den Campo verbringen.

Mittags

Die Antica Trattoria Papei (➤ 123) ist ideal fürs Mittagessen.

Nachmittags

Gehen Sie zur ❶ **Piazza del Duomo** (➤ 95ff), um die Kathedrale, das Baptisterium, das Ospedale und das Museo dell' Opera del Duomo zu besichtigen (Duccios *Maestà*, Flucht nach Ägypten, rechts).

Zweiter Tag

Vormittags

Besuchen Sie die ❶ **Pinacoteca Nazionale** (➤ 99). Zum Mittagessen eignen sich Le Logge oder Al Marsili (➤ 123).

Nachmittags

Nehmen Sie sich Zeit für einige der weniger bekannten ❶ **Kirchen**, v. a. die Santa Maria dei Servi (➤ 101), und das mittelalterliche Gassengewirr.

Dritter Tag

Vormittags

Von Siena oder Chianti aus sollten Sie nach **5 San Gimignano** (➤ 102ff) fahren. Falls möglich, planen Sie ein oder zwei Stunden für einen Zwischenstopp in **2 Monteriggioni** (➤ 114), das über eine komplette Festungsanlage verfügt, und in **3 Colle di Val d'Elsa** (➤ 114f, oben) ein.

Mittags

Essen Sie in der Osteria del Carcere, nahe der Piazza della Cisterna (➤ 122).

Nachmittags

Den Rest des Tages verbringen Sie in San Gimignano, wo Sie auch übernachten sollten (➤ 119).

Vierter Tag

Vormittags

Fahren Sie die 85 Kilometer in östlicher Richtung nach **7 Arezzo** (➤ 108ff), wo man in ca. zwei Stunden den Freskenzyklus Piero della Francescas und das bezaubernde mittelalterliche Stadtzentrum besichtigen kann.

Mittags

La Torrre di Gnicche (➤ 121) ist eine gute Adresse in Arezzo.

Nachmittags

In südlicher Richtung lockt **8 Cortona** (➤ 111ff) mit seinem alten Stadtzentrum und den Museen (Fra Angelicos *Verkündigung*, rechts, im Museo Diocesano). Übernachten Sie hier oder setzen Sie ihre Toskanafahrt nach **Montalcino** (➤ 138f) fort.

Siena: Piazza del Campo

Siena liegt auf drei Hügeln, die jeweils ungefähr einem *terzo* oder »Drittel« entsprechen, einem von drei Bezirken, in die man die mittelalterliche Stadt einst eingeteilt hatte. Nahe der Stelle, an der sich die drei Hügel treffen, liegt Sienas atemberaubend schöne Piazza del Campo (»Campo«) Europas größter mittelalterlicher Platz und das soziale Herzstück der Stadt.

Die Lage des Campo war einerseits geografisch vorgegeben, andererseits wurde sie von den Stadtoberen mit Bedacht ausgewählt, denn die *terzi* gliedern sich bis heute in mehrere Stadtviertel (*contrade*) auf. Diese mittelalterlichen Pfarrbezirke können sich auch heute noch über ein starkes Zusammengehörigkeitsgefühl ihrer Bewohner freuen. Um Auseinandersetzungen zu vermeiden, wählten die mittelalterlichen Herrscher einen Stadtmittelpunkt, der zu keiner einzigen *contrada* gehörte. Außerdem eignete sich der Platz vortrefflich als Arena für den Palio (➤ 26f).

Der Campo besitzt die charakteristische Muschelform eines antiken Theaters und wird von **mittelalterlichen Palästen** gesäumt. Setzen Sie sich in eines der vielen teuren Cafés und genießen Sie die Aussicht. Besuchen Sie danach den riesigen **Palazzo Pubblico**, die Hauptsehenswürdigkeit des Campo. Er diente Siena viele Jahrhunderte lang als Rathaus. Zum Palazzo gehören der **Torre del Mangia** (1338–48), der 102 Meter hohe Turm an der Ostseite, und das **Museo Civico**, das die oberen Räume des Palastes einnimmt. Bis zum überwältigenden Aus-

Mittelalterliche Gebäude umgeben die ovale Piazza del Campo

Der Torre del Mangia ist ebenso beeindruckend wie seine Aussicht

In den vielen Cafés rund um die Piazza del Campo pulsiert das Leben

blick von der Turmspitze aus, muss man 388 Stufen bewältigen. Es ist ratsam, erst das Museum zu besuchen, um noch genügend Kraft für dessen Attraktionen aufzubringen.

Man betritt das Museum auf der rechten Seite eines kleinen Innenhofs – der Turmeingang befindet sich auf der linken Seite – und passiert dabei die gotische **Cappella di Piazza** (1352 bis 1468), eine Art

»Vorbau« zu Füßen des Turms. Mit dem Bau der Kapelle wurde 1352 begonnen, um an die Erlösung von der Pestepidemie von 1348 zu erinnern. Die ersten Räume des Museums sind von untergeordneter Bedeutung, während die darauf folgenden Räume quasi vor Kunstwerken bersten. Im schönsten Saal, der **Sala del Mappamondo**, befinden sich zwei großartige Gemälde: links (wenn man mit dem Rücken zum Eingang steht) die *Maestà* (1315), oder *Thronende Madonna,* von Simone Martini, einem der bedeutendsten Maler der Schule von Siena; an der gegenüberliegenden Wand hängt das Porträt von *Guidoriccio da Fogliano in Reiterpose,* das man viele Jahre lang ebenfalls Martini zuschrieb. Heute wird eine kontroverse Debatte geführt, wer das Werk tatsächlich gemalt hat. In der **Sala della Pace**, dem nächs-

Das Porträt von
Guidoriccio da
Fogliano im
Museo Civico

ten Raum, ist einer der besten frühmittelalterlichen Freskenzyklen Europas zu besichtigen: Ambrogio Lorenzettis *Allegorien einer guten und schlechten Herrschaft* (1338). Die Arbeit beschreibt die Folgen einer guten und einer schlechten Bürgerherrschaft in einer Stadt, die offensichtlich Siena darstellen soll.

KLEINE PAUSE

An der Piazza del Campo reihen sich Cafés und Bars aneinander. Den schönsten Blick auf den Campo bietet die **Bar-Gelateria La Costellera** (nicht beschildert) in der Via di Città 33, an der Kreuzung Costa dei Barbieri und Via di Fontebranda.

Museo Civico

✚ 201 D3 ✉ Piazza del Campo ☎ (0577) 29 22 63; www.comune.siena.it/museocivico ⊙ tägl. 7. Jan– Feb. und 26. Nov.–22. Dez. 10–17.30 Uhr; 1.–25. Nov und 23. Dez.–6. Jan. 10–18.30 Uhr; 16. März–31. Okt. 10–19 Uhr ✋ teuer; Kombiticket mit Torre del Mangia erhältlich

Torre del Mangia

✚ 201 D3 ✉ Piazza del Campo ☎ (0577) 29 22 63 ⊙ tägl. Mitte März bis Okt. 10–18.15 oder 19 Uhr, Nov.–Mitte März 10–16 Uhr; im Juli und Aug. teilweise bis 23 Uhr geöffnet ✋ mittel

PIAZZA DEL CAMPO: INSIDER-INFO

Top-Tipps: Die **Parkplatzsuche** in der Innenstadt von Siena gestaltet sich schwierig, da die meisten Straßen für den Verkehr gesperrt sind. Benutzen Sie am besten ein Parkhaus am Rande der Stadt und gehen Sie zu Fuß.

• Sienas **historisches Zentrum** ist nicht besonders groß und lässt sich leicht erlaufen. Busse oder Taxis sind nur nötig, falls Sie mit dem Zug nach Siena kommen. Der Bahnhof ist ungefähr zwei Kilometer vom Campo entfernt. In die Stadt führt der Weg bergauf, doch die Busse in die Innenstadt fahren von der entgegengesetzten Seite des Bahnhofsvorplatzes ab. Tickets sind im Bahnhof erhältlich.

• Die unebenen mittelalterlichen Straßen erfordern **bequemes Schuhwerk**.

Siena: Piazza del Duomo

Die Piazza del Duomo ist nicht so groß und spektakulär wie der Campo, doch mit dem Dom, dem Museo dell'Opera del Duomo und dem Komplex des Ospedale di Santa Maria della Scala verfügt der Platz über drei der schönsten und eindrucksvollsten Gebäude der Stadt – und über viele Kunstschätze.

Der schwarzweiß gestreifte Duomo von Siena besitzt eine charakteristische pisanisch-romanische Architektur

Siena ging aus einer etruskischen Siedlung hervor und wurde später unter dem Namen Saena Julia römische Kolonie. Von der römischen Stadt ist nur wenig übrig geblieben, wobei die Lage des Doms, am höchsten Punkt der Stadt, fast mit Sicherheit den Standort eines römischen Minervatempels markiert. Mit den Bauarbeiten zum Dom wurde um 1179 begonnen. 1296 war er weitgehend fertiggestellt. 1339 beschloss die wohlhabende Stadt, ein neues Kirchenschiff zu bauen; es sollte das größte Europas werden. Doch die Pest des Jahres 1348 und der damit verbundene ökonomische Niedergang der Stadt beendete abrupt dieses gewaltige Vorhaben. Man kann heute noch Elemente des »neuen« Baus rechts (östlich) des Doms sehen.

Die wunderschöne **Domfassade** wurde weitgehend vom Bildhauer Giovanni Pisano gestaltet und ist selbst in dieser Region, wo doch in Florenz, Pisa und Lucca herrliche Kirchenbauten stehen, außerwöhnlich. Auch das **Innere des Doms** ist kostbar ausgestaltet, der Fußboden besteht aus 56 *graffiti*, Marmorintarsien, die 40 der besten Künstler aus Siena zwischen 1369 und 1547 anfertigten. Die Büsten rund um das Hauptschiff stellen 172 Päpste und 36 Kaiser des Heiligen Römischen Reiches dar.

Im oberen Bereich der linken (nördlichen) Seite des Hauptkirchenschiffs liegt der Eingang zur **Libreria Piccolomini** (Bibliothek), die mit herrlichen Fresken, *Motive aus dem Leben von Papst Pius II.* (1502–09), des umbrischen Künstlers Pinturicchio geschmückt ist. Pius war auch als Enea Silvio Piccolomini bekannt und stammte aus Pienza (➤ 132ff). Links vom Bibliothekseingang wachen die Statuen **Altre Piccolomini** (1501–4), von denen vier von Michelangelo stammen.

Außerhalb der Bibliothek, auf derselben Kirchenseite, erhebt sich die wunderbar geschnitzte **Kanzel** (1266–68), eine Arbeit von Nicola Pisano und eines der großartigsten Werke italienischer mittelalterlicher Bildhauerkunst. In der linken Ecke des nördlichen Querschiffs finden sich in der **Cappella di San Giovanni Battista** weitere Fresken (1504) von Pinturicchio sowie eine Statue von Johannes dem Täufer (1457) von Donatello. Weitere seiner Werke sind am Ende der Kathedrale im halb versteckten **Battistero di San Giovanni** (Baptisterium) zu besichtigen: Das Taufbecken (1417–30) zeigt fünf Bronzetafeln von Donatello, Lorenzo Ghiberti (beide aus Florenz) und dem damals führenden Bildhauer Sienas, Jacopo della Quercia.

Ospedale di Santa Maria della Scala

Das unscheinbar wirkende Gebäude gegenüber der Kathedrale diente fast ein Jahrtausend lang als Zentralhospital von Siena – erst in den 1990er-Jahren wurde es geschlossen. Heute ist das mittelalterliche Innere des Hauses, mit Freskenzyklen aus dem 15. Jahrhundert und anderen Kunstwerken, für die Öffentlichkeit zugänglich. Das Hospital wurde im 11. Jahrhundert ursprünglich als Unterkunft für Pilger gegründet, fungierte später aber auch als Waisenhaus. Geldspenden machten es möglich,

Fresken und **Bronzetafeln am Taufbecken des Doms**

Bildhauer- und mittelalterliche Kunst in der Sala delle Statue im Museo dell'Opera del Duomo

Kunstwerke in Auftrag zu geben. Am beeindruckendsten davon sind die Arbeiten in der **Sala del Pellegrinaio**, die mit einer Freskenreihe (1440) von Vecchietta, Domenico di Bartolo und anderen Künstlern aus Siena geschmückt ist. Die Szenen zeigen Motive aus der Geschichte des Hospitals. Auch die Sagrestia Vecchia verfügt über einen Freskenzyklus von Vecchietta, der das *Glaubensbekenntnis* (1446–49) zeigt, und ein Altarbild der *Madonna della Misericordia* (1444) von Domenico di Bartolo.

Museo dell'Opera del Duomo

In der **Sala delle Statue** des Museums stehen von der Fassade des Doms entfernte Skulpturen (1284–96), die von Giovanni Pisano stammen. Eines der Meisterwerke, das Relief der *Madonna und Kind* (1456–59), in diesem Raum stammt von Donatello. Ein zweites Relief, *Madonna und Kind mit dem hl. Giralmo* (ca. 1430–35), ist ein Werk von Jacopo della Quercia. Die Sala di Duccio im ersten Stockwerk wird von Duccios riesiger **Maestà** (1308–11) beherrscht, einem der großartigsten italienischen Gemälde des Mittelalters.

KLEINE PAUSE

Die **Taverna del Capitano**, nahe der Piazza del Duomo (Via del Capitano 8, Tel. (0577) 28 80 94), lädt zum Mittagessen ein.

PIAZZA DEL DUOMO: INSIDER-INFO

Top-Tipps: Sparen Sie Geld und kaufen Sie sich eines der **drei Kombitickets**, die zwischen zwei bis sieben Tagen gültig sind und für mehrere Sehenswürdigkeiten gelten wie z. B. Libreria Piccolomini, Baptisterium, Museo dell'Opera del Duomo, Oratorio di San Bernardino, Museo Diocesano und die Kirche Sant' Agostino.
• Versäumen Sie nicht, die **wunderschöne Aussicht** auf Siena und die umliegende Landschaft von der Außenterrasse des Museo dell'Opera del Duomo zu genießen.

Die *Maestà* von Duccio aus dem 14. Jahrhundert in der Sala di Duccio des Museo dell'Opera del Duomo

Duomo

✠ 200 C2 ✉ Piazza del Duomo ☎ (0577) 23 80 48 ✪ März–Ende Aug.
Mo–Sa 10.30–19.30 Uhr; Ende Aug.–Ende Okt. tägl. 9.30–19.30 Uhr;
Nov.–Feb. Mo–Sa 10.30–18.30, So und Feiertage 13.30–18.30 Uhr
✋ preiswert (inkl. Liberia Piccolomini); Ende Aug.–Ende Okt. mittel

Libreria Piccolomini

✠ 200 C3 ✉ Piazza del Duomo ☎ und ✪ wie Duomo ✋ preiswert

Battistero di San Giovanni

✠ 200 C3 ✉ Piazza San Giovanni ☎ (0577) 23 80 48 ✪ tägl. März–Mai
und Sept.–Okt. 9–19.30 Uhr; Juni–Aug. 9–19.30 Uhr; Sept.–Feb. 10–13, 14 bis
17 Uhr ✋ preiswert

Ospedale di Santa Maria della Scala

✠ 200 C2 ✉ Piazza del Duomo 2 ☎ (0577) 22 48 11 ✪ tägl. Mitte
März–Okt. 10.30–18.30 Uhr, Nov.–Mitte März 10.30–16.30 Uhr ✋ mittel

Museo dell'Opera del Duomo

✠ 202 C2 ✉ Piazza del Duomo 8 ☎ (0577) 28 30 48 ✪ tägl. Mitte März
bis Sept. 9–19.30 Uhr; Okt. 9–18 Uhr; Okt.– Mitte März 9–13.30 Uhr ✋ mittel

Siena: Kirchen und Galerien

Wer das Museo Civico (► 92f), den Dom (► 95), das Ospedale (► 96) und das Museo dell'Opera (► 97) besucht hat, hat schon einige atemberaubende Gemälde bewundert. Doch die beste Sammlung von Sieneser Kunst befindet sich in der Pinacoteca Nazionale, der bedeutendsten Galerie der Stadt. Hier lässt sich auch die Entwicklung der Sieneser Schule, zu deren Vertretern unter anderem Sassetta und Vecchietta gehören, nachvollziehen.

Pinacoteca Nazionale

Die frühe Malerei in Siena war stark von der byzantinischen Kunst beeinflusst, die sich durch die verschwenderische Verwendung von vergoldeten Bildhintergründen und der stilisierten Darstellung der Madonna mit Kind auszeichnete. Frühe Meister dieser Tradition in Siena, deren Werke heute in der Pinacoteca zu sehen sind, waren Guido da Siena, Duccio, Simone Martini sowie die Brüder Pietro und Ambrogio Lorenzetti, die während der Pestepidemie von 1348 starben. Die ersten Künstler des 15. Jahrhunderts, die einer neuen Stilrichtung folgten, waren Sassetta und Vecchietta; doch viele andere, v. a. Sano di Pietro, Giovanni di Paolo und Matteo di Giovanni, blieben weiter dem alten Stil treu. Im 16. Jahrhundert war die Blütezeit der alten Malkunst in Siena weitgehend vorüber. Eine Ausnahme waren die Arbeiten des Manieristen Domenico Beccafumi und von Sodoma, der für seine Fresken in Monte Oliveto Maggiore (► 130f) berühmt ist.

Das weitläufige Hauptschiff der Kirche von San Domenico, die der Schutzheiligen von Siena, der hl. Katharina, geweiht ist

Kirchen

Viele der Kirchen Sienas können zusammen mit den wichtigsten Sehenswürdigkeiten der Stadt, die alle im Zentrum liegen, besichtigt werden – doch auch Santa Maria dei Servi und San Francesco sind nur einige Gehminuten von der Innenstadt (➤ 178ff) entfernt. Der gewaltige Backsteinbau der gotischen Kirche **San Domenico** aus dem 13. Jahrhundert an der Piazza San Domenico bestimmt das nördliche Stadtbild. In der Kirche

Sodomas
Kreuzabnahme
**befindet sich in
der Kirche San
Francesco**

ist die Cappella di Santa Caterina der hl. Katharina geweiht, der Schutzheiligen der Stadt. In einem Reliquienschrein dieser Kapelle wird ihr Kopf aufbewahrt und die Wandfresken (1526) von Sodoma stellen Szenen aus ihrem Leben dar. Die etwas unscheinbare Kirche **San Francesco** (Piazza San Francesco) besitzt

Die Kirche Santa Maria dei Servi steht unweit der alten Stadtmauer von Siena

Fresken von Sassetta sowie Pietro und Ambrogio Lorenzetti. Besuchenswert ist die Kirche jedoch wegen des Oratorio di San Bernardino. In seinem Innern befinden sich Fresken von Sodoma und Beccafumi (*Leben der Jungfrau*, 1496–1518).

Die **Santa Maria dei Servi** (Via dei Servi) ist nur zehn Minuten vom Campo entfernt und verfügt über zahlreiche Kunstschätze und eine wunderbare Aussicht auf die Stadt. Den ersten Altar im rechten Gang schmückt ein Madonnengemälde von dem Florentiner Coppo da Marcovaldo (geb. 1225), der bei einer Schlacht gegen Siena in Gefangenschaft geriet und sich mit der Anfertigung dieses Gemäldes freikaufte. Außerdem sehen Sie zwei drastische Darstellungen der Ermordung der Unschuldigen Kinder: Die eine ist von Matteo di Giovanni (1491), die andere entstand 150 Jahre früher und ist ein Werk von Pietro Lorenzetti.

Pinacoteca Nazionale
✚ 200 C2 ✉ Palazzo Buonsignori, Via San Pietro 29 ☎ (0577) 28 11 61
🕐 Mo 8.30–13.30, Di–Sa 8.15–19.15, So 8.30–13.15 Uhr ✋ mittel

Oratorio di San Bernardino
✚ 201 E4 ✉ Piazza San Francesco ☎ (0577) 28 30 48 🕐 Mitte März bis
Okt. Mo–Sa 10.30–13.30, 15–17.30 Uhr; sonst auf Anfrage ✋ preiswert

SIENAS KIRCHEN UND GALERIEN: INSIDER-INFO

Top-Tipps: Denken Sie daran, dass die **meisten Kirchen** zwei oder drei Stunden lang, meist um die Mittagszeit, geschlossen sind.

• Zuweilen dürfen kleinere Kirchen und Museen der einzelnen *contrade* in Siena besichtigt werden. Weitere Auskünfte erteilt die Touristeninformation (► 41).

• Der »**Siena Itinerari d'Arte**« (sieben Tage gültig, mittel) gestattet Eintritt ins Museo Civico, Museo dell'Opera del Duomo, das Baptisterium, das Ospedale di Santa Maria della Scala, die Sant'Agostino, das Oratorio di San Bernadino, die Libreria Piccolomini und den Palazzo delle Papesse (moderne Kunstgalerie). Erhältlich an allen Sehenswürdigkeiten.

Außerdem: Den **Palazzo Piccolomini** (Banchi di Sotto 52, Tel. (0577) 24 71 45, Führungen Mo–Fr 9.30, 10.30, 11.30 Uhr; frei) ist wegen des Stadtarchivs einen Besuch wert. Das älteste Dokument stammt aus dem Jahre 736 n. Chr. Beeindruckend sind die Tavolette di Biccherna, bemalte Holztafeln, die einst als Decktitel für Dokumente verwendet wurden. Gehen Sie die Stufen vom Innenhof des Palastes zum obersten Stockwerk hoch, wo Sie ein Führer erwartet.

5

San Gimignano

San Gimignano wirkt mit seinen zahlreichen alten Türmen – der Ort gleicht einem »mittelalterlichen Manhattan« – unberührten Straßen und der schönen Lage am Berg einem italienischen Dorf aus dem Bilderbuch. San Gimignano hat zudem ein ausgezeichnetes Kunstmuseum, tolle Aussichtspunkte und zwei reizvolle, freskengeschmückte Kirchen zu bieten.

Die großen Plätze

Das Dorf erkundet man am besten vom südlichen Stadttor, der **Porta San Giovanni**, aus. Von dort geht man die Via San Giovanni, die Hauptstraße, entlang zu den zwei miteinander verbundenen großen Plätzen der Stadt, der Piazza della Cisterna und der Piazza del Duomo. Das Dorf ist winzig und misst von einem zum anderen Ende gerade 750 Meter. Alle Sehenswürdigkeiten lassen sich fußläufig bequem erreichen. Geht man die Via San Giovanni bergauf, liegt rechts **San Francesco**, eine ehemalige Kirche aus dem 13. Jahrhundert, in der heute ein Wein- und Lebensmittelgeschäft untergebracht ist. Von der rückwärtigen Terrasse hat man einen schönen Blick auf die Umgebung.

Am oberen Ende der Via San Giovanni steht der **Arco dei Becci**, ein mittelalterlicher Torbogen, der noch in den ursprünglichen Maueranlagen steht – ein zweiter Wall mit der **Porta San**

Von der Torre Grossa hat man einen Ausblick auf San Gimignano und die herrliche Umgebung

Giovanni wurde im 13. Jahrhundert hinzugefügt, als das Dorf über seine alten Grenzen hinauswuchs. Der Torbogen führt zur Piazza della Cisterna, die ihren Namen dem mittelalterlichen Brunnen *(cisterna)* in ihrer Mitte verdankt. Hier gibt es neben guten Cafés und *gelaterie* (Eisdielen) auch Hotels (➤ 119).

Im Norden grenzt der Platz an die **Piazza del Duomo**, wo sich die schönsten Attraktionen des Dorfes befinden: An der Westseite erhebt sich die **Collegiata**, einst eine Kathedrale, bis das Dorf seinen Bischofssitz verlor. Links davon ragt der **Palazzo del Popolo** (1288) empor, der die Touristeninformation (➤ 105) und das Museo Civico beherbergt.

Die alten Türme von San Gimignano bescherten dem Dorf den Spitznamen »Manhattan des Mittelalters«

Collegiata

Die Collegiata entstand wahrscheinlich im Jahre 1056, wurde jedoch 1239 umgebaut und in den Jahren 1460–1468 von dem Architekten und Bildhauer Giuliano da Maiano neu gestaltet. Die schlichte Fassade täuscht: Das Innere ist fast vollständig mit herrlichen Fresken geschmückt, die in drei übereinanderliegenden Zyklen angeordnet sind. Die rückwärtige Wand wird von Taddeo di Bartolos *Jüngstem Gericht* (1410) eingenommen, flankiert von **Hölle** und **Paradies**, die auf Mauervorsprüngen aufgemalt wurden. Dazwischen befindet sich ein Fresko von Benozzo Gozzoli vom hl. Sebastian (1465), der oft bei Pestepidemien angefleht wurde. Eine der Pestseuchen hatte San Gimignano ein Jahr, bevor das Gemälde in Auftrag gegeben wurde, heimgesucht.

Der **zweite Zyklus** (ca. 1333) an der Südwand wird Lippo Memmi oder Barna da Siena, die beide aus Siena stammten, zugeschrieben. Die drei Gemäldereihen, teilweise beschädigt, zeigen Motive aus dem *Neuen Testament*. Der **Zyklus** (1356–67) auf der gegenüberliegenden Mauer stammt von Bartolo di Fredi, auch aus Siena. Diese Szenen aus dem *Alten Testament* in den Lünetten über der Hauptwand zeigen u. a. Motive der Schöpfung.

Die Kirche birgt noch weitere Schätze: In der **Cappella di San Gimignano** (links vom Hochaltar) steht ein wunderbar geschnitzter Altar von Benedetto da Maiano. Im rechten (südlichen) Seitenschiff befindet sich die **Cappella di Santa Fina**, u. a. mit einem bezaubernden Altar, einem Marmorschrein und Flachreliefs (1475) desselben Künstlers sowie zwei Fresken von Domenico Ghirlandaio aus Florenz über das Leben von Santa Fina, einer Heiligen des 13. Jahrhunderts.

Der Brunnen aus dem 13. Jahrhundert steht mitten auf der Piazza della Cisterna

Museo Civico

Nach dem Besuch der Collegiata sollten Sie das Museo Civico besichtigen, dessen Turm, die **Torre Grossa** (begonnen 1300), als einziger in San Gimignano besteigbar ist. Die Türme dienten der Verteidigung und waren gleichzeitig Statussymbole der Adligen. In den meisten italienischen Städten und Dörfern gab es einst ähnliche Türme; dass in San Gimignano noch so viele stehen, liegt an der Pest von 1348, die das Dorf so schwer traf, dass es seine Unabhängigkeit aufgab und sich unter den Schutz von Florenz begab. Dadurch zerbrach die Macht der Adligen – und ihre Türme, die ihren Zweck verloren, blieben stehen.

Der erste öffentlich zugängliche Raum des Museums wird **Sala del Consiglio** oder Sala di Dante genannt. Hier versuchte Dante, damals Diplomat im Dienste von Florenz, die Stadträte von San Gimignano für die florentinische Sache zu gewinnen. Der Raum wird von dem riesigen Gemälde von Lippo Memmi, der **Maestà** (1317) oder *Thronenden Madonna*, beherrscht. Vier Räume im **zweiten Stock** bilden das Herz des Museums; zu sehen sind hier Gemälde aus Florenz, Umbrien und Siena, u. a. von Filippino Lippi, Pinturicchio und Coppo da Marcovaldo (► 101). Einige der schönsten Bilder stammen jedoch von weniger bekannten Künstlern, dazu zählen die Darstellungen des hl. Gimignano (von Taddeo di Bartolo) sowie des hl. Bartholomäus und der hl. Fina (beide von Lorenzo di Niccolò). Nicht versäumen sollte man ein **Werk aus dem 14. Jahrhundert** von Memmo di Filipuccio (links oben an der Treppe beim Sala del Consiglio) – den *Hochzeitszyklus*, der ein Paar im Bad und beim Zubettgehen zeigt.

Die Kirche Sant'Agostino

Gehen Sie von der Piazza del Duomo zur Kirche Sant'Agostino. Nehmen Sie die Via San Matteo oder eine der kleinen Nebenstraßen wie die Via delle Romite. Wenn Sie der erstgenannten Straße folgen, kommen Sie unweigerlich an der schönen romanischen Kirche **San Bartolo** aus dem 13. Jahrhundert vorbei.

Wie fast alle Kirchen, die der Augustinerorden (*Agostini*) errichten ließ, steht auch **Sant'Agostino** recht nah am Ortsrand. Da die Augustinermönche erst sehr spät mit dem Bau von Kirchen begannen, waren viele zentralere Standpunkte in den Dörfern und Städten schon verbaut.

Sant'Agostino ist für den 17-teiligen **Freskenzyklus** von Benozzo Gozzoli, der den Hauptaltar schmückt, bekannt. Er zeigt Begebenheiten aus dem *Leben des hl. Augustinus* (1464–65). Wie in der florentinischen Cappella dei Magi (➤ 71) fällt auch dieses Werk Gozzolis durch seinen Detailreichtum auf. Das beeindruckende Fresko über dem Hochaltar stammt von Piero del Pollaiuolo und stellt die **Krönung Mariens** (1483) dar.

Das zweite Hauptwerk der Kirche ist das Grabmonument des hl. Bartolo in der **Cappella di San Bartolo** (direkt links am Eingang). Das Altargrab wurde 1495 von Benedetto da Maiano fertiggestellt. Auf den zahlreichen und wunderschönen Flachreliefs werden die Wundertaten dieses Heiligen aus San Gimignano aus dem 13. Jahrhundert dargestellt.

Gozzolis Darstellung des jungen Augustinus in der Kirche Sant' Agostino

SAN GIMIGNANO: INSIDER-INFO

Top-Tipps: Zwischen Ostern und Oktober ist San Gimignano oft von **Tagesausflüglern** überlaufen. Bleiben Sie über Nacht, um das Dorf wirklich zu genießen.
● Ein **Kombiticket** ist für das Museo Civico, Torre Grossa, die Cappella di Santa Fina, das Museo Ornitologico, Museo Archeologico und das Museo d'Arte Sacra erhältlich. Weitere Auskünfte erteilt die Touristeninformation (Tel. (0577) 94 00 08).
● Wenn Sie mit dem Auto reisen, versuchen Sie nicht, innerhalb der Dorfmauern zu parken. Es gibt einen großen **Parkplatz** an der Via Roma, nur einige Gehminuten von der Porta San Giovanni entfernt. Kleinere Parkplätze liegen an der Straße, die um die Stadtmauer führt. Im Sommer ist das Dorf stark besucht!

Museen und mittelalterliche Straßen

Entdecken Sie auch einige der ruhigeren Ecken des Dorfes: Von Sant'Agostino gehen Sie östlich auf der Via Folgore da San Gimignano zur Kirche **San Iacopo** (13. Jh.), angeblich eine Gründung der Tempelritter. Von hier aus südlich gelegen ist eine andere Kirche aus dem 13. Jahrhundert, **San Lorenzo in Ponte** (Via Santo Stefano). Westlich der Piazza della Cisterna und der Piazza del Duomo gibt es die **Rocca** (1353) zu sehen, eine Burgruine inmitten eines ruhigen Parks. Vielleicht interessiert Sie das **Museo d'Arte Sacra**, wo religiöse Kunst ausgestellt wird, oder das **Museo Ornitologico**, ein Vogelkundemuseum. Klein aber fein ist das Museo Archeologico–Galleria D'Arte Moderna (Via Folgore 11, tägl. 11–18.30 Uhr, preiswert).

KLEINE PAUSE

Ein gutes Mittagslokal ist die **Osteria del Carcere** (► 122), etwas exklusiver und teurer ist das **Dorandò** (► 122).

Collegiata und Cappella di Santa Fina
✚ 204 B3 ✉ Piazza del Duomo ☎ (0577) 94 00 08 ◉ März, Nov.–Jan. Mo–Sa 9.30–16.30, So 12.30–16.40 Uhr; April–Okt. Mo–Fr 9.30–19.10, Sa 9.30–17.30, So 12.30–17.30 Uhr, Feb. nur für Gottesdienste ✋ mittel

Museo Civico und Torre Grossa
✚ 204 B3 ✉ Palazzo del Popolo, Piazza del Duomo ☎ (0577) 99 03 48 ◉ tägl. März–Okt. 9.30–19.30 Uhr; Nov.–Feb. 10–17.30 Uhr ✋ mittel; Kombiticket für Museum, Turm und Palazzo Comunale: teuer

Sant' Agostino
✚ 204 A4 ✉ Piazza Sant'Agostino ☎ kein Anschluss ◉ tägl. April–Okt. 7–12, 15–19 Uhr; Nov.–März 7.30–12, 15–18 Uhr ✋ frei

Museo d'Arte Sacra
✚ 204 B3 ✉ Piazza Pecori ☎ (0577) 94 00 08 ◉ tägl. April–Okt. 9.30–19.30 Uhr; Nov.–Mitte Jan. und März 9.30–17 Uhr; geschl. Ende Jan. bis Feb. ✋ mittel

Museo Ornitologico
✚ 204 A3 ✉ Via Quercecchio ☎ (0577) 94 13 88 ◉ tägl. April–Sept. 11–18 Uhr; Jan.–März und Okt.–Dez. evtl. geschl. ✋ preiswert

❼

Arezzo

Arezzo ist besonders wegen eines Freskenzyklus' von Piero della Francesca bekannt. Die Bedeutung dieses Meisterwerks aus der Renaissance drängt das historische Stadtzentrum – eine faszinierende Mischung aus Kirchen, Plätzen, mittelalterlichen Straßen und Museen – oft etwas in den Hintergrund.

Das ursprünglich etruskische Arezzo entwickelte sich zu einem römischen Zentrum und blühte während des Mittelalters, als seine Lage an den wichtigen Handelsrouten über die Apenninen großen Wohlstand brachte. Arezzo wurde v. a. zu einem wichtigen Goldwaren- und Schmuckzentrum – ein Handwerk, das noch heute hier ausgeübt wird. Allerdings wurde die Stadt aufgrund ihrer wirtschaftlichen und strategischen Bedeutung im Zweiten Weltkrieg schwer bombardiert. Die Vororte der Stadt sind daher modern und wenig einladend, was die fast erhaben wirkende, mittelalterliche Insel im Stadtzentrum nur noch schöner erscheinen lässt.

Die beeindruckende mittelalterliche Piazza Grande in Arezzo; die Apsis der Santa Maria della Pieve ist links zu sehen

Die Legende des Wahren Kreuzes

Die nähere Erkundung dieser Insel kann noch etwas warten – erst sollten Sie dem **Freskenzyklus des Piero della Francesca** in San Francesco einen Besuch abstatten, einer ansonsten unspektakulären, gotischen Kirche aus dem 14. Jahrhundert. Der Zyklus bedeckt die Wände der Hauptchorkapelle und zeigt die *Legende des Wahren Kreuzes* (1453–66), eine verschlungene Geschichte, die auf der *Legenda Aurea* (Goldene Legende) beruht, einer Sammlung eher zweifelhafter Geschichten aus dem 13. Jahrhundert. Im Grunde folgen die Bilder der Geschichte des Kreuzes, an dem Christus einst starb, und dessen Holz vom Baum auf Adams Grab stammen soll. Der weitere Weg des Holzes wird dargestellt, von der Kreuzigung, wie es vergraben und schließlich

von Helena, der Mutter des römischen Kaisers Konstantin, wiederentdeckt wird. Obwohl Piero della Francesca hier diese Geschichte nacherzählt, war er vordergründig an den künstlerischen Möglichkeiten der Symmetrie, des Raums und der Perspektive interessiert. Dies dürfte ein Grund für die geheimnisvolle und spannungsgeladene Wirkung der Bilder sein – und auch der Grund, aus dem der Zyklus die Geschichte nicht chronologisch erzählt. Beispielsweise bemalte Piero die untersten linken und rechten Tafelbilder mit zwei wichtigen Schlachtszenen, sodass diese sich symmetrisch gegenüberstehen.

Kirchen, Paläste und Gärten

Nicht weit von San Francesco liegt der Hauptplatz von Arezzo, die steil abfallende **Piazza Grande**, die von Gebäuden aus allen Epochen gesäumt wird. Beherrscht wird der Platz auf der linken (West-) Seite von der halbrunden, gebogenen Apsis der **Santa Maria della Pieve**, einer schönen romanischen Kirche aus dem 12. Jahrhundert, deren Eingang um die Ecke, am Corso Italia, liegt. Nehmen Sie sich etwas Zeit für einen Rundgang, da sich hier ein bedeutender Hochaltar mit der *Madonna und den Heiligen* (1320) von Pietro Lorenzetti aus Siena befindet. In der nordwestlichen Ecke des Platzes erhebt sich die **Fraternità dei Laici**, ein Palast aus dem 15. Jahrhundert, der sich eines gotischen Portals und schöner Skulpturen (1434) von Bernardo Rossellino in den Lünetten rühmen kann. Am oberen Ende der Piazza liegt der **Palazzo delle Logge** (1573) mit einer Loggia, die Giorgio Vasari, ein bekannter Maler, Architekt und Kunsthistoriker aus Arezzo, gestaltete. Sein früheres Wohnhaus, die **Casa Vasari** nahe San Domenico, ist wegen der wunderschön eingerichteten Räume sehenswert.

Eine Szene aus dem Fresko *Legende vom Wahren Kreuz* von Piero della Francesca in der Kirche von San Francesco

AREZZO: INSIDER-INFO

Top-Tipps: Parken Sie besser in der Nähe des Bahnhofs oder auf einem Parplatz **außerhalb der Stadtmauern**. Vom Bahnhof sind es circa 400 Meter bis San Francesco.
• Arezzo ist einer der besten Orte in der Toskana, um **Goldschmuck** einzukaufen. Nähere Auskünfte zu Geschäften und Werkstätten erteilt die Touristeninformation.
• Die Besichtigung der Fresken in San Francesco müssen Sie **im Voraus buchen** (Tel. (0575) 35 27 27; www.apt.arezzo.it; Mo–Fr 9–19, Sa–So 9–17.30 Uhr; Nov.–Mai bis 17 Uhr). Besichtigungsdauer: 30 Minuten; höchstens 25 Teilnehmer.

Der berühmte Dichter Petrarca stammte aus Arezzo

Gehen Sie von der Piazza Grande aus in Richtung Norden auf dem Corso Italia und dann links in eine Seitenstraße; Sie passieren das Haus Nr. 28 an der Via dell'Orto, das als **Geburtshaus** eines anderen berühmten Bürgers aus Arezzo gilt, des Dichters und Wissenschaftlers **Petrarca**. Weiter nördlich hält der **Duomo** einige Kunstschätze bereit: ein Fresko der *Maria Magdalena* von Piero della Francesca im nördlichen Kirchenschiff und das Grab von Guido Tarlati (1330), außerdem einige fein gearbeitete Buntglasfenster (1523) und Skulpturen (1334) sowie Fresken aus dem 15. Jahrhundert in der Cappella Tarlati. Östlich des Doms erstreckt sich der Passeggio del Prato, eine schöne Parkanlage, die vom **Fortezzo Medicea** (1538–60) gekrönt wird, einer fünfeckigen Medici-Festung. In der anderen Richtung, westlich des Duomo, erhebt sich die gotische **Kirche von San Domenico** (ab 1275) mit einem hervorragenden Altar (ca. 1260) von Cimabue, dem Lehrer Giottos. Südlich davon steht in der Via Garibaldi die **Santissima Annunziata**. Das Museum am Eingang, das **Museo d'Arte Medioevale e Moderna** (Via San Lorentino 8), zeigt eine etwas enttäuschende Sammlung.

KLEINE PAUSE

Das **Caffè dei Costantini**, gleich außerhalb von San Francesco, bietet sich zum Mittagessen an; im Passeggio del Prato kann man sehr schön **picknicken**.

San Francesco
✚ 197 E3 ✉ Piazza San Francesco ☎ (0575) 90 04 04 ◷ April–Okt. Mo–Fr 9–18.30, Sa 9–17.30, So 13–17.30 Uhr; Nov.–März Mo 9–17.30, Sa 9–17, So 13–17 Uhr ✋ Kirche: frei; Fresken: teuer

Pieve di Santa Maria
✚ 197 E3 ✉ Corso Italia ☎ (0575) 226 29 ◷ tägl. 8–13, 15–19.30 Uhr ✋ frei

Casa Vasari
✚ 197 E3 ✉ Via XX Settembre 55 ☎ (0575) 40 90 40 ◷ Mo und Mi–Sa 8.30–19, So 8.30–13 Uhr ✋ preiswert

8

Cortona

Cortona begeistert insbesondere durch die herrliche Aussicht – die Stadt liegt auf einem Hügel und bietet einen grandiosen Panoramablick über die Landschaft der Toskana und Umbriens –, mittelalterliche Straßen, die wie gemalt scheinen, eine Handvoll kleiner Kirchen sowie Museen voller Kunstschätze.

Wenn Sie mit dem Auto nach Cortona kommen, nähern Sie sich der Stadt wahrscheinlich von Camucia auf der N71, die an der **Santa Maria del Calcinaio** vorbeiführt, einer nicht zu verfehlenden Renaissancekirche, rund 2,5 Kilometer außerhalb der Stadtmauern. Mit dem Kirchenbau begann man 1485, und der Grundriss in Form eines griechischen Kreuzes ähnelt auffallend stark der Kirche von San Biagio bei Montepulciano (▶ 135). Die Kirche verdankt ihren Namen einem Kalkbrenner (*calcinaio*), der an dieser Stelle eine Marienerscheinung hatte. In jedem Fall ist die Kirche ein reizvolles Bauwerk.

Museen

Hinter den Stadtmauern erstreckt sich die Stadt rund um die Piazza della Repubblica. Von hier aus führt ein kurzer Spaziergang nach Nordwesten über die Piazza Signorelli zur Piazza del Duomo: Hier liegen der nicht besonders beeindruckende Dom und das allerdings sehenswerte **Museo Diocesano**. Höhepunkte des Gemäldemuseums sind zwei Meisterwerke von Fra Angelico, der zwei Jahre lang als Mönch im Dominikanerkloster der Stadt lebte. Angelicos Gemälde, *Verkündigung* und *Madonna und Kind mit Heiligen* (1428–30), hängen hier neben anderen bemerkenswerten Arbeiten, darunter Werke von Sassetta,

In Cortona lebt man in gut erhaltenen mittelalterlichen Wohnhäusern

Bartolomeo della Gatta und dem aus Cortona stammenden Luca Signorelli. Versäumen Sie nicht die archäologische Hauptattraktion, einen römischen **Sarkophag** aus dem 2. Jahrhundert n. Chr., der mit Motiven des Kampfes zwischen Dionysos und den Amazonen verziert ist. Die Arbeit begeisterte auch die Renaissancebildhauer Donatello und Filippo Brunelleschi.

Das andere wichtige Kunstmuseum in Cortona, das **Museo dell'Accademia Etrusca**, widmet sich v. a. der etruskischen Geschichte. Die Stadt ist eine der ältesten in der Toskana und wurde vermutlich schon im 8. Jahrhundert v. Chr. von Etruskern gegründet. Gezeigt werden u. a. eine Bronzelampe aus dem 5. Jahrhundert v. Chr., der Lampadario Etrusco, einige sehr schöne etruskische Schmuckstücke, Urnen und Vasen, der Inhalt eines teilweise rekonstruierten Etruskergrabs, eine vielfältige Sammlung an Silber, mittelalterlichen Gemälden, Renaissancemedaillons und eine beeindruckende, wenngleich chaotische Sammlung antiker ägyptischer Exponate.

Burg und Kirchen

Vom Museum aus geht es bergauf, wenn Sie die schönsten Aussichten in Cortona genießen und das einladende Straßengewirr im nördlichen Stadtviertel auf sich wirken lassen möchten. Der Aufstieg zur **Fortezza Medicea**, einer Festungsruine, die auf Befehl von Cosimo I. de' Medici 1556 erbaut wurde, ist eher mühsam. Doch die Aussicht von hier oben ist schier überwältigend: An klaren Tagen kann man vage den Trasimenischen See im benachbarten Umbrien erkennen, einen der größten Seen Italiens. Zwischen den verstreuten Mauerresten finden sich Teile der alten römischen und etruskischen Schutzwälle. Direkt unterhalb der Festung erhebt sich die Kirche **Santa Margherita** (1856 wieder erbaut) mit dem Grab (1362) der Heiligen Margarete von Cortona, der verehrten Schutzheiligen der Stadt.

Auf dem Rückweg zur Stadt sollten Sie einen Weg über **San Cristoforo**, einer kleinen romanischen Kapelle an der Piazza della Pescaia, und **San Nicolò** an der Via San Nicolò wählen. Eine weitere besuchenswerte Kirche ist **San Domenico** mit einem (heute ausgeblichenen) Außenfresko von Fra Angelico und fesselnden Werken von Luca

Santa Margherita wurde im 19. Jahrhundert wieder aufgebaut

Santa Maria del Calcinaio an den Abhängen unterhalb von Cortona

Signorelli, Bartolomeo della Gatta und Lorenzo di Niccolò Gerini. Hinter der Kirche liegt Cortonas größte Grünanlage mit der **Passeggiata in Piano** (1 Kilometer, leicht) mit tollem Blick.

KLEINE PAUSE

La Locanda del Loggiato (➤ 122) bietet guten, leichten Lunch, **Tonino** Spitzenausblick bei italienischer Atmosphäre (➤ 122).

Museo Diocesano

✚ 197 E3   ✉ Piazza del Duomo 1   ☎ (0575) 628 30; www.aioncultura.org
🕐 April–Sept. tägl. 10–19 Uhr; Nov.–März Di–So 10–18 Uhr   ✋ teuer

Museo dell'Accademia Etrusca

✚ 197 E3   ✉ Piazza Signorelli 19   ☎ (0575) 63 04 15; www.accademia-etrusca.org   🕐 April–Okt. Di–So 10–19 Uhr; Nov.–März Di–So 10–18 Uhr
✋ mittel

CORTONA: INSIDER-INFO

Top-Tipps: Versuchen Sie nicht, im Zentrum von Cortona zu **parken**; nehmen Sie stattdessen einen der Parkplätze außerhalb der Stadtmauern, in der Nähe der Stadttore Porta Santa Maria, Porta Colonia oder Porta Sant'Agostino. Sie führen zur Piazza della Repubblica und zum Stadtzentrum.

Nach Lust und Laune!

❷ Monteriggioni

Zwar wird San Gimignano als das am besten erhaltene mittelalterliche Dorf der Toskana gerühmt, doch sein Glanz verblasst neben dem weniger bekannten und kleinerem Dorf Monteriggioni: Diese Vision des Mittelalters besteht aus einem Ring turmbewehrter Stadtmauern auf einem Hügel inmitten von Olivenhainen – ohne neuere Gebäude. Das Dorf liegt 13 Kilometer südlich der modernen Stadt Poggibonsi, etwas westlich der Hauptstraße zwischen Florenz und Siena (die Abzweigung ist ausgeschildert). Wie auch Colle di Val d'Elsa sieht man den Ort schon von Weitem.

Monteriggioni wurde von Siedlern aus Siena 1203 als Verteidigungsbastion im Norden gegen Florenz erbaut.

Dante beschrieb die Türme von Monteriggioni als Riesen in einer Schlucht

Die Mauern fügte man 1213 und 1219 hinzu, musste sie aber 1260 erneuern (damals wurden auch 14 Türme errichtet), nachdem die Florentiner sie 1244 zerstört hatten. Für die damalige Zeit waren die Verteidigungsanlagen außergewöhnlich und die Türme wurden von Dante sogar in seinem *Inferno* als riesige Giganten in einer Schlucht beschrieben. Die entsprechende Passage aus der Dichtung (Canto XXXI, 40–44) begrüßt Besucher heute auf einer Tafel am Dorfeingang. Das Dorf besteht aus wenig mehr als einer Kirche und einem großen Platz, der Piazza Roma, einer einzigen Straße, der Via Maggio, und einem 4-Sterne-Hotel mit Restaurant (➤ 119).

✚ 197 D3; in Monteriggioni gibt es kein Besucherzentrum, Auskünfte erteilt die Touristeninformation in Siena (➤ 41)

❸ Colle di Val d'Elsa

Colle di Val d'Elsa wird von wenigen Touristen besucht, da die meisten direkt in das nahe San Gimignano (➤ 102ff) fahren. Wer etwas verweilen möchte, wird dann meist von Colle Basso, dem abstoßenden, modernen Vorort der Stadt, abgeschreckt. Man sollte sich davon jedoch nicht beirren lassen, denn der alte Stadtteil

Ein Labyrinth alter Gassen macht den maroden Charme von Colle di Val d'Elsa aus

von Colle auf dem Hügel, Colle Alto, besticht durch ruhige, blumengeschmückte Gassen, alte Kirchen und viele schöne mittelalterliche Ecken.

Hat man das Auto am oberen Ende der Straße von Colle Basso erst einmal abgestellt, findet man sich leicht zurecht. Colle Alto besteht nämlich aus wenig mehr als der Hauptstraße, der Via del Castello, die sich über die gesamte Länge der Hügelkette des Städtchens zieht. In der Mitte öffnet sie sich zur Piazza del Duomo mit dem Dom (1603–19) auf der linken Seite. Er enthält ein exquisites Marmortabernakel aus dem 15. Jahrhundert, das wahrscheinlich von Mino da Fiesole stammt. Links neben dem Dom im Palazzo Pretorio aus dem 14. Jahrhundert ist das kleine Museo Archeologico untergebracht, dessen Ausstellung sich vornehmlich aus etruskischen Grabfunden aus der Umgebung zusammensetzt. Weiter unten an der Via del Castello liegt das Museo Civico e d'Arte Sacra. Die Via del Castello wirkt jetzt zunehmend mittelalterlich, kleine Gassen locken zu beiden Seiten der Straße. Das letzte Stück führt an der Santa Maria in Canonica, einer kleinen romanischen Kirche aus dem

12. Jahrhundert, und der Casa-Torre di Arnolfo di Cambio vorbei: Hier wurde angeblich Arnolfo di Cambio, ein Architekt des 13. Jahrhunderts, geboren. Nahezu direkt hinter dem Turm stößt man auf einen wunderschönen Aussichtspunkt, Baluardo genannt, mit hervorragender Sicht über Colle Basso und die schöne Landschaft.

Glasliebhaber sollten hier bummeln gehen, denn in Colle blüht die Glasbläserkunst; etliche Geschäfte säumen die Via di Castello sowie das Museo del Cristallo (Via dei Fossi 8a, Tel. (0577) 92 41 35; www.cristallo.org).

Touristeninformation
197 D3 ⊠ Via Francesco Campana 43 ☎ (0577) 92 27 91; www.collvaldelsa.net ◉ April–Okt. Mo–Sa 10–13, 14.30 bis 19, So 10–13, 15–18 Uhr; Nov.–März Mo–Sa 10–13, 15–17 Uhr; geschl. Feb.

Museo Archeologico
⊠ Piazza del Duomo ☎ (0577) 92 29 54 ◉ Nov.–April Di–Fr 15.30–19.30, Sa–So 10–12, 15.30–18.30 Uhr; März–Okt. Di–So 10.30–12.30, 16.30–19.30 Uhr ✋ preiswert

Museo Civico e d'Arte Sacra
⊠ Via del Castello 31 ☎ (0577) 92 30 95 oder 92 29 54 ◉ Di–So 10.30 bis 12.30, 16.30–19.30 Uhr ✋ preiswert

❹ Volterra

Volterra hebt sich durch seine einsame Lage und dem eher düsteren, unheimlichen Erscheinungsbild der Stadt, die auf ihrem Hügel zu lasten scheint, von den anderen sonnigen und idyllischen Städten in der Region ab. Doch die alte Etruskerstadt hat viel Geschichte zu bieten: Es gibt hier mittelalterliche Bauten, bezaubernde alte Straßen, zwei kleine Gemäldegalerien und eines der wichtigsten archäologischen Museen der Region. Überall locken außerdem Geschäfte mit Alabaster, dem Stein, der hier seit Jahrhunderten abgebaut und verarbeitet worden ist. Das »Ecomuseum dell'Alabastro«, ein Freilichtmuseum mit einer kleinen Ausstellung und zwei Rundgängen, gibt Aufschluss über diese Industrie.

Die Stadt liegt auf einem windumpeitschten vulkanischen Hügel zwischen Siena und der toskanischen Küste, weit ab von den Hauptstraßen und Touristenpfaden. Volterra ist daher nicht so überlaufen von Besuchern, sodass man es ruhig in die Reiseroute einplanen sollte.

Das mittelalterliche Zentrum der Stadt, die Piazza dei Priori, umfasst die reizvollen Gebäude des Palazzo dei Priori (1208), einem der ältesten Bürgerpaläste Italiens, dem Dom (1120 begonnen), dem Baptisterium aus dem 13. Jahrhundert und der Torre del Porcellino: Der Bau heißt so, weil ein

Ein erhaltenes Etruskergrab ist nur einer von vielen verborgenen Schätzen aus Volterras bewegter Geschichte

kleines Wildschwein (*porcellino*) bei einem der oberen Fenster eingeschnitzt ist. Die künstlerischen Höhepunkte des Doms sind die *Kreuzabnahme* (1228), eine mehrfarbige Holzfigurengruppe in einer Kapelle im rechten Querschiff, sowie das Tabernakel und flankierende Engel von 1471 am Hochaltar von Mino da Fiesole.

Gleich vor dem Baptisterium befindet sich das Museo Diocesano d'Arte Sacra, eine Sammlung von Gemälden, Skulpturen und religiösen Ausstellungsstücken. Im Mittelpunkt steht das Gemälde *Thronende Madonna mit Heiligen* (1521) von Rosso Fiorentino. Dessen Arbeiten bestimmen auch die Kunstgalerie der Stadt und das öffentliche Museum, die Pinacoteca e Museo Civio, wo seine *Kreuzabnahme* (1521), eines der Meisterwerke der manieristischen Malschule, hängt. Ebenso beeindruckend ist *Gli Sposi* oder *Das verheiratete Paar*, eine etruskische Grabskulptur aus dem berühmten Museo Etrusco Guarnacci.

Weitere Überreste etruskischer und römischer Geschichte Volterras finden sich im Parco Archeologico (tägl. 10–12, 16–19 Uhr, frei) oder bei der Ausgrabungsstätte nördlich der Stadt: Hier wurden ein Badekomplex, ein römisches Theater und andere Ruinen freigelegt. Wie in jeder toskanischen Stadt lohnt sich auch hier ein Streifzug durch die Straßen, um das mittelalterliche Flair zu genießen. Ein guter Endpunkt sind die so genannten *balze*, stark erodierte Klippen, am westlichen Stadtrand.

Touristeninformation

196 C3 · Via Giusto Turazza 2 · (0588) 861 50; www.provolterra.it · tägl. 10–13, 14–18 Uhr

Museo Diocesano d'Arte Sacra

Via Roma 13 · (0588) 862 90 · tägl. Mitte März–Okt. 9–13, 15 bis 18 Uhr; Nov.–Mitte März 9–13 Uhr · teuer (Kombiticket mit Pinacoteca und Museo Etrusco Guarnacci)

Pinacoteca e Museo Civico

Palazzo Minucci-Solaini, Via dei Sarti 1 · (0588) 875 80 · tägl. Mitte März–Okt. 9–19; Nov.– Mitte März 9 bis 14 Uhr · teuer (Kombiticket mit Museo Etrusco Guarnacci)

Museo Etrusco Guarnacci

Via Don Minzoni 15 · (0588) 863 47 · tägl. Mitte März–Okt. 9–19 Uhr; Nov.–Mitte März 9–14 Uhr · teuer (Kombiticket mit Pinacoteca e Museo Civico)

6 Fiesole

Fiesole ist ein kleines Städtchen auf einem Hügel rund sieben Kilometer nordöstlich von Florenz und ein beliebtes Ausflugsziel, auch wenn es hier nach toskanischem Maßstab nur wenig zu sehen gibt. Von Florenz aus nehmen Sie ein Taxi oder den Bus Nr. 7 vor dem Bahnhof Santa Maria Novella (▶ 37). Die Stadt wirkt v. a. wegen ihrer ländlichen Lage auf einem Hügel so anziehend und bietet einen schönen Blick über Florenz und eine im Sommer willkommene frische Brise. An der Piazza Mino da Fiesole ist der Dom sehenswert. Der Platz ist nach dem gleichnamigen Bildhauer aus dem 15. Jahrhundert benannt; zwei seiner Arbeiten schmücken heute die Cappella Salutati (rechts vom Chor) im Dom.

Für die beste Aussicht auf Florenz folgen Sie der Via San Francesco bergauf. Sie können aber auch hinuntergehen zum Museo Bandini, einem bescheidenen Museum mit Elfenbeinschnitzereien, Keramiken und Gemälden, bevor Sie zur Area Archeologica weitergehen, östlich der Piazza Mino da Fiesole. Die Ausgrabungsstätte umfasst ein kleines Museum, ein gut erhaltenes römisches Theater aus dem 1. Jahrhundert v. Chr. sowie etruskische Ruinen aus dem 6. Jahrhundert v. Chr.

Weiter südlich können Sie die Kirche von San Domenico besuchen, in der sich ein schönes Gemälde von Fra Angelico befindet, die *Madonna und Heilige mit Engeln* (1430). Ein kurzer Spaziergang westlich von San Domenico führt zur Badia Fiesolana, einer antiken Abteikirche mit einer reizenden romanischen Fassade.

Touristeninformation

197 D4 · Via Portigiani 1 · (055) 59 87 20; www.comune.fiesole.fi.it · April–Okt. Mo–Sa 9–18, So 10 bis 18 Uhr; Nov.–März Mo–Sa 9–17, So 10 bis 13, 14–17 Uhr

Area Archeologica

Via Marini-Via Portigiani · (055) 594 77; tägl. April–Sept. 9.30 bis 19 Uhr; März–Okt. Mi–Mo 9.30 bis 18 Uhr; Nov.–Feb. Mi–Mo 9.30 bis 17 Uhr · mittel (Kombiticket mit Museo Bandini)

Museo Bandini

Via Dupré 1 · (055) 594 77 · wegen Restaurierung geschl.

Wohin zum … Übernachten?

Preise
Für ein Doppelzimmer gelten folgende Preise:
€ unter 100 Euro   €€ 100–175 Euro   €€€ über 175 Euro

Im Zentrum der Toskana liegen einige der bekanntesten Städte und Landschaften der Region, sodass man Hotels oft Wochen im Voraus buchen muss, insbesondere in Siena und San Gimignano.

AREZZO

Castello di Gargonza €€

Angesichts des Mangels an guten Hotels in Arezzo ist dieser umgestaltete mittelalterliche Ort mit Burg und Kirche inmitten schöner Landschaft eine ideale Wahl in der Umgebung. Das Hotel liegt sechs Kilometer westlich von Monte San Savino, einem Dorf zehn Kilometer südwestlich von Arezzo. Die Zimmer müssen allerdings mindestens für drei Nächte gebucht werden, sodass man das Hotel als Basis und nicht als Zwischenstopp einplanen sollte. Im Dorf kann man Apartments und Ferienhäuser auch pro Woche mieten.

197 E3 Castello di Gargonza, Monte San Savino (0575) 84 70 21; Fax (0575) 84 70 54; www.gargonza.it Nov. und zeitweise im Jan. geschl.

Cavaliere Palace Hotel €€

Die meisten Hotels in Arezzo wenden sich an Geschäftsreisende, sodass man hier nur übernachten sollte, wenn man muss (Cortona wäre die bessere Wahl). Doch wenn Sie in Arezzo bleiben, ist dieses sehr zentral gelegene 4-Sterne-Hotel mit 27 Zimmern eine gute Entscheidung.

197 E3 Via Madonna del Prato 83 (0575) 268 36; Fax (0575) 219 25; www.cavalierehotels.com im Aug. zeitweise geschl.

CHIANTI

Castello di Spaltenna €€€

Wie viele Städte und Dörfer im Chianti ist Gaiole nicht außergewöhnlich, aber mit dem Castello di Spaltenna bietet es eines der besten 4-Sterne-Hotels der Region: Das Haus liegt in einer tollen Burg und Kloster aus dem 13. Jahrhundert auf einem Hügel am Stadtrand. Die 21 Zimmer und acht Apartments sind individuell eingerichtet. Das Hotel verfügt mit dem Ristorante La Pieve über ein erstklassiges Restaurant sowie Fitnessclub, Tennisplätze und einen Swimmingpool.

197 D3 Pieve di Spaltenna, Gaiole (0577) 74 94 83; Fax (0577) 74 92 69; www.spaltenna.it geschl. Jan.– Mitte März

CORTONA

Hotel Italia €€

Das 3-Sterne-Hotel liegt zentral an einer Seitenstraße gleich südlich von Cortonas Hauptstraße Via Roma. Die Zimmer sind sauber und nett eingerichtet. Das Hotel empfiehlt sich v. a. wegen der guten Preise; einige Zimmer im ersten Stock bieten aber auch eine schöne Aussicht. Das alles gilt ebenso für das im gleichen Besitz befindliche und ähnlich preiswerte 3-Sterne-Hotel Sabrina in der Nähe (Via Roma 37, Tel. (0575) 63 03 97, Fax (0575) 60 5 7 63; www.emmeti.it/sabrina). Die Zimmer sind hier zwar kleiner, aber etwas aparter eingerichtet.

197 E3 Via Ghibellina 5–7 (0575) 63 02 54; Fax (0575) 63 07 63; www.planhotel.com ganzjährig

Il Falconiere €€€

Das 4-Sterne-Hotel mit Swimmingpool liegt in einer wunderschön restaurierten Villa aus dem 17. Jahrhundert, rund drei Kilometer außerhalb der Stadtmauer, an der Straße SS71 nach Arezzo. Alle zwölf Zimmer sind hervorragend mit zeitgenössischen Möbeln eingerichtet.

197 E3 ⊠ Località San Martino a Bocena 370 ☎ (0575) 61 26 79; Fax (0575) 61 29 27; www.ilfalconiere.com ⊛ Hotel: im Nov. evtl. zeitweise geschl.; Restaurant: Nov.–März Mo geschl.

San Michele €€

Dieses 4-Sterne-Hotel ist das beste am Platze, nicht zuletzt, weil es in einem umgebauten Renaissancepalast untergebracht ist. Die Architektur der 34 Zimmer wurde so wenig wie möglich verändert, das Zimmer im alten Turm ist am schönsten.

197 E3 ⊠ Via Guelfa 15 ☎ (0575) 60 43 48; Fax (0575) 63 01 47; www.hotelsanmichele.net ⊛ geschl. Mitte Jan.–Feb.

MONTERIGGIONI

Monteriggioni €€€

Dieses stilvolle 4-Sterne-Hotel verfügt über nur zwölf Zimmer. Da es im Herzen eines der schönsten Orte der Toskana liegt, sollte man rechtzeitig im Voraus buchen. Die Zimmer bieten modernen Komfort wie Klimaanlage und ein geschmackvolles Interieur. Es gibt einen Garten und einen Swimmingpool, aber kein eigenes Restaurant. Sehr gut essen lässt es sich im Il Pozzo (Piazza Roma 2, Tel. (0575) 30 41 27, So abends, Mo und eine Woche im Aug. geschl.).

197 D3 ⊠ Via I Maggio 4 ☎ (0577) 30 50 09; www.hotel monteriggioni.net ⊛ im Jan. zeitweise geschl.

SAN GIMIGNANO

La Cisterna €€

San Gimignano verfügt über mehrere 3-Sterne-Hotels; die zwei Häuser, die jeweils die beste Mischung aus Lage, Ausstattung und gutem Preis-Leistungs-Verhältnis bieten, liegen am selben Platz. La Cisterna versteckt sich in der Ostecke der Piazza della Cisterna und ist mit seinen 50 Zimmern größer als der Konkurrent Leon Bianco. Es wurde 1919 in einem mittelalterlichen Gebäude eröffnet und war lange das einzige Hotel im Dorf. Im Gegensatz zur Konkurrenz besitzt es ein Spitzenrestaurant, Le Terrazze. Im Zimmerpreis ist das Frühstück inbegriffen.

196 C3 ⊠ Piazza della Cisterna 24 ☎ (0577) 94 03 28; Fax (0577) 94 20 80; www.hotelcisterna.it ⊛ geschl. zwischen Dreikönigsfest und Mitte März

La Collegiata €€€

Wer nicht unbedingt aufs Geld achten muss, der sollte in diesem 4-Sterne-Hotel absteigen, dessen 20 Zimmer in einem umgebauten Konvent aus dem 16. Jahrhundert untergebracht sind. Zum Haus, das rund zwei Kilometer nördlich der Stadtmauern liegt, gehören ein Restaurant, ein Swimmingpool und eine einzigartige Aussicht auf San Gimignano und seine Türme.

196 C3 ⊠ Località Strada 27 ☎ (0577) 94 32 01; www.lacollegiata.it ⊛ geschl. Anfang Jan.–Anfang Feb.

Leon Bianco €€

Dieses 3-Sterne-Hotel liegt wie das Cisterna nahe bei der Collegiata und dem Museo Civico (► 104f). Die 26 Zimmer sind jedoch kleiner und intimer, ebenso wie die Gemeinschaftsräume sind sie hell und geräumig. Es gibt zahlreiche Gewölbedecken und Terrakottafußböden; wie auch im Cisterna stammt der Bau aus dem Mittelalter und weist viele zeitgenössische Elemente auf. Beide Hotels haben auch Zimmer mit Aussicht auf die Landschaft. Zwar gibt es kein Restaurant, aber man kann auf einer hübschen Terrasse frühstücken oder etwas trinken.

196 C3 ⊠ Piazza della Cisterna 13 ☎ (0577) 94 12 94; www.leon bianco.com ⊛ Nov.–Dez. und Jan. bis Feb. zeitweise geschl.

Antica Torre €€

Das 3-Sterne-Hotel hält, was der Name verspricht: ein Hotel in einem mittelalterlichen Turm, das seit einigen Jahren einen hervorragenden Ruf genießt. Um eines der acht sehr schönen, aber nur mittelgroßen Zimmer in dem kleinen Gebäude aus dem 16. Jahrhundert zu bekommen, sollte man frühzeitig buchen. Versuchen Sie, ein Zimmer im oberen Stockwerk zu ergattern, da man hier eine bessere Aussicht hat. Das Hotel liegt etwa 600 Meter östlich vom Campo in einer Seitenstraße der Via di Pantaneto, in der Nähe der Kirche Santa Maria dei Servi. Das Frühstück wird im mittelalterlichen Keller angeboten.

201 F2 Via Fieravecchia 7
(0577) 22 22 55; www.anticatorre siena.it

Certosa di Maggiano €€€

Diese wunderschöne, umgewandelte Abtei aus dem 14. Jahrhundert ist eines der besten Hotels der Toskana und wird gerne gebucht. Das Hotel verfügt über phantastische, mit Antiquitäten eingerichtete Zimmer auf einem schönen Grundstück fünf Kilometer östlich von Siena – es eignet sich daher eher für einen romantischen Trip, weniger als Ausgangspunkt für Siena. Zur Ausstattung gehören ein beheizter Swimmingpool, Tennisplätze und ein Heliport. Das Hotel ist schwierig zu finden, erkundigen Sie sich vorher telefonisch.

201 bei F2 Via di Certosa 82
(0577) 28 81 80; www.certosadi maggiano.com

Hotel Duomo €€

Siena bietet erstaunlicherweise nur wenige gute Hotels in zentraler Lage. Dieses 3-Sterne-Haus mit 23 Zimmern ist das beste Mittelklassehotel der Stadt und liegt bequem nur wenige Minuten südlich des Campo und des Doms in einer mittelalterlichen Straße. Die Räume sind alle sauber und mittelgroß, sonst aber unspektakulär. Die Badezimmer sind meist eher klein. Es gibt kein Restaurant, und das Hotel wirkt trotz des freundlichen Services etwas unpersönlich. Im Untergeschoss wird das Frühstück serviert.

200 C2 Via di Stalloreggi 38
(0577) 28 90 88; Fax (0577) 430 43; www.hotelduomo.it

Palazzo Ravizza €€–€€€

Der aus dem 18. Jahrhundert stammende Palazzo Ravizza ist seit mehr als zwei Jahrhunderten im Besitz derselben Familie. Das Hotel hat sich den Charme vergangener Zeiten bewahrt: Es ist mit vielen Originalstücken, Antiquitäten und alten Möbeln eingerichtet. Die Zimmer an der Rückseite bieten Aussicht auf einen Garten, in den oberen Etagen der Vorderseite überblickt man die Stadt. Das Hotel liegt am südwestlichen Rand des historischen Stadtkerns von Siena, etwa 250 Meter vom Hotel Duomo entfernt.

200 B1 Via Piano dei Mantellini 34 (0577) 28 04 62; www.palazzo ravizza.it

Tre Donzelle €

Um eines der 27 Zimmer zu erwischen, sollte man weit im Voraus buchen. Das saubere und gut geführte 2-Sterne-Hotel liegt unweit der Banchi di Sotto, etwa eine Minute zu Fuß vom Campo entfernt. Auch das familiengeführte Picolo Hotel Etruria mit seinen 13 Zimmern ist eine gute Wahl; es liegt ein Stück weiter an der Via delle Donzelle 3 (Tel. (0577) 28 80 88; Fax (0577) 28 84 61).

201 D3 Via delle Donzelle 5
(0577) 28 03 58, Fax (0577) 22 39 33

Villa Scacciapensieri €€€

Das ruhige Hotel liegt in einer Villa aus dem 19. Jahrhundert auf einem Hügel drei Kilometer nördlich der Stadt. Die 30 Zimmer und Suiten sind unterschiedlich groß, sodass man sich mehrere ansehen sollte. Zum Haus gehören Tennisplätze, ein Pool und ein Restaurant. Vom Garten genießt man eine schöne Aussicht.

201 bei E5 Via di Sacciapensieri 10 (0577) 414 41; Fax (0577) 27 08 54; www.villascacciapensieri.it

Wohin zum ...
Essen und Trinken?

Preise
Die Preise gelten pro Person für ein Drei-Gänge-Menü mit Wein:
€ unter 26 Euro   €€ 26–52 Euro   €€€ über 52 Euro

Die Öffnungszeiten werden für jedes Restaurants angegeben, allerdings können sie nach Jahreszeit, Besucherzahl oder schlicht nach Laune des Gastwirts variieren.

Antica Osteria L'Agania €

Dieses belebte und angenehm ausgefallene Restaurant sollte man früh besuchen, da man hier nicht reservieren kann. Das Essen ist schlicht, aber gut zubereitet und das Interieur wirkt bunt zusammengewürfelt, u. a. alte Fotos, Bilder, Weinflaschen sowie Knoblauch- und Paprikagirlanden.
✚ 197 E3   ✉ Via Mazzini 10
☎ (0575) 29 53 81   🕐 Di–So 12 bis 14.30, 19–22.30 Uhr; geschl. Mo (außer Juli–Aug.) und zeitweise im Juni

Buca di San Francesco €€

In dem zentral gelegenen Restaurant werden seit 1929 toskanische Spezialitäten serviert, z. B. *ribollita* (Gemüsesuppe), *agnello* (gebratenes Lamm) und auch feinere Gerichte wie *pollo del Valdarno* (Brathähnchen in Anis). Die mittelalterlichen Gemälde im Speiseraum passen dazu, dass das Lokal unweit der Kirche von San Francesco mit dem Freskenzyklus von Piero della Francesca liegt – daher ist es oft stark besucht.
✚ 197 E3   ✉ Via San Francesco 1
☎ (0575) 232 71   🕐 12–14.30, 19 bis 21.30 Uhr. geschl. Mo nachmittags, Di, 2 Wochen im Juli

La Torre di Gnicche €

Dieses freundliche kleine Restaurant versteckt sich in einem Palazzo aus dem 14. Jahrhundert und ist eine Mischung aus Weinbar und *Café*: Serviert werden kleine Speisen, Käse, eine ausgezeichnete Weinauswahl (auch offen) und einige einfache warme Gerichte, z. B. *zuppa di cipolle* (Zwiebelsuppe).
✚ 197 E3   ✉ Piaggia San Martino 8
☎ (0575) 35 20 35   🕐 12–15, 18 bis 20 Uhr (Drinks); ab 20 Uhr zum Abendessen; geschl. Mi, 1 Woche im Aug. und 2 Wochen im Jan.

Trattoria Il Saraceno €

Das preiswerte, familienbetriebene Restaurant liegt nur einige Minuten östlich der Kirche von San Francesco und bietet toskanische Gerichte in einer Qualität, die man normalerweise teurer bezahlt – darunter *ribollita* und Rindfleisch mit Steinpilzen; am Abend auch Pizza.
✚ 197 E3   ✉ Via Mazzini 6a
☎ (0575) 276 44; www.ilsaraceno.com
🕐 12–15.30, 19–22.30 Uhr. geschl. Mi, 2 Wochen im Jan. und 2 Wochen im Aug.

Badia a Coltibuono €€€

Das bekannte Restaurant liegt im Refektorium eines restaurierten Klosters aus dem 8. Jahrhundert. Serviert werden toskanische Speisen, je nach Saison auch Wildgerichte.
✚ 197 D3   ✉ Badia a Coltibuono, 5 km nördl. von Gaiole   ☎ (0577) 74 90 31   🕐 12.15–14.30 Uhr (15 bis 16.30 Uhr Snacks), 19.15–21.30 Uhr; geschl. Mitte Nov.–Feb.; Mo im März

COLLE DI VAL D'ELSA

L'Antica Trattoria €€–€€€

Das elegante Restaurant liegt nicht im mittelalterlichen Teil von Colle di Val d'Elsa, sondern am Rand eines geschäftigen, modernen Platzes in der unteren Stadt. Davon sollte man sich jedoch nicht abschrecken lassen, denn die feine toskanische Küche gehört zur besten in der unmittelbaren Region. Die Speiseräume sind mittelalterlich eingerichtet, die Bedienung professionell. Die Auswahl an Wein und Hochprozentigem ist hervorragend.

197 D3 ⊠ Piazza Arnolfo di Cambio 23 ☎ (0577) 92 37 47 ⊕ 12.30–14.30, 20–22.30 Uhr; geschl. Di und 2 Wochen im Dez. und Jan.

CORTONA

La Locanda del Loggiato €€

Man kann an dem stimmungsvollen mittelalterlichen Backsteingewölbe und der guten Lage des Lokals unweit des Hauptplatzes kaum etwas bemängeln, nur Speisen und Bedienung sind nicht immer auf der Höhe. Für ein einfaches Mittagessen ist das Restaurant allemal gut; bei schönem Wetter können Sie draußen auf der Terrasse essen.

197 E3 ⊠ Piazza Pescheria 3 ☎ (0575) 63 05 75 ⊕ 12.30–15, 19.15–23 Uhr; geschl. Mi und Nov.

Osteria del Teatro €–€€

Die beste Wahl in Cortona dank der zentralen Lage nahe dem Teatro Signorelli, seinem angenehmen Interieur – an den Wänden hängen Fotos bekannter Schauspieler – und dem guten Essen. Die Küche konzentriert sich auf lokale Spezialitäten: Das *antipasto dell'osteria* bietet etwas für jeden Geschmack; anschließend probiert man *ravioli ai fiori di zucca* (gefüllte Pasta mit Zucchiniblüten) oder *pappardelle alle lepre* (Bandnudeln mit Hasenfleisch). Reservieren Sie, denn das Lokal ist winzig.

197 E3 ⊠ Via Maffei 5 ☎ (0575) 63 05 56 ⊕ 12.30–14.30, 19.30–22.30 Uhr; geschl. Mi, 2 Wochen im Nov.

Tonino €€

Das Tonino ist laut, groß, modern und immer voll – aber Einheimische strömen wegen der Aussicht auf das Val di Chiana und des *antipatissimo* (15 verschiedene Vorspeisen) herbei.

197 E3 ⊠ Piazza Garibaldi 1 ☎ (0575) 63 05 00 ⊕ 12.30–15, 19.30–22 Uhr; geschl. Mo nachmittags und Di (außer Juni–Okt.)

SAN GIMIGNANO

Dorandò €€–€€€

Das Restaurant versucht historische Rezepte aus der etruskischen und mittelalterlichen Vergangenheit der Toskana nachzukochen – und das Ergebnis kann sich sehen lassen. Das kleine Lokal in mittelalterlicher Kulisse verfügt über nur 36 Plätze in drei winzigen Speiseräumen und ist relativ teuer.

196 C3 ⊠ Vicolo dell'Oro 2 ☎ (0577) 94 18 62 ⊕ 12.30–14.30, 19.30–21.30 Uhr; geschl. Mitte Jan. bis Feb., Mo im Winter, manche Mo über Mittag im Sommer

Gelateria di Piazza €

In diesem Eiscafé gibt es das beste Eis in ganz San Gimignano; die Eiscreme wird ohne künstliche Zusatzstoffe und ausschließlich aus Naturprodukten hergestellt.

196 C3 ⊠ Piazza della Cisterna 4 ☎ (0577) 94 22 44 ⊕ Mitte März bis Mitte Sept. tägl. 9–Mitternacht; übrige Zeit 9–20 Uhr; geschl. Mitte Nov.–Mitte Feb.

Osteria del Carcere €

Das von Touristen bevölkerte San Gimignano kann sich glücklich schätzen, mit dem Carcere und dem Catene zwei Osterias zu haben, wo man schlichte Einrichtung und einfache, gute Küche zu fairen Preisen genießen kann. Das kleine Carcere liegt in der Nähe der Piazza della Cisterna. Hier gibt es mittags und abends simple toskanische Gerichte und Snacks während des Tages.

196 C3 ⊠ Via del Castello 13 ☎ (0577) 94 19 05 ⊕ 12.30–14.30, 19.30–22.30 Uhr; geschl. Mi und Do über Mittag

Osteria delle Catene €

Obwohl das Dorf von Touristen wimmelt, widersteht diese nette Osteria der Versuchung, sich dem Geschmack der Massen anzupassen. Die Besitzer Gino und Virgilio bieten eine Vielfalt einfacher, aber keineswegs langweiliger Gerichte an, darunter *nana col cavolo nero* (Ente mit Rotkohl) und *coniglio alla Vernaccia* (Hase in Vernaccia-Weißwein aus San Gimignano).

✠ 196 C3 ✉ Via Mainardi 18 ☎ (0577) 94 19 66 ◉ 12.30–14.30, 19.30–22.30 Uhr; geschl. Mi, Zeitraum im Dez. und Jan.

SIENA

Antica Osteria da Divo €€

Man kann sich wohl kaum illustrere Speiseräume als die des Da Divo vorstellen, etwas westlich vom Dom gelegen. Die einzigartigen Gewölberäume, stimmungsvoll beleuchtet und mit edlen, dunklen Stoffen geschmückt, gehen auf das frühe Mittelalter zurück. Die feine toskanische Küche bietet u. a. Hasenterrine mit frischem Pecorinokäse oder Safranrisotto mit Spargel.

✠ 200 B3 ✉ Via Franciosa 25 ☎ (0577) 28 60 54 ◉ tägl. 12.30 bis 14.30, 19.30–22.30 Uhr; geschl. Di Nov.–April; So Mai–Okt.

Antica Trattoria Botteganova €€€

Die göttlichen Speisen in dem eleganten Restaurant brachten der Trattoria einen Michelin-Stern ein – allerdings müssen Sie eine Strecke zurücklegen, um in deren Genuss zu kommen. Das Restaurant finden Sie an der SS408, nördlich der Stadt. Zu den Spezialitäten hier zählen *tortelli di pecorino con fonduta di parmigiano e tartufo* (mit Käse gefüllte Pasta an Trüffelsauce). Auch die Mittagsgerichte (eine kleinere, aber preiswertere Auswahl) bieten eine ähnlich hohe Qualität.

✠ 201 bei E5 ✉ Via Chiantigiana 29, bei Viale Pietro Toselli ☎ (0577) 28 42 30 ◉ 12.30–14.30, 19.30–22.30 Uhr; geschl. So, im Jan. und Juli–Aug.

Antica Trattoria Papei €€

Die kleine Trattoria am Marktplatz hinter dem Campo erhält zu Recht viel Lob für ihre gute toskanische Küche zu günstigen Preisen. Im Sommer kann auf der Terrasse speisen.

✠ 201 D2 ✉ Piazza del Mercato 6 ☎ (0577) 28 08 94 ◉ 12.30–14.30, 19.30–22.30 Uhr; geschl. Mo

Le Logge €€

Eines der schönsten toskanischen Restaurants in einer ehemaligen Apotheke aus dem Mittelalter in der Nähe des Campo: Die Qualität der Küche ist leider wechselhaft – bei Gelingen aber sehr gut. Sogar ein Kochbuch mit den Rezepten des Hauses wurde veröffentlicht.

✠ 201 D2 ✉ Via del Porrione 33 ☎ (0577) 480 13 ◉ 12.30–14.30, 19.30–22.30 Uhr; geschl. So und zeitweise im Juni und Nov.

Al Marsili €€

Das Al Marsili macht dem Da Divo in der gehobenen Preisklasse gehörige Konkurrenz. Es hat sich einiges von seinem mittelalterlichen Dekor bewahrt, v. a. die gemauerten Gewölbedecken im Speiseraum. Das Essen ist eine Mischung aus toskanischen Gerichten und ausgefalleneren Kompositionen wie *cinghiale* (Wildschwein) oder *faraona alla Medici* (Perlhuhn mit Mandeln, Pinienkernen und Pflaumen).

✠ 200 C2 ✉ Via del Castoro 3 ☎ (0577) 471 54; www.ristorantealmarsili.it ◉ 12.30–14.30, 19.30 bis 22.30 Uhr; geschl. Mo

VOLTERRA

Da Badò €

Die beliebte, traditionsreiche Trattoria wird von zwei Brüdern betrieben – und ihre Mutter steht in der Küche am Herd. Suppen wie *zuppa alla volterrana* und herzhafte Hauptgerichte wie *cinghiale* (Wildschwein) sind ausgezeichnet.

✠ 196 C3 ✉ Borgo San Lazzaro 9 ☎ (0588) 864 77 ◉ 12.30–14.30, 19.30–22.30 Uhr; geschl. Mi, Juli und die ersten 10 Tage im Sept.

Wohin zum …
Einkaufen?

In dieser Region lässt es sich am besten in Siena, v. a. rund um die Via di Città, die Banchi di Sopra und Banchi di Sotto einkaufen.

Zum Einkaufen empfehlen sich besonders **Lebensmittel**, v. a. Olivenöl und *panforte*, ein mit Zimt und anderen Zutaten gewürzter Kuchen. Die Antica Drogheria Manganelli 1879 (Via di Città 71–73, Tel. (0577) 28 00 02; Mi nachmittags geschl.) hat Lebensmittel, Weine und Schnaps im Angebot. Die nahe gelegene Pizzicheria di Miccoli (Via di Città 95) ist fast genauso gut und bietet besonders guten Käse, Salami oder Schinken – ideal fürs Picknick. Für ein Picknick kann man auch auf La Lizza einkaufen, dem wichtigsten Markt von Siena, der jeden Mittwochmorgen nördlich der Stadt, oberhalb der Piazza Matteotti und der Piazza Gramsci, stattfindet. Gute **Weine** bekommt man in der Enoteca Italiana (Fortezza Medicea, Tel. (0577) 28 84 97), wo in den alten Kellern der Medici-Burg rund 750 der besten italienischen Weinsorten lagern.

Geschenke und Haushaltartikel gibt es bei Negozìa dell'Arte (Via di Città 96, Tel. (0577) 28 60 78) und Ceramiche Santa Caterina (Via di Città 74–76, Tel. (0577) 28 30 98).

In der Region fährt man an etlichen Weingütern vorbei, die Wein direkt verkaufen. Eine gute Auswahl an Classico Gallo Nero-Weinen, Olivenöl und Essig gibt es in der **Enoteca del Gallo Nero** in Greve (Piazzetta Santa Croce 8, Tel. (055) 85 32 97).

Wohin zum …
Ausgehen?

Im verschlafenen Siena und den Hügeln des Chianti tobt das Nachtleben nicht gerade in Nachtclubs oder Bars. Die Unterhaltung in dieser Gegend ist v. a. kultureller Natur wie z. B. der Palio (► 26f) in Siena. In Siena sind auch einige Musikorganisationen aktiv, die klassische Konzerte und im Sommer Jazz- und andere Festivals organisieren. Wenden Sie sich an die **Accademia Chigiana** (Tel. (0577) 220 91; www.chigiana.it) oder die Touristeninformation (► 41), um Auskünfte über die jährlich wechselnden Veranstaltungen zu erhalten.

Die Touristeninformation ist auch die beste Adresse für die Fülle von kleinen Festen, die sich um Essen, Wein, religiöse oder historische Ereignisse drehen. Zu den größeren Feiern, bei denen die Unterkünfte oft ausgebucht sind, gehören das **Giostra del Saraceno** in Arezzo, ein mittelalterliches Turnier, das zweimal jährlich Mitte Juni und in der ersten Septemberwoche stattfindet, sowie das **Festival di San Gimignano**, ein großes Opern-, Klassik- und Kunstfestival, das alljährlich zwischen Ende Juni und Oktober gefeiert wird.

In **Arezzo** wird am ersten Sonntag jedes Monats ein beliebter Antiquitätenmarkt und im August ein renommiertes Chormusikfestival ausgerichtet.

Cortona veranstaltet jedes Jahr Ende Mai das Giostra dell'Archidado, ein stimmungsvoller Wettkampf im Armbrustschießen (in mittelalterlichen Kostümen).

Südliche Toskana

Erste Orientierung

Nirgendwo ist die Toskana schöner als im Süden: Die idyllischen Landschaften südlich von Siena sind lieblicher und vielfältiger als die Region um das Chianti oder die bergigen Gebiete im Norden – und überall verstreut liegen hier alte Abteien, einladende historische Städtchen und winzige Dörfer.

Wer nur wenig Zeit hat, sollte die Gegend direkt südlich von Siena besuchen: Hier findet man die typisch toskanische Landschaft mit Olivenhainen, steinernen Bauernhäusern, wogenden Weizen- und Sonnenblumenfeldern und beschaulichen Weinbergen oder zypressenbedeckten Hügeln. Einige der schönsten Kleinstädte und Dörfer der Region liegen ebenfalls hier: das für seinen Rotwein berühmte Montalcino, das kleine Renaissancejuwel Pienza und Montepulciano, ein stolzes, historisches Dorf mit Festung und spektakulärer Aussicht. In allen drei Orten kann man gut übernachten, wobei Montalcino die erste Wahl wäre, da es unweit zweier interessanter Abteien liegt, Sant'Antimo und Monte Oliveto Maggiore.

Weiter südlich, unterhalb des Val d'Orcia, wird die Landschaft höher, wilder und unberührter. Besonders schön ist die Gegend rund um Monte Amiata, den höchsten Punkt der südlichen Toskana: Ein mit Buchen bewaldeter Berg, der von einem Kranz kleiner Dörfer und Weiler umgeben ist. Noch etwas südlicher verändert die Toskana erneut ihr Erscheinungsbild, sie wird flacher und etwas eintöniger. Größere Küstenstädte wie

Oben: Die Kirche Madonna di San Biagio in Montepulciano

Vorhergehende Seite: Landschaft bei Pienza

★ # Nicht verpassen!

1 **Abbazia di Monte Oliveto Maggiore** ➤ 130
4 **Pienza** ➤ 132
5 **Montepulciano** ➤ 135
7 **Montalcino und Sant'Antimo** ➤ 138

Nach Lust und Laune!

2 Buonconvento ➤ 142
3 San Quirico d'Orcia ➤ 142
6 Bagno Vignoni ➤ 143
8 Monte Amiata ➤ 143
9 Abbadia San Salvatore ➤ 144
10 Sovana ➤ 144
11 Pitigliano ➤ 145

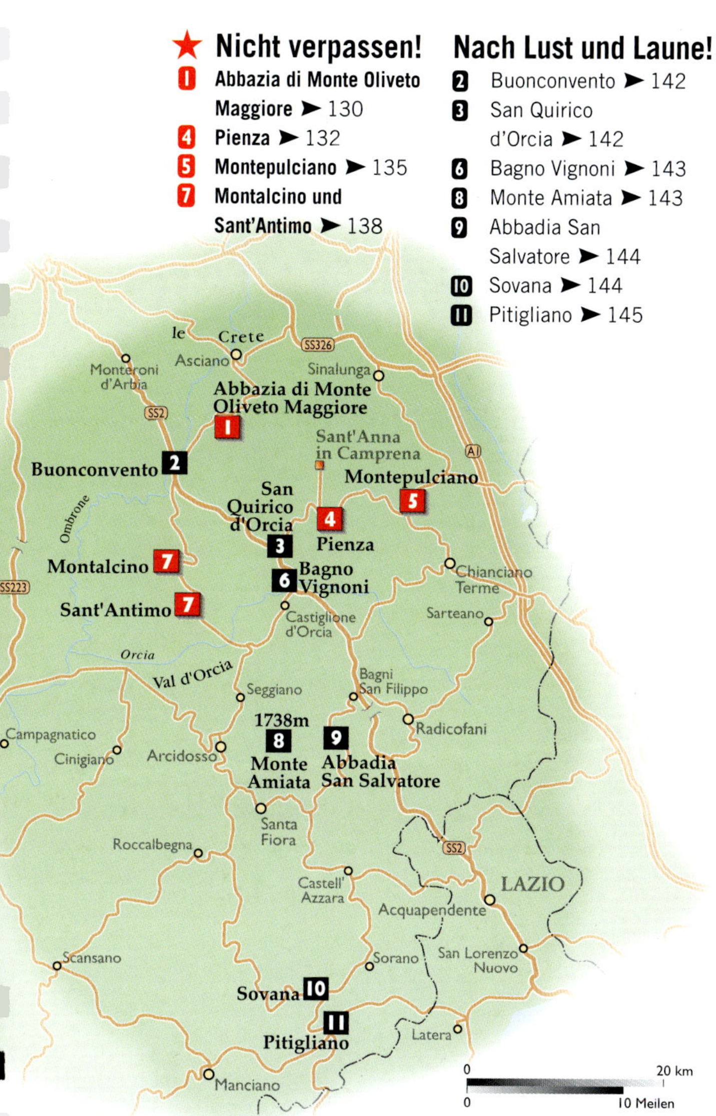

Grosseto und Piombino wirken glanzlos, und die Küste in diesem Bereich hat um einiges weniger zu bieten als das reizvolle Landesinnere. Der kleine Ferienort Castiglione della Pescaia und die Marina di Alberese (beide nur etwa 20 Kilometer von Grosseto entfernt) eignen sich am besten für einen Nachmittagsausflug an den Strand. Wenn die Zeit knapp ist, sollte man eher das kleine historische Dorf Sovana und das spektakulär gelegene Pitigliano besuchen: Beide befinden sich aber tief im Süden, rechnen Sie also mit einem längeren Anfahrtsweg.

Die wunderschöne, wilde Landschaft der südlichen Toskana lädt zur Erkundung mit dem Auto ein. Ausgangspunkt ist die Abbazia di Monte Oliveto Maggiore.

Die südliche Toskana in zwei Tagen

Erster Tag

Vormittags

Von San Gimignano, Montalcino oder Siena aus fahren Sie in Richtung Südosten, entweder auf der SS2 (Via Cassia) oder der Panoramastrecke SS438 von Siena durch die Crete-Hügel nach Asciano. Biegen Sie von der SS2 bei Buonconvento oder der SS438 bei Montecontieri zur **❶ Abbazia di Monte Oliveto Maggiore** (➤ 130f, rechts) ab.

Mittagessen

Fürs Mittagessen oder einen Snack bietet sich das **Café der Abtei** an – oder Sie picknicken einfach.

Nachmittags

Planen Sie eine gute Stunde für das mittelalterliche Stadtzentrum von **❷ Buonconvento** (➤ 142) ein, anschließend zwei bis drei Stunden in **❹ Pienza** (➤ 132ff). Fahren Sie dann zum Übernachten nach **❺ Montepulciano** (➤ 135ff) weiter.

Zweiter Tag

Vormittags

Reisen Sie von Montepulciano nach **❻ Bagno Vignoni** (➤ 143), und schauen Sie sich das Dorf (unten) zusammen mit dem Castiglione d'Orcia sowie die

anderen Dörfer und die liebliche Landschaft rund um **7 Montalcino** (oben) an. Erkunden Sie dann **Sant'Antimo** (➤ 138ff, rechts: Fresko in der Abtei von Sant'Antimo).

Mittagessen
Das Grappolo Blu in Montalcino ist ideal fürs Mittagessen (➤ 148).

Nachmittags
Nachmittags fahren Sie weiter nach Süden, um dem **8 Monte Amiata** (➤ 143f) inmitten einer rauen Landschaft einen Besuch abzustatten. Eine längere Fahrt führt zu den malerischen Dörfern **10 Sovana** (➤ 144f, unten) und **11 Pitigliano** (➤ 145). In Sovana bietet sich eine Übernachtung an (➤ 149).

Abbazia di Monte Oliveto Maggiore

Die Abtei von Monte Oliveto Maggiore liegt in malerischer Einsamkeit an einem Berghang inmitten von Eichen, Pinien, Zypressen und Olivenbäumen. Die Schönheit der Lage setzt sich im Charme der alten Gebäude fort – und in den großartigen Kunstwerken wie dem Freskenzyklus aus der Renaissance über das Leben des hl. Benedikt von Sodoma und Luca Signorelli.

Die Abtei Monte Oliveto Maggiore verdankt ihre Entstehung Bernardo Tolomei (1272 bis 1348), Mitglied einer wohlhabenden Familie aus Siena, der sein weltliches Leben aufgab, nachdem er erblindet und ihm die Jungfrau Maria erschienen war (die Familiengräber der Tolomei sind in der Kirche San Francesco in Siena zu besichtigen ➤ 101).

Bernardo zog sich mit zwei Gefährten in die Berge zurück, und zwar an den heutigen Standort der Abtei – und begann mit dem Aufbau einer Benediktinerklause, die 1320 nach sechs Jahren fertiggestellt wurde. 1344 erkannte Papst Clemens VI. die Anhängerschaft Tolomeis, Olivetaner oder Weiße Benediktiner genannt, an. Diese Splittergruppe wollte zu den bescheidenen Ursprüngen des Benediktinerordens zurückfinden. Später allerdings wurden die Olivetaner diesem Anspruch nicht gerecht, denn die Abtei stieg zu großem Reichtum auf.

Sehenswürdigkeiten

Monte Oliveto dient bis heute als Abtei, große Teile der ausgedehnten Klosteranlagen sind daher für Besucher geschlossen. Die Hauptattraktion ist jedoch frei zugänglich: der **Choistro Grande** (1426–43), oder Großer Kreuzgang, mit seinem Freskenzyklus von Sodoma und Luca Signorelli, der das Leben des hl. Benedikt, des Begründers des Benediktinerordens, darstellt. Der Mailänder Künstler Sodoma schuf den größten Teil der Fresken zwischen 1505 und 1508 – insgesamt 27 Tafeln. Diese ergänzten die acht Freskentafeln, die Luca Signorelli aus Cortona (➤ 111ff) bereits im Jahr 1498 angefertigt hatte. Der Zyklus beginnt auf der Ostwand, rechts der Tür zur Abtei-

Der Große Kreuzgang von Monte Oliveto Maggiore mit Fresken von Sodoma und Luca Signorelli

ABBAZIA DI MONTE OLIVETO MAGGIORE: INSIDER-INFO

Top-Tipps: Man erreicht die Abtei bequem von Buonconvento aus, neun Kilometer südwestlich auf der Straße SS451. Den **schönsten Blick aus der Ferne** auf die Abtei haben Sie jedoch, wenn Sie auf dieser Straße weiterfahren, bis Sie etwa einen Kilometer nach der Abtei auf die erste größere Kreuzung treffen, und dort rechts nach Chiusure abbiegen: Von hier kann man auf das Kloster blicken.
• Planen Sie ein, dass die Abtei **mittags** für über drei Stunden **schließt**.

kirche. Wer sich nicht sehr genau im Leben des hl. Benedikt auskennt, wird die auf den Fresken dargestellte Geschichte schwer verstehen können, aber allein die vielen zeitgenössischen Details machen sie unbedingt sehenswert. Die Kirche der Abtei ist bis auf die prächtigen Holzeinlegearbeiten im Chor (1503–05) weniger beeindruckend.

KLEINE PAUSE

Für Erfrischungen sorgt ein **Café** in der Abtei. Das schöne Abteigelände selbst oder Aussichtspunkte entlang der Straße N 451 eignen sich hervorragend für ein **Picknick**.

✚ 197 D2　✉ bei Chiusure　☎ (0577) 70 76 11　🕐 tägl. 9.15–12, 15.15 bis 17.45 Uhr (Okt.–April bis 17 Uhr); Nov.–Feb. Bibliothek wochentags geschl. ✋ frei

Abenddämmerung über der Hügellandschaft rund um die Abtei

Pienza

Obwohl Pienza zu den kleinsten Städtchen der Toskana zählt, ist es auf seine Art unvergleichlich und unvergesslich. Dieses Kleinod aus dem Mittelalter und der Renaissance liegt inmitten einer der schönsten Landstriche der Region.

Bis zum Jahre 1459 hieß Pienza noch Corsignano. Dann beschloss Enea Silvio Piccolomini, besser bekannt als Papst Pius II., seinen Geburtsort in eine Renaissancestadt umzuwandeln. Er starb, bevor er seinen ehrgeizigen Plan in die Tat umsetzen konnte. Bis dahin waren aber bereits eine Kathedrale voller Kunstwerke und einige Paläste errichtet sowie die große zentrale Piazza, die Piazza Pio II, angelegt worden. Weitere Sehenswürdigkeiten sind ein kleines, aber interessantes Museum, zwei Kirchen aus dem Mittelalter – und der Ausblick.

Blick von der Stadtmauer auf den Dom von Pienza

Die Vision der Renaissance

Pienza besteht aus wenig mehr als einem Labyrinth kleiner Gassen und einer Hauptstraße, dem **Corso Rossellino**, der seinen Namen dem Architekten Bernardo Rossellino verdankt, den Papst Pius mit seinem Plan beauftragt hatte. Der Corso teilt das Dorf in einen westlichen und einen östlichen Teil, führt an der Piazza Pio II vorbei, wo sich der von zwei Säulen flankierte **Pozzo dei Cani**, ein Renaissancebrunnen mit einem klassischen Fries, befindet. Die den Platz säumende Bebauung wurde als harmonisches Gesamtensemble angelegt und vermittelt einen kleinen Eindruck davon, wie die Stadt ausgesehen hätte, hätte Pius seine Vision verwirklichen können.

Das Wappen Papst Pius' II. – eine Girlande aus Früchten – schmückt die **Domfassade** (1462). Im Innern der Kirche hängen fünf prächtige Gemälde, die Pius bei fünf bekannten

Das Innere des Doms von Pienza wurde nach Vorbildern deutscher Kirchen gestaltet, die Papst Pius II. besucht hatte

Der Pozzo dei Cani, ein Brunnen aus der Renaissance, steht auf der Piazza Pio II

Malern aus Siena in Auftrag gab. Am schönsten ist die **Himmelfahrt** von Vecchietta, die Papst Pius I. zusammen mit den Heiligen Agatha, Callistus und Katharina von Siena zeigt. Das Gemälde ist in der vierten Kapelle der Apsis zu sehen.

Rechts vom Dom erhebt sich der **Palazzo Piccolomini**, die päpstliche Residenz von Pius, in der bis 1962 seine Nachfahren lebten. Eine Besichtigung führt Sie durch die prächtigen Wohnräume, die Bibliothek, das Musikzimmer, den Salon und das päpstliche Schlafzimmer. Zu den sehenswertesten Räumen gehört die **Sala d'Armi**, die Waffenkammer mit mittelalterlichem Kampfgerät. Ebenso beeindruckend ist die Aussicht von der rückseitigen Loggia.

An der Ostseite der Piazza Pio II steht der Palazzo Borgia (auch als Palazzo dei Vescovi bekannt). Hier ist das **Museo Diocesano**, eine umfassende und vielfältige Sammlung von Gemälden, Skulpturen, Teppichen und Porträtbüsten sowie anderen Schätzen aus dem Mittelalter und der Renaissance untergebracht. Zu den Schmuckstücken zählt ein reich bestickter, englischer *piviale* (Chormantel), den Pius einst trug.

Das östliche und westliche Pienza

Von der Piazza Pio II aus sollte man die kleinen Gassen im Osten, v. a. die engen Gässchen, die hinter dem Dom auf der nach Süden liegenden Stadtmauer verlaufen, erkunden. Der Blick auf den Monte Amiata ist überwältigend. Im Westen führt der Corso Rossellino zur **San Francesco**, einer gotischen Kirche aus dem späten 13. Jahrhundert. Die Pfarrkirche **Pieve di Corsignano** (10. Jahrhundert) liegt rund zehn Minuten Fußweg von der Piazza Dante entfernt.

Die Aussicht von der Stadtmauer Pienzas ist außergewöhnlich

KLEINE PAUSE

Falco auf der Piazza Dante ist für bodenständige Küche bekannt.

Duomo

✚ 197 E2 ✉ Piazza Pio II ☎ kein Anschluss 🕐 tägl. 8–13, 15–19 Uhr; während Gottesdiensten geschl. ✋ frei

Palazzo Piccolomini

✚ 197 E2 ✉ Piazza Pio II ☎ (0578) 74 85 03 🕐 Mitte Dez.–Mitte Nov. Di bis So 10–12.30, 15–18 Uhr; letzte Führung jeweils 12 und 17.30 Uhr ✋ mittel

Museo Diocesano

✚ 197 E2 ✉ Corso Rossellino 30–Piazza Pio II ☎ (0578) 74 99 05 oder (0578) 74 90 71 🕐 Mitte März–Okt. Mi–Mo 10–13, 15–18.30 Uhr; Nov. bis 9. Jan. Fr–So 10–18 Uhr; 10. Jan.–Mitte März Sa–So 10–13, 15 bis 18 Uhr ✋ mittel

PIENZA: INSIDER-INFO

Top-Tipps: Im Sommer wimmelt es in Pienza von Tagesausflüglern aus Florenz und Siena, daher sollten Sie die Stadt früh am Tage besuchen oder besser noch hier übernachten. Dafür bietet sich das gute, **zentral gelegene Hotel** an (➤ 147).

• Im Ortszentrum von Pienza gibt es keine **Parkmöglichkeit**. Da die Stadt winzig ist, können Sie den Wagen ruhig außerhalb der Stadtmauern, westlich der Piazza Dante oder auf dem Parkplatz im Norden an der Via Mencatelli unweit des Largo Roma abstellen. Der Largo liegt an der Viale Enzo Mangiavacchi, einer Straße, die von der Piazza Dante aus östlich rund um die Stadtmauer führt.

• Wenn Sie Zeit haben, sollten Sie sich unbedingt die **Ruinen und öffentlichen Gärten**, die außerhalb des Ortsgebietes liegen, westlich der Piazza Dante ansehen. Dort haben Sie eine grandiose Aussicht auf die Umgebung.

Außerdem: Die Landschaft rund um Pienza ist sehr reizvoll. Eine sehr schöne Strecke führt zur Abtei Sant'Anna in **Camprena**, die acht Kilometer nördlich der ausgeschilderten Straße nach San Quirico liegt. Das Refektorium der Abtei enthält Fresken von Sodoma, dessen Arbeit man auch in der Abtei von Monte Oliveto Maggiore (➤ 130) bewundern kann. Die Abtei ist für Besucher im Sommer täglich geöffnet; ein vorheriger Anruf (Tel. (0578) 74 83 03) ist aber empfehlenswert; informieren Sie sich auch bei der Touristeninformation in Pienza.

5

Montepulciano

Montepulciano ist eine schöne und typisch toskanische Stadt. Der hoch gelegene Ort bietet herrliche Ausblicke. Sehenswert sind außerdem Kunst und Architektur, darunter eine der schönsten italienischen Renaissancekirchen – San Biagio. Außerdem verirren sich wenige Touristen hierher und man kommt in den Genuss des Vino Nobile, einer der besten Rotweine der Region.

Die Kirche San Biagio liegt außerhalb von Montepulciano

Montepulciano lockt mit vielen Sehenswürdigkeiten, ist aber nicht einfach zu erkunden: Die Stadt liegt nämlich auf einer steilen und schmalen Bergkuppe. Die Hauptstraße schlängelt sich von der Piazza Sant' Agnese zur Piazza Grande steil bergauf bis zur Festung, die sich auf 605 Metern Höhe befindet. Machen Sie sich also auf einen beschwerlichen Fußweg gefasst.

Am Corso entlang

Dieser Spaziergang beginnt an der Piazza Sant'Agnese und führt zur Piazza Grande, fraglos der Höhepunkt dieser Tour. Am ersten Platz besichtigen Sie die **Kirche Sant'Agnese** mit ihren zahlreichen Gemälden aus dem 14. Jahrhundert. Gehen Sie weiter durch die Porta al Prato, wo der **Corso** seinen Anfang nimmt, der Sie unweigerlich zum höchsten Punkt der Stadt führt. Auf dem Platz gleich hinter dem Tor steht die **Colonna del Marzocco**, eine Säule, die vom Marzocco-Löwen, dem florentinischen Wappentier, gekrönt wird (➤ 64). Montepulciano stand ab 1511 unter florentinischer Herrschaft. In dieser Zeit erhielt Antonio da Sangallo der Ältere den Auftrag, die Befestigungsanlagen der Stadt auszubessern sowie mehrere Palazzi zu restaurieren oder neu zu errichten. Seine Arbeit wurde von seinem Neffen, Antonio da Sangallo dem Jüngeren, und später von Jacopo Vignola, einem berühmten Architekten der frühen Barockzeit, fortgeführt.

Die Porta al Prato und der Palazzo Cocconi (Nr. 70 am Corso) werden von Fachleuten Sangallo dem Älteren zugeschrieben. Vignola gestaltete wahrscheinlich den Palazzo Tartugi (Nr. 82) und den Palazzo Avignonesi (Nr. 91). Als schönster Palazzo am Corso gilt der **Palazzo Bucelli** (Nr. 73), der auf etruskischen Fundamenten steht. Im 17. Jahrhundert lebte hier Pietro Bucelli, ein fleißiger Antiquitätensammler. An der Piazza Michelozzo erhebt sich die Kirche Sant'Agostino aus dem 13. Jahrhundert. Die Fassade wurde von Michelozzo, einem der Lieblingsarchitekten der Medici, um 1429 gestaltet. Gegenüber erhebt sich die **Torre di Pulcinella**, ein mittelalterlicher Turm mit Stadthaus: Pulcinella, eine Clownsfigur, schlägt zur vollen Stunde die Glocke.

Nach 100 Metern erreicht man die Piazza dell' Erbe und die Loggia del Mercato aus der Renaissance. Biegen Sie hier rechts ab und danach links in die Via di Poggiolo: Der Weg führt Sie vorbei an der Kirche San Francesco und dann am **Museo Civico**, in dem Gemälde, mittelalterliche Skulpturen und andere Kunstwerke ausgestellt werden.

Die winzige Clownsfigur, Pulcinella, schlägt zur vollen Stunde die Glocke der mittelalterlichen Turmuhr

---

MONTEPULCIANO: INSIDER- INFO

Top-Tipps: Bei Ihrem Besuch in Montepulciano sollten Sie nicht vergessen, eine oder zwei Flaschen des berühmten **Vino Nobile** (Rotwein) in einem der vielen Weinhandlungen zu kaufen (➤ 150).

Außerdem: Außerhalb der Mauern von Montepulciano steht die Renaissancekirche **San Biagio**, das Meisterwerk von Antonio da Sangallo dem Älteren. Zu erreichen ist sie von der Via Ricci, über die Porta dei Grassi und die Via di San Biagio – 15 Minuten bergab. Als man 1518 mit dem Bau der Kirche begann, wurde sie nur von der Peterskirche in Rom übertroffen. Die Lage und die honigfarbene Fassade der Kirche sind herrlich, das Innere ist eher schlicht zu nennen.

Piazza Grande und der Dom

Kurz darauf öffnet sich die Via Ricci zur großartigen Piazza
Grande, die vom Duomo und mehreren Palazzi gesäumt wird.
Dazu gehören u. a. der **Palazzo Cantucci**; hier und auch an-
derswo in der Stadt wird der Vino Nobile di Montepulciano
(► 24) verkauft. Sie können auch den Turm des gotischen
Palazzo Comunale aus dem 13. Jahrhundert erklimmen – die
Öffnungszeiten schwanken, meist Mo–Sa am Vormittag.

Hauptsehenswürdigkeit der Piazza ist jedoch der **Duomo**.
Hinter der schlichten Fassade verbirgt sich eines der schönsten
Altarbilder der Toskana, Taddeo di Bartolos *Himmelfahrt* (1401).
Das Baptisterium ist reich geschmückt mit Reliefs und Skulp-
turen verschiedenster Künstler des Mittelalters und der Renais-
sance, darunter Andrea della Robbia und Benedetto da Maiano.
Besichtigen Sie auch die Fragmente des von Michelozzo gestal-
teten Grabs (1427–36) des Humanisten Bartolomeo Aragazzi.

KLEINE PAUSE

Das elegante **Caffè Poliziano** (► 149) oder das **La Grotta**,
direkt vor der Stadt, eignen sich bestens für ein Mittagessen.

Museo Civico e Pinacoteca 'PF Crociani

✚ 197 E2 ✉ Palazzo Neri-Orselli, Via Ricci 10 ☎ (0578) 71 73 00
🕓 Aug. tägl. 10–19 Uhr; April–Juli und Sept–Okt. Di–So 10–13, 15–19 Uhr;
Nov.–März 10–13, 15–18 Uhr ✋ mittel

7

Montalcino und Sant'Antimo

Wie viele toskanische Städte erhebt sich auch Montalcino auf einem Hügel inmitten idyllischer Landschaft: Von hier oben hat man eine tolle Aussicht. Die Stadt ist fast völlig unverbaut, die Rotweine – Brunello und Rosso di Montalcino – gehören zu den besten Weinen Italiens, und die wenigen Hotels und Restaurants sind erstklassig. In der Nähe liegt die schöne Abtei Sant'Antimo.

Montalcino ist eine der ältesten toskanischen Städte und geht auf eine paläolithische oder etruskische Siedlung zurück. Erstmals wurde die Stadt 814 n. Chr. schriftlich erwähnt, und zwar auf einem Schriftstück von Ludwig dem Frommen, Sohn Karls des Großen, das der Abtei von Sant'Antimo Landbesitz zugestand. Berühmtheit erlangte Montalcino 1555, weil es sich als letzte Stadt der Republik Siena Florenz ergab. Im Gedenken an diese heroische Tat führen Fahnenträger aus Montalcino heute noch die dem Palio in Siena vorausgehende Parade an (► 26).

Spaziergang durch Montalcino

Beherrscht wird das Stadtbild von der **Rocca** (oder *fortezza*), einer mächtigen Burganlage aus dem 14. Jahrhundert, die sich am südlichen Stadtrand erhebt. Im Bergfried ist eine viel besuchte *enoteca* (Weinlokal) untergebracht, wo man einheimischen Wein probieren und kaufen kann. Allerdings sollte man daran denken, dass es preiswertere Weinlokale gibt. Der (niedrige) Eintrittspreis, um die Festungsmauer zu besichtigen, lohnt sich. Von hier oben hat man einen wunderbaren Blick über die Crete, eine Landschaft mit kahlen Hügeln, und (auf der anderen Seite) über die bewaldeten Hänge des Val d'Orcia.

Die auf einem Hügel errichtete Medici-Burg überragt Montalcino

Von der Burg führt Sie der Weg nordöstlich auf der Via Panfilo weiter, biegen Sie dann links in die Via dell'Oca ab. Nach einer kurzen Strecke erreichen Sie die Piazza Garibaldi und die alte Kirche **Sant'Egido**. Gehen Sie von der Piazza aus in Richtung Norden, links vorbei an der kleinen Touristeninformation und zur **Piazza del Popolo**, dem zentralen Platz der Stadt, der vom Palazzo Comunale (1292) dominiert wird. Am Platz befindet sich auch ein schönes Café (► 148).

Um das hervorragende **Museo Civico** zu besuchen, gehen Sie den Weg zurück und biegen nach der Touristeninformation in die erste Gasse rechts hinein. Folgen Sie dort den Stufen hinauf und gehen dann weiter geradeaus, vorbei an der Kirche

Sant'Agostino (14. Jh.). Werfen Sie einen kurzen Blick in die Kirche, in der es zahlreiche schöne Fresken aus dem Mittelalter gibt. Planen Sie dann für den Besuch im gegenüberliegenden Museum rund eine Stunde ein. Zur Ausstellung gehören Gemälde aus dem 14. und 15. Jahrhundert, u. a. von Sano di Pietro, sowie einige Bibelexemplare (12. Jh.) und ein Kruzifix aus Sant'Antimo (12. Jh.).

Nach dem Museumsbesuch sollten Sie sich etwas Zeit nehmen und einfach nach Lust und Laune umherschlendern. Wenn Sie z. B. der Via Spagni nordwärts folgen, vorbei am 1832 umgestalteten Duomo, erreichen Sie die Kirche **Santuario della Madonna del Soccorso** aus dem 17. Jahrhundert, die rechts von einem Park (an der Viale Roma) flankiert wird.

Von hier aus können Sie den nördlichen und östlichen Stadtrand erkunden: Folgen Sie der Via Mazzini von der Piazza Cavour am Ende der Viale Roma zurück zur Piazza del Popolo, oder nehmen Sie eine der kleinen Gassen zur Fonte Castellane, einem mittelalterlichen Waschhaus, und zur nahe gelegenen ehemaligen Kirche San Francesco.

Sant'Antimo

Egal, wie lange Sie in Montalcino bleiben: Auf keinen Fall sollten Sie einen
mehrstündigen Besuch in **Sant'
Antimo** versäumen, einer Abtei, die
inmitten einer herrlichen Landschaft
etwa zehn Kilometer südlich der Stadt
(von der Hauptstraße ausgeschildert)
liegt. Schon alleine ihre Lage inmitten
zeitlos wirkender, idyllischer Olivenhaine und bewaldeter Hügel lohnt den
Besuch. Aber die Abtei bietet auch viel
interessante Historie und eine ausgezeichnete Architektur.

Der Ursprung der Abtei ist sagen-
umwoben: So soll Karl der Große, Kaiser des Heiligen Römischen Reiches,
die Abtei im Jahre 781 gegründet
haben. Als er, mit seinen Truppen aus
Rom kommend, hier vorbeimar-
schierte, sollen seine Männer von
einer geheimnisvollen Krankheit
befallen worden sein. Der Kaiser ver-
sprach Gott, dass er an dieser Stelle eine Kirche bauen werde,
wenn seine Männer gesunden würden. Als die Armee in der
Nähe der heutigen Abtei die Zelte aufschlug, soll Gott Karl dem
Großen in einem Traum erschienen sein, der ihm riet, seinen
Männern einen Trunk aus Kräutern und Wein zu geben. Das
Heilmittel wirkte, und so wurde die Abtei von Sant'Antimo
gebaut. So viel zu dieser Legende. Wahr ist allerdings, dass

Der Chorum-
gang rund um
den Hochaltar
von Sant'
Antimo

MONTALCINO UND SANT'ANTIMO: INSIDER-INFO

Top-Tipps: Versuchen Sie nicht, im Zentrum von Montalcino **zu parken.** Am besten ist es, den Wagen auf dem großen Parkplatz an der Via Aldo Moro an der südlichen Stadteinfahrt unterhalb der Fortezza abzustellen. Von hier sind es nur zwei
oder drei Minuten Fußweg zum Stadtzentrum.

• Wenn Sie ausreichend Zeit haben, könnten Sie den Besuch der **Abtei von Sant'
Antimo** auch mit einer längeren Fahrt zum Monte Amiata und dem äußersten
Süden der Region (➤ 143f) oder mit einer Tour durch die kleinen Dörfer des Val
d'Orcia verbinden: Castiglione d'Orcia, Rocca d'Orcia und Campiglia d'Orcia.
Diese Strecke wäre auch als Teil einer Fahrt nach Pienza (➤ 132ff) und
Montepulciano im Osten vorstellbar (➤ 135ff).

• Sant'Antimo wurde fast 500 Jahren lang nicht genutzt; heute wohnt hier eine
kleine Gemeinschaft französischer Mönche. Sonntägliche **Gottesdienste** werden in
der Abtei oft von schönen gregorianischen Gesängen begleitet.

• Die preisgünstigsten Weine, ob **Brunello** oder **Rosso di Montalcino**, gibt es nicht
in den vielen Weinhandlungen der Stadt, sondern im örtlichen Co-op Supermarkt,
am westlichen Stadtrand zwischen Via Ricasoli und Via della Libertà, zu kaufen.

Außerdem: Das **Wappen** von Montalcino zeigt eine Steineiche oberhalb von
sechs Hügeln – ein Hinweis auf die Ableitung des Stadtnamens. *Mons Ilcinus*
bedeutet auf lateinisch »Hügel der Steineiche«.

Papst Hadrian I. im Jahre 781 n. Chr. Karl den Großen mit Reliquien des hl. Antimo beschenkte, eben jenen Reliquien, die heute in der Abtei verehrt werden. Außerdem wird die Abtei in einer Urkunde aus dem Jahr 814 erwähnt, in der Karls Sohn, Ludwig der Fromme, der Abtei Ländereien zuspricht.

Teile der alten Kirche aus dem 9. Jahrhundert existieren noch, doch der Großteil des heutigen Anwesens stammt aus dem 12. Jahrhundert. Für den Neubau nahm man sich die Mutterkirche der Benediktiner im französischen Cluny zum Vorbild. Sant'Antimos basilikaler Grundriss, ein Chorumgang und davon abgehende Kapellen, ist ungewöhnlich in der Toskana. Das Innere der Abtei und die Fassade sind atemberaubend: Das schlichte romanische Gebäude ist mit schönen Verzierungen geschmückt, v. a. das Kapitell der zweiten Säule rechts im Kirchenschiff fällt auf – es zeigt Daniel in der Höhle des Löwen.

In der Fiaschetteria Italiana in Montalcino kann man hervorragend Wein kaufen oder sich einfach vom Sightseeing erholen

KLEINE PAUSE

Die **Fiaschetteria Italiana** ist ein hübsch eingerichtetes Café; in der **Taverna dei Barbi** (► 148) gibt es auch kräftigere Speisen.

Touristeninformation

✠ 197 D2 ✉ Costa del Municipio 8 ☎ (0577) 84 93 31; www.prolocomontalcino.it 🕐 Di–So 10–18 Uhr

Fortezza

✠ 197 D2 ✉ Piazzale della Fortezza ☎ (0577) 84 92 11 🕐 April–Okt. tägl. 9–20 Uhr; Nov.–März Di–So 9–18 Uhr ✋ Festung und *enoteca*: frei; Burgmauer: preiswert (Kombiticket mit Museo Civico erhältlich)

Museo Civico e Diocesano d'Arte Sacra

✠ 197 D2 ✉ Ex-convento di Sant'Agostino, Via Ricasoli 31 ☎ (0577) 84 60 14 🕐 Nov.–März Di–So 10–13, 14–17.40 Uhr; April–Okt. Di–So 10–13, 14–17.50 Uhr ✋ mittel (Kombiticket mit Burgmauer erhältlich)

Sant'Antimo

✠ 197 D2 ✉ bei Castelnuovo dell'Abate ☎ (0577) 83 56 59; www.antimo.it 🕐 Mo–Sa 10.15–12.30, 15–18.30, So 9.15–10.45, 15–18 Uhr ✋ frei

Nach Lust und Laune!

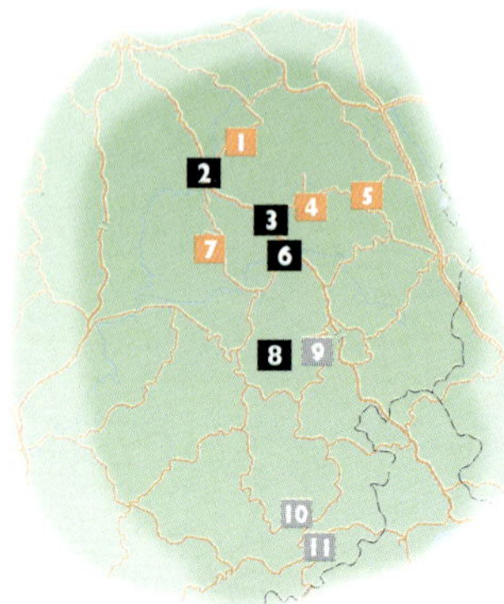

Touristeninformation
✚ 197 D2 ✉ Via Soccini 32
☎ (0577) 809 71

Museo d'Arte Sacra
✉ Via Soccini 18 ☎ (0577) 80 71 81
🕓 Mitte März–Okt. Di–So 10–13, 15 bis
19 Uhr; Nov.–Mitte März Sa–So 10–13,
14.30–18 Uhr ✋ preiswert

Museo della Mezzadria
✉ La Tinaia, Piazzale Garibaldi
☎ (0577) 80 90 75; www.museo
mezzadria.it 🕓 Di–So 10–18 Uhr
✋ mittel

❷ Buonconvento

Das 27 Kilometer südlich von Siena
gelegene Buonconvento besitzt ein
hübsches mittelalterliches Zentrum;
die mauerbewehrte Festung war Teil
der Befestigungen Sienas nach Süden.
Allerdings wird dieser Stadtkern von
hässlichen Vororten umringt.

Die Kleinstadt lässt sich rasch und
bequem erkunden, v. a. wenn Sie von
der SS2 in Richtung Montalcino oder
zum Ort Monte Oliveto Maggiore,
einige Kilometer weiter östlich, unterwegs sind (➤ 130). In Buonconvento
kann man sich durch die alten
Straßen treiben lassen und das Museo
d'Arte Sacra besuchen, das eine ausgezeichnete Sammlung beherbergt.
Unter den sehenswerten mittelalterlichen Gemälden aus Siena stechen
die *Mariä Verkündigung* von Andrea di
Bartolo oder die *Madonna del Latte*
(oder *Madonna der Milch*) von Luca di
Tommè hervor.

Letzteres Gemälde zeigt eine stil-
lende Madonna – eine in der italienischen Kunst ungewöhnliche Darstellung. Für die Toskana jedoch nicht
selten, denn zahlreiche Kirchen bean-
spruchen für sich, im Besitz einiger
Milchtropfen der Jungfrau Maria zu
sein. Das Museo della Mezzadria zeigt
eine interessante Ausstellung über die
Geschichte der Region.

❸ San Quirico d'Orcia

Das Stadtbild von San Quirico ist ein
eigentümlicher Mix aus nüchternen
modernen Bauten und bezaubernder
mittelalterlicher Bausubstanz. Das
Städtchen ist weitläufig und macht einen etwas verlorenen Eindruckt. Ein
kleiner Zwischenstopp lohnt aber
durchaus, wenn man zwischen Siena
(44 Kilometer nördlich) und der süd-

**Mittelalterliche Steinmetzarbeiten an der
Fassade der Collegiata in San Quirico d'Orcia**

lichen Toskana oder Montalcino (15 Kilometer westlich) und Pienza (9,5 Kilometer östlich) unterwegs ist. Das teilweise ummauerte Dorf wurde nach der Kirche San Quirico a Osenna benannt, einer von vielen Kirchen, die an der Via Francigena entstanden, einer früheren Wallfahrtsroute zwischen Rom und Nordeuropa. Hauptsehenswürdigkeit der Stadt ist die an der Piazza Chigi gelegene romanische Kirche Collegiata aus dem 12. Jahrhundert, die auf den Ruinen eines Vorgängerbaus errichtet wurde. Die lombardisch geprägten Verzierungen rund um die Türen sind außergewöhnlich wie auch die Holzeinlegearbeiten im Chorgestühl aus der Renaissance. Es stammt ursprünglich aus einer Kapelle des Doms von Siena (► 95f). Im nördlichen (linken) Querschiff befindet sich Sano di Pietros Gemälde *Madonna und Heilige*.

Am Ortsrand, nahe der Porta Nuova, erstrecken sich die Horti Leonini (tägl. Sonnenauf- bis Sonnenuntergang; Eintritt frei), Renaissancegärten aus dem Jahre 1580. Wenn Sie die Via Dante Alighieri folgen, kommen Sie am Haus Nr. 38, in dem einst die heilige Katharina von Siena genächtigt haben soll, und an der Kirche Santa Maria Assunta (11. Jh.) vorbei.

Touristeninformation
✠ 197 D2 ✉ Via Dante Alighieri 33 ☎ (0577) 89 72 11; www.comune. saquirico.it ◷ April–Okt. Mo–Sa 10–13, 15.30–18.30 Uhr

❻ Bagno Vignoni

Bagno Vignoni sollte man möglichst frühmorgens besuchen, um eine der ungewöhnlichsten Attraktionen der Toskana voll und ganz zu genießen: Die Piazza delle Sorgenti mitten im Dorf ist nämlich kein Platz, sondern ein Wasserbecken, das von einer Thermalquelle gespeist wird. Der in der kühlen Morgenluft aufsteigende Wasserdampf hüllt den Platz und die alten Gebäude ringsum in einen unheimlichen Dunst. Die Quellen waren schon zur Römerzeit bekannt und sowohl die hl. Katharina von Siena als auch Papst Pius II. genossen

Das Wasserbecken der Thermalquelle auf der Piazza delle Sorgenti in Bagno Vignoni

ihre Wirkung. Papst Pius II. ließ im 15. Jahrhundert ein Sommerhaus (heute ein Hotel) unweit des Platzes errichten. Auch Lorenzo de' Medici (► 55) besuchte die Quelle, nachdem die Medici die *piscina* (Becken) mit ihren Renaissance-Arkaden angelegt hatten. Die Nutzung des Wasserbeckens ist heute untersagt, in seinem Wasser baden kann man gegen eine Gebühr im nahe gelegenen Hotel Posta Marcucci. Von Bagno Vignoni aus führen zahlreiche Wege und Pfade, ausgehend vom Hauptplatz, in die landschaftlich reizvolle und zum Teil bewaldete Umgebung.
✠ 197 D2 ✉ Bagno Vignoni liegt 1 km westlich von der SS2, von wo aus es 5 km südlich von San Quirico d'Orcia ausgeschildert ist

❽ Monte Amiata

Ob von den Stadtmauern von Pienza (► 132ff) oder von vielen anderen Aussichtspunkten in der südlichen Toskana – der einsame Gipfel des Monte Amiata (1738 m) ist nicht zu übersehen. Auffallend und beeindruckend ist die pyramidenähnliche Form dieses erloschenen Vulkans. Da er von Siena und Florenz zu weit entfernt liegt, bleiben größere Touristen-

Blick vom Vulkan Monte Amiata auf die Landschaft der Toskana

ströme aus. Wenn man nach Montepulciano oder Pienza unterwegs sein sollte, ließe sich eine Stippvisite zum Monte Amiata einplanen – oder aber als Teil einer längeren Fahrt zwischen Siena und Sovana (➤ 144f) oder Pitigliano (➤ 145). An einem klaren Tag sollten Sie die herrlich weite Sicht vom Gipfel genießen. Schattige Wälder laden zum Spazieren oder zum Wandern ein. Zahlreiche markierte Pfade wurden für Wanderfreunde angelegt. Wenn Sie Zeit haben sollten, dann besuchen Sie doch die am Fuß des Berges gelegenen Dörfer wie Seggiano, Arcidosso oder Castel del Piano, die alle über einen unverwechselbaren Charme verfügen.

✚ 197 D2

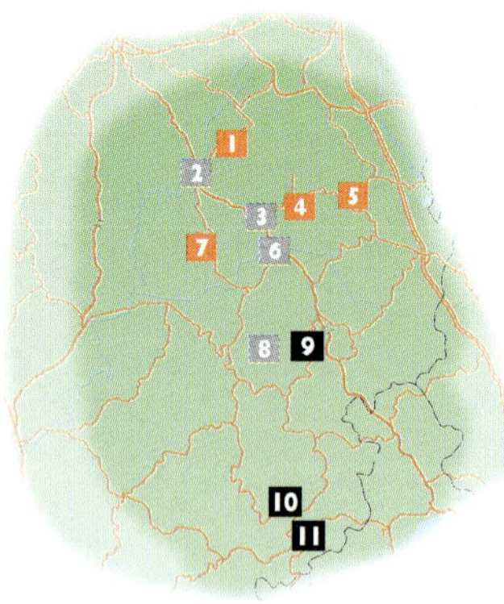

9 Abbadia San Salvatore

Das Städtchen wurde nach der Abtei San Salvatore benannt; neben Monte Oliveto und Sant'Antimo die dritte bedeutende Abtei der Südtoskana. Im mittelalterlichenViertel der Stadt, auf der Via del Monastero, steht die Abtei aus dem Jahre 743, die zu den ältesten in der Toskana zählt und angeblich vom lombardischen König Rachis gegründet wurde. Der Großteil des Bauwerks wurde mit dem braunen Trachytgestein des Monte Amiata erbaut und entstand 1036 (v. a. die Krypta) oder bei Umbauarbeiten im 13. Jahrhundert. Der Grundriss besteht aus einem lateinischen Kreuz, dem ersten dieser Art in der Toskana. Leider besitzt die Abtei heute kaum Kunstschätze. Diese wurden 1559, als die Stadt an die Medici fiel, nach Florenz geschafft. Besonders schön ist die Krypta mit 35 kannelierten Säulen.

Touristeninformation
✚ 197 E2   ✉ Via Adua 25   ☎ (0577) 77 58 11; www.amiataturismo.it

10 Sovana

Im Vergleich zur übrigen Toskana ist die Landschaft südlich des Monte Amiata an der Grenze zur Region Latium eher unspektakulär. Es gibt kaum sehenswerte Städte und Dörfer. Eine Ausnahme bilden Sovana und Pitigliano. Das winzige Sovana besteht aus nicht viel mehr als einer einzigen Straße, der Via di Mezzo. In ihrer Blütezeit war die Siedlung jedoch eines der wichtigsten regionalen Zentren, diente als Machtbasis des Aldobrandeschi-Adels und war Geburtsort von Hildebrand, der 1073 als Gregor VII. zum Papst gewählt wurde.

Dies dürfte einer der Gründe sein, warum die hiesige Kirche Santa Maria (13. Jh.) an der Piazza del Pretorio zu den schönsten Pfarrkirchen der Toskana zählt. Der einfach gestaltete Innenraum wird von großartigen Fresken und einem frühchristlichen *ciborium* (Altarbaldachin) aus dem 8. oder 9. Jahrhundert geprägt.

An die Herrschaft der Aldobrandeschi in Sovana erinnert die Cattedrale di SS Pietro e Paolo, die in Anbetracht des kleinen Ortes übergroß wirkt. Sie erreichen die Kirche, indem Sie einer der beiden Gassen folgen, die von der Piazza del Pretorio bergab führen. Das Bauwerk entstand in verschiedenen Epochen: Viele der Steinmetzarbeiten wurden im 8. Jahrhundert ausgeführt; der größte Teil der Apsis und der Krypta gehen auf das 10. Jahrhundert zurück. Die Fresken und Verzierungen an den Säulenkapitellen im Kirchenschiff entstanden ab dem 12. Jahrhundert.

Sovana liegt in ehemaligem etruskischen Siedlungsgebiet. Viele etruskische Gräber wurden in der Gegend freigelegt. Einige interessante Gräber, u. a. in Felsnischen, liegen etwa zehn Kilometer vor der Stadt, wenn man in Richtung Osten nach Sorano fährt.

197 D1

Pitigliano

Pitigliano macht schon von Weitem Eindruck, denn es thront majestätisch auf einem mächtigen, vereinzelt stehenden Berg. Die Burg und die mittelalterlichen Häuser drängen sich dicht auf dem Vulkanfelsen. Der Ort wurde bereits im 6. Jahrhundert v. Chr. von den Etruskern besiedelt, erlebte seine Blütezeit aber im 13. und 14. Jahrhundert, als hier die mächtige Familie der Orsini herrschte, aus der nicht weniger als drei Päpste hervorgingen. Bis zum Zweiten Weltkrieg lebte hier auch eine jüdische Gemeinde – die Synagoge an der Via Zuccarelli hat die Zeit überstanden. Jenseits der Piazza Garibaldi erheben sich ein Aquädukt und die Burg, die beide im 16. Jahrhundert von dem Architekten Giuliano da Sangallo errichtet wurden. Innerhalb der Festung steht der Palazzo Orsini, der für seine wunderschönen Räume bekannt ist. Zu den Höhepunkten von Pitigliano gehören ein Spaziergang durch die herrlich verwinkelten mittelalterlichen Gassen und der Ausblick auf den Monte Amiata.

197 D1 ✉ Museen mit unregelmäßigen Öffnungszeiten; Auskünfte erteilt das kleine Besucherzentrum an der Via Roma ☎ (0564) 61 44 33 oder das Rathaus (0564) 61 63 22

Beeindruckender Blick auf das mittelalterliche Pitigliano, das auf einem vulkanischen Felsen liegt

Wohin zum … Übernachten?

Preise
Für ein Doppelzimmer gelten folgende Preise:
€ unter 100 Euro   €€ 100–175 Euro   €€€ über 175 Euro

Montalcino und Pienza eignen sich gut als Ausgangspunkt, um andere Städte und die Landschaft der südlichen Toskana zu erkunden. Hotelzimmer sollte man im Voraus reservieren. Montepulciano liegt nicht ganz so zentral, bietet aber die größte Auswahl an Unterkünften. Eine Vielfalt von Privatzimmern, der *agriturismo* (► 42) und Landhotels bieten sich als Alternativen an. Näheres bei den Touristeninformationen (► 41).

(► 42)
(► 41)

MONTALCINO

Albergo Il Giglio €

Das 3-Sterne-Hotel liegt ein Stück südlich der Piazza Garibaldi und ist seit Jahren eine feste Größe in der Hotellerie von Montalcino. Eine Zeit lang litt der Standard, doch eine Renovierung hat das Hotel wieder zur alten Qualität zurückgeführt, und es ist eine gute Alternative zum Dei Capitani. Die zwölf Zimmer sind traditionell mit zeitgenössischen Möbeln eingerichtet und harmonieren so mit dem mittelalterlichen Hotelgebäude. Die schönsten Zimmer haben Originalfresken an den Wänden und bieten einen Blick auf die Landschaft. Es gibt ein recht gutes Restaurant, doch locken viele gute Alternativen in der Stadt. Das Frühstück ist teuer, man sollte den Kaffee und ein Croissant eher in der Fiaschetteria Italiana (► 148) zu sich nehmen.

✚ 197 D2   ✉ Via Soccorso Saloni 5   ☎ (0577) 84 81 67; Fax (0577) 84 81 67; www.gigliohotel.com   ⊕ im Jan. zeitweise geschl.

Dei Capitani €€

Das in ein 3-Sterne-Hotel umgewandelte Stadthaus, am nördlichen Stadtrand gelegen, ist eines der attraktivsten Hotels in Montalcino. Alle 29 Zimmer sind komfortabel, frisch und modern eingerichtet; sie verfügen über Telefon, Klimaanlage und Fernseher. Außerdem ist das Hotel mit einer Terrasse, einem kleinen Garten, einer Panoramabar und einem Swimmingpool ausgestattet. Es gibt zwar kein Restaurant, aber das Frühstück ist im Preis inbegriffen. Einige Parkplätze sind vor dem Hotel verfügbar. In einer *dipendenza* (Anbau) sind fünf weitere Zimmer untergebracht.

✚ 197 D2   ✉ Via Lapini 6   ☎ (0577) 84 72 27; Fax (0577) 84 72 39; www.deicapitani.it   ⊕ geschl. Mitte Jan.–Feb.

MONTEPULCIANO

Duomo €–€€

Mit der Wahl dieses familiengeführten 3-Sterne-Hotels macht man nichts falsch. Das liegt v. a. an der herzlichen Atmosphäre und der Lage nur wenige Schritte vom Dom und der Piazza Grande entfernt. Die 13 hellen, schlichten und modernen Räume sind mit Marmor- bzw. Fliesenböden ausgestattet.

✚ 197 E2   ✉ Via San Donato 14   ☎ (0578) 75 74 73; Fax: (0578) 75 74 73; www.albergoduomolibero.it

Il Marzocco €

Das 3-Sterne-Hotel ist das beste Haus in Montepulciano: Es liegt in einem Palazzo aus dem 16. Jahrhundert und wird seit Generationen (über 100 Jahre) von einer Familie geführt. Das Hotel liegt gleich hinter der Porta al Prato am nördlichen Ende des Corso. Die 16 Zimmer sind mit zeitgenössischen Möbeln eingerichtet, etliche verfügen über Terrassen mit Aussicht. Es gibt einige wenige Hotelparkplätze und das Restaurant nebenan ist recht solide.

✠ 197 E2 ✉ Piazza Girolamo Savonarola 18 ☎ (0578) 75 72 62; Fax (0578) 75 75 30; ww.albergoil marzocco.it ⊗ geschl. Mitte Jan. bis Mitte Feb.

La Terrazza €

Man findet in Montepulciano preiswertere Privatunterkünfte, aber wer ein günstiges und sauberes Hotel sucht, liegt bei diesem 2-Sterne-Haus genau richtig. Es liegt zentral an einer ruhigen Seitenstraße, die südlich von der Kirche San Francesco verläuft und nur wenige Minuten von der Piazza Grande entfernt ist.

✠ 197 E2 ✉ Via Piè al Sasso 16 ☎ (0578) 75 74 40; Fax (0578) 75 74 40; www.laterrazzadimonte pulciano.com

Il Chiostro di Pienza €€€

Bis Mitte der Neunzigerjahre gab es in Pienza kein zentral gelegenes Hotel. Dann wurde dieses ausgezeichnete 3-Sterne-Haus nahe der Hauptstraße eröffnet. Seinen Namen verdankt es dem Innenhof (chiostro) des Konvents aus dem 15. Jahrhundert, in dessen Gebäude sich das Hotel befindet. Typisch für ein Haus der exklusiven Relais & Chateaux-Gruppe sind die öffentlichen Bereiche und die 37 Zimmer schlicht, aber elegant mit historischen Möbeln und geschmackvollen Stoffen eingerichtet. Viele originale Details blieben erhalten, v. a. die Holzdecken, Steingewölbe und einige Freskenreste. Zum Hotel gehören ein kleiner Garten, ein Fitnessclub, ein Pool und ein Restaurant. Das Frühstück ist im Preis inbegriffen.

✠ 197 E2 ✉ Corso Rossellino 26 ☎ (0578) 74 84 00; Fax (0578) 74 84 40; www.relaisilchiostrodi pienza.com

Corsignano €€

Am Corsignano, das jahrelang das einzige Hotel von einiger Größe in Pienza war, gibt es an sich nichts auszusetzen. Die Eröffnung des Il Chiostro hat dem 3-Sterne-Hotel jedoch quasi den Wind aus den Segeln genommen. Mit seiner Lage außerhalb der Stadtmauern, einen kurzen Fußweg westlich der Piazza Dante, unweit der Hauptstraße nach Pienza, kommt das Hotel schlechter weg. Das Gebäude ist zudem modern und bietet keinen schönen Ausblick. Die Zimmer sind sauber und gemütlich, allerdings ist der Einrichtungsstil schon etwas in die Jahre gekommen. Die Preise liegen weit unter denen des Il Chiostro und bei 406 Zimmern kommt man hier auch schneller unter – ein großes Plus. Es gibt kein Restaurant, aber im Zimmerpreis ist das Frühstück inbegriffen.

✠ 197 E2 ✉ Via della Madonnina 11 ☎ (0578) 74 85 01; Fax (0578) 74 81 66; www.corsignano.it ⊗ geschl. Mitte Jan.–Feb.

Castello di Ripa d'Orcia €€

Das 3-Sterne-Hotel ist in einem borgo (befestigtes Dorf) aus dem 13. Jahrhundert untergebracht. Es liegt zudem inmitten sehr schöner Landschaft, sodass Ruhe und Entspannung garantiert sind. Gleich hinter den Mauern beginnen markierte Wanderwege. Die sieben Zimmer (Vermietung pro Nacht) und acht Apartments (Vermietung pro Woche) sind groß und schlicht eingerichtet. Auch Mahlzeiten werden angeboten. Das nächstgelegene Dorf ist San Quirico d'Orcia.

✠ 197 D2 ✉ Via della Contea 1, Ripa d'Orcia ☎ (0577) 89 73 76; www.castellodiripadorcia.it

Weitere Unterkünfte in Sovana und dem nahe gelegenen Montepulciano sowie Monte Amiata sind die Hotelrestaurants Etrusca, La Chiusa und Silene, ▶ 148f.

Wohin zum …
Essen und Trinken?

Preise
Die Preise gelten pro Person für ein Drei-Gänge-Menü mit Wein:
€ unter 26 Euro   €€ 26–52 Euro   €€€ über 52 Euro

Die Küche im Süden der Toskana ist regional geprägt und einfach. Wein ist in dieser Gegend ein echter Genuss – es gibt drei hervorragende Rotweine: Vino Nobile, Brunello und Rosso di Montalcino. Die Öffnungszeiten werden für jedes Restaurant angegeben, sie können jedoch nach Jahreszeit, Besucherzahl oder schlicht nach Laune des Gastwirts variieren.

BAGNO VIGNONI

Osteria del Leone €
Die traditionelle und oft sehr gut besuchte *osteria* bietet eine einfache Küche mit toskanischen Klassikern wie Kutteln, Suppen, *crostini* und *pici* oder Pasta mit *pappardelle*. Außerdem werden je nach Saison herzhafte Gerichte wie Wildschein, Wildfenchel und *anatra all'uva* (Ente mit Weintrauben) serviert.
✠ 197 D2 ✉ Via dei Mulini 3
☎ (0577) 88 73 00 ◷ 12.30–14.30, 19.30–22.30 Uhr; geschl. Mo, zeitweise im Nov. und Feb.

MONTALCINO

Fiaschetteria Italiana €
Die Fiaschetteria Italiana, Café und Bar, ist eine Institution in Montalcino: Kein Wunder, denn das elegante Interieur aus dem 19. Jahrhundert und die zentrale Lage am Hauptplatz sind mehr als einladend. Im Sommer kann man draußen sitzen, es wird lokaler Wein serviert.
✠ 197 D2 ✉ Piazza del Popolo 6
☎ (0577) 84 90 43 ◷ tägl. 7.30 bis Mitternacht; Nov.–Feb. Do geschl.

Taverna dei Barbi €€
Das edle Restaurant gehört zu einem Brunello-Weinberg, fünf Kilometer südöstlich von Montalcino. In dem stilvoll rustikalen Speiseraum, in dessen Mitte ein steinerner Kamin steht, kann man lokale Spezialitäten schlemmen und den köstlichen Wein des Hauses probieren.
✠ 197 D2 ✉ Fattoria dei Barbi, La Croce, Località Podernovi ☎ (0577) 84 12 00 oder (0577) 84 71 17
◷ 12.30–14.30, 19.30–22.30 Uhr; geschl. Di nachmittags, Mi (außer im Aug.), Jan. und zwei Wochen im Juli

Taverna Il Grappolo Blu €
In dem kühlen, mit mittelalterlichen Steinwänden versehenen Restaurant gibt es zwei kleine Speiseräume mit 35 Plätzen. Die phantasiereichen Nudelgerichte werden oft mit scharfen Saucen sowie mit viel Knoblauch und Chili serviert. Auch die Weinauswahl kann sich sehen lassen, darunter Tropfen aus Caparzo und Castello Romitorio, die besonders empfehlenswert sind.
✠ 197 D2 ✉ Via Scale di Moglio 1
☎ (0577) 84 71 50 ◷ tägl. 12.30 bis 14.30, 19.30–22.30 Uhr

MONTE AMIATA

Silene €€
Manche Gäste nehmen weite Anfahrtswege in Kauf, um im Silene zu essen, das sich außerhalb von Pescina befindet, einem der winzigen Dörfer, die rund um den Gipfel des Monte Amiata liegen. Die Küche

verwendet Zutaten der Region: Pilze, Spargel, Reh, Wildschwein, Trüffel und Schnecken. Die sieben Zimmer des benachbarten 3-Sterne-Hotels sollte man lange im Voraus buchen – auch für einen Tisch im Restaurant am Abend oder am Sonntag ist eine Reservierung gut.

✚ 197 D2 ✉ von Pescina aus beschildert, 4 km östlich von Seggiano ☎ (0564) 95 08 05; Fax (0564) 95 05 53 ◷ 12.30–14.30, 19.30 bis 22.30 Uhr; geschl. Mo

MONTE OLIVETO

Da Ottorino €

Dieses Lokal liegt rund neun Kilometer nördlich der Abtei von Monte Oliveto Maggiore, am Stadtrand von Asciano. Das Restaurant ist in einem alten Bauernhaus untergebracht – man isst im umgebauten Stall oder im Freien – das von der Straße nach Rapolano Terme ausgeschildert ist. Empfehlenswert sind die saftigen Schinken und warmen *crostini* (geröstetes Brot) als Vorspeise, Pasta wie *pici con pancetta e fagioli* und als Hauptgericht einfach gegrilltes Fleisch wie *vitella con funghi* (Rind mit Pilzen), *arista con le melanzane* (Schwein mit Auberginen), aber auch Pizzen. Keine Kreditkarten.

✚ 197 D2 ✉ Via Sante Marie 114, Asciano ☎ (0577) 71 87 70 ◷ 12.30–14.30, 19.30–22.30 Uhr; geschl. Mo und 2 Wochen im Juli

MONTEPULCIANO

Caffè Poliziano €

Das beste Café in Montepulciano aufgrund der Jugendstileinrichtung, des guten Kuchens, Snacks und des Vino Nobile. Zum Haus gehört auch ein etwas formelleres Restaurant.

✚ 197 E2 ✉ Via di Voltaia nel Corso 27–29 ☎ (0578) 75 86 15 ◷ Bar: tägl. 19 Uhr–Mitternacht; Bar-Restaurant: tägl. 12.30–14.30 Uhr; Restaurant: Mo–Sa 19.30–22.30 Uhr

La Chiusa €€€

Das preisgekrönte Hotelrestaurant befindet sich in einer alten Mühle im Dorf Montefollonico, acht Kilometer nordwestlich von Montepulciano. Das Hotel verfügt über 14 teure Zimmer. Die Speisen sind teuer, doch köstlich zubereitete *crespelli ai funghi* (Pfannkuchen mit Pilzen) oder *agnello da latto al rosmarino* (Lamm mit Rosmarin) sind das Geld wert. Unbedingt reservieren.

✚ 197 E2 ✉ Via della Madonnina 88, Montefollonico ☎ (0577) 66 96 68; Fax (0577) 66 95 93 ◷ 12.30–14.30, 19.30–22.30 Uhr; geschl. Di und Mitte Jan.–Mitte März

Osteria Borgo Buio €–€€

Das Restaurant liegt in einem Weinkeller aus dem 14. Jahrhundert und ist mit Antiquitäten dekoriert. Die einfache Küche ist toskanisch: Gemüsetörtchen als Vorspeise, als Hauptgerichte *coniglio ripieno* (gefülltes Kaninchen) oder *polpettone* (Fleischbällchen) mit Gemüse und Pistazien.

✚ 197 E2 ✉ Via di Borgo Buio 10 ☎ (0578) 71 74 97 ◷ Do–Mo 12.30 bis 14.30, 19.30–22.30 Uhr, Di–Mi 19.30–22.30 Uhr

PIENZA

Latte di Luna €€

Die Trattoria in der Nähe des Dorfzentrums bietet einfache, aber schmackhafte Speisen an. Versuchen Sie das Tagesgericht oder *pici all'aglione* (Pasta in Knoblauch- und Tomatensauce). Wer draußen essen möchte, sollte reservieren.

✚ 197 E2 ✉ Via San Carlo 2–4 ☎ (0578) 74 86 06 ◷ 12.30–14.30, 19.30–22.30 Uhr, Di und zeitweise im Feb. und Juni geschl.

SOVANA

Hotel-Ristorante Etrusca €€

Das einfache, aber schöne Interieur des Gebäudes von 1241 bietet einen eleganten Rahmen für dieses Restaurant. Das 3-Sterne-Hotel verfügt über zwölf Zimmer und ist ein guter Ausgangsort für Touren ins Umland.

✚ 197 D1 ✉ Piazza del Pretorio 16 ☎ (0564) 61 61 83/61 41 93 ◷ 12.30–14.30, 19.30–22.30 Uhr; geschl. Mi

Wohin zum ... Ausgehen?

Die südliche Toskana bietet nur wenig Nachtleben. Dafür finden zahlreiche Festivitäten statt, die sich rund ums Essen und Trinken drehen, v. a. im Sommer und frühen Herbst. Wenden Sie sich an die Touristeninformationen.

PIENZA

Die **Fiera** (1. So im Sept.) zelebriert den einheimischen Käse im Rahmen eines mittelalterlichen Straßenmarktes und -festes. An manchen Sonntagen kann man den Choralgesängen der Mönche der Abtei Sant'Antimo (▶ 140f) lauschen.

MONTEPULCIANO

Als bedeutendstes Festival gilt der **Bravio delle Botti** (letzter So im Aug.), ein Wettkampf im Fässerrollen zwischen den Teilnehmern der acht Stadtviertel mit anschließenden Festlichkeiten. **Mariä Himmelfahrt** (14.–16. Aug.) wird beim Bruscello mit vielen Theateraufführungen und Konzerten gefeiert.

MONTALCINO

Der Beginn der Jagdsaison wird mit dem **Torneo dell'Apertura della Caccia** (2. So im August) mit Prozessionen und einem Wettkampf im Bogenschießen in mittelalterlichen Kostümen gefeiert. Eine ähnliche Veranstaltung ist die Sagra del Tordo (letzter So im Okt.).

Wohin zum ... Einkaufen?

Wein sollte hier ganz oben auf Ihrer Einkaufsliste stehen – insbesondere aus Montalcino (Brunello di Montalcino und Rosso di Montalcino) oder Montepulciano (Vino Nobile di Montepulciano). Auch Olivenöl, Honig und Käse sind bekannte Spezialitäten.

MONTALCINO

In Montalcino gibt es etliche Wein- und Feinkostgeschäfte. Am preiswertesten ist der Co-op Supermarkt an der Via Ricasoli; einer der schönsten Läden ist die **Fiaschetteria Italiana** an der Piazza del Popolo (▶ 148). Eine Winzerei, bei der keine Anmeldung erforderlich ist, ist die **Fattoria dei Barbi** (La Croce, acht Kilometer südöstlich von Montalcino, Tel. (0577) 84 11 11, tägl. geöffnet).

PIENZA

Pienza ist bekannt für seinen *pecorino* (Schafskäse). Prüfen Sie das Label, denn oft wird der Käse importiert. Ein empfehlenswertes Geschäft ist **La Cornucopia** (Piazza Martiri della Libertà, Tel. (0578) 74 81 50), oder **Silvana Cugusi**, zehn Kilometer ab der Straße SS146 nach Montepulciano in der Via della Boccia 8 (Tel. (0578) 75 75 58).

MONTEPULCIANO

Das **Contucci** (Via del Teatro 1, Tel. (0578) 75 70 06, tägl. geöffnet) vertreibt Vino Nobile. Die **Enoteca Oinochóe** (Via di Voltaia nel Corso 82, Tel. (0578) 75 75 24) führt Wein lokaler Winzer. Olivenöl gibt es an der Piazza Pasquino, einer Genossenschaft von 650 Olivenbauern.

Nördliche Toskana

Erste Orientierung

In der nördlichen Toskana gibt es weniger geschichtsträchtige kleine Ortschaften als im Süden und auch die Landschaft präsentiert sich weniger idyllisch. Landschaftlich bestimmend sind bewaldete Berge und Marmorbrüche. Aber nach den faszinierenden Städten Florenz und Siena locken mit Lucca und Pisa zwei urbane Zentren, die den Vergleich mit anderen Orten in Italien nicht zu scheuen brauchen.

Lucca ist eine Stadt, in die man sich schnell verlieben kann. Pisa ist nicht ganz so anziehend, bietet jedoch mit dem Schiefen Turm und den umliegenden Bauwerken eines der schönsten mittelalterlichen Gebäudeensembles in Italien. Die beiden Städte liegen nur wenige Kilometer voneinander entfernt; Lucca ist allerdings für Übernachtungen um einiges besser geeignet.

Pisa ist im Zweiten Weltkrieg stark bombardiert worden, sodass das Stadtbild heute größtenteils von moderner Architektur geprägt ist; Lucca ist dagegen fast unverbaut. Die mit einem Ring von Schutzwällen umgebene Stadt lockt mit kopfsteingepflasterten Gassen aus römischer Zeit, zahlreichen romanischen Kirchen, Museen, Kunstgalerien und Gärten – in den Worten des amerikanischen Schriftstellers Henry James steht Lucca für »alles Leichte, den Überfluss, die Schönheit, das Interesse und als leuchtendes Beispiel für andere«. In Luccas Straßen kann man sich wunderbar treiben lassen oder die Stadt – wie es auch viele Einheimische tun – mit dem Fahrrad erkunden (es gibt mehrere Fahrradverleihe).

Pisa ist dagegen eine größere Stadt, in der sich die historischen Sehenswürdigkeiten an wenigen Stellen konzentrieren. Dazu gehört vor allem der Campo dei Miracoli, oder das »Feld der Wunder«, eine große bebaute Wiese, wo sich der Schiefe Turm, der Dom und das Baptisterium befinden. Besuchenswert sind Kunstmuseen und einige wenige Kirchen. Im Umland von Lucca liegen ver-

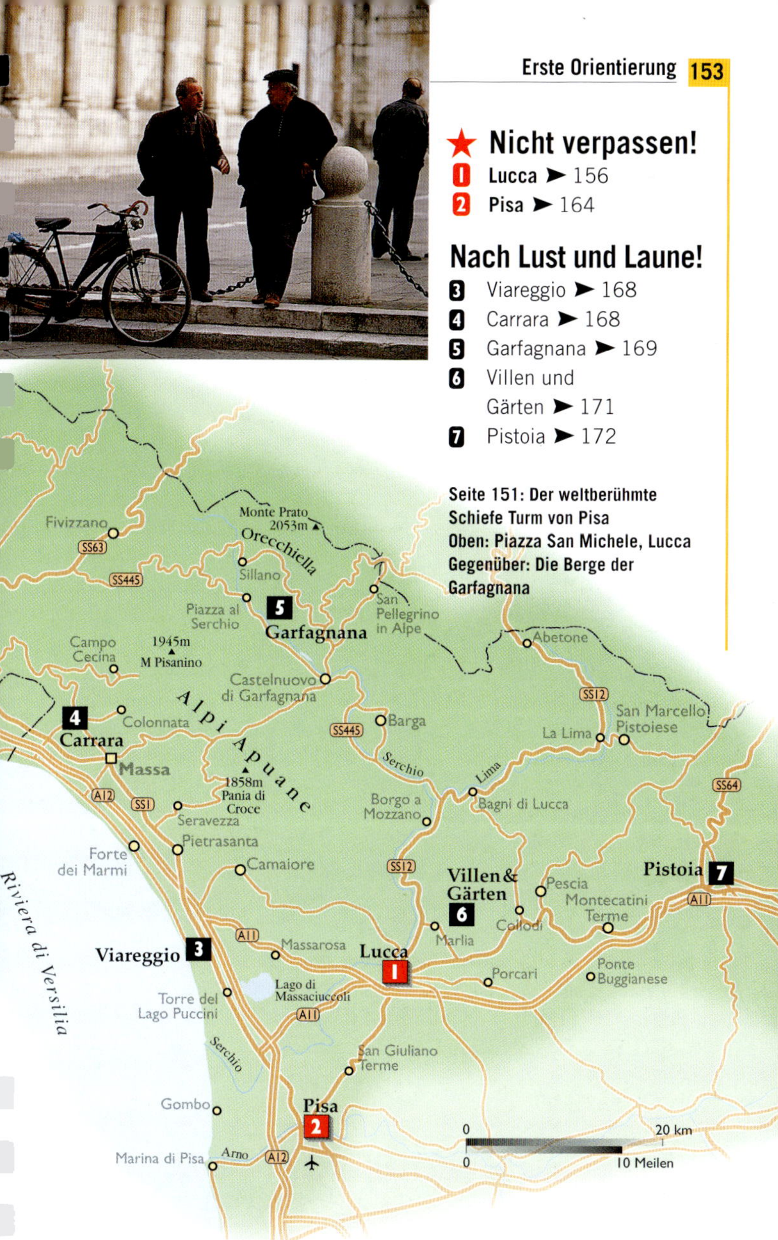

schiedene Villen und Gärten, im Norden locken die Region Garfagnana, die Alpi Apuane, die für die Carrara-Marmorbrüche bekannt sind, sowie die wilden, bewaldeten Berghänge der Orecchiella. Sie eignen sich sehr gut für Wanderungen, zumal es hier viele markierte Wanderwege gibt. Man kann die herrliche Landschaft auch während einer Auto- oder Zugfahrt genießen. Wer einen Tag am Strand verbringen möchte, sollte das bekannte Seebad Viareggio besuchen; Pistoia dagegen hat viel Kunst und Architektur zu bieten.

Drei Tage reichen für einen Besuch in Pisa und Lucca aus, man hat dann sogar noch Zeit für die Villen und Gärten in Lucca oder die vielfältige Landschaft der Garfagnana. Wer in Pisa mit dem Flugzeug ankommt, sollte sich erst die Stadt ansehen und dann nach Lucca fahren, wo man zwei Nächte bleiben sollte.

Die nördliche Toskana in drei Tagen

Erster Tag

Vormittags

Fahren Sie nach **1 Lucca** (➤ 156ff), und buchen Sie dort für zwei oder drei Nächte ein Hotel (➤ 173f). Schauen Sie in der **Touristeninformation** (➤ 41) vorbei und gehen Sie weiter zur Kirche San Michele in Foro und zur Casa di Puccini (Piazza San Michele ➤ 156). Besuchen Sie das Caffè di Simo (➤ 175), und dann den Duomo (links).

Mittagessen

Essen Sie im Da Leo (➤ 175) zu Mittag, oder machen Sie ein Picknick auf der Stadtmauer von Lucca.

Nachmittags

Schlendern Sie durch die östlichen und nördlichen Stadtteile von Lucca, zur **Piazza del Mercato**, dem **Museo Nazionale di Villa Guinigi**, der **Casa Guinigi** und den Kirchen **Santa Maria Forisportam**, **San Frediano** und **San Pietro Somaldi**. Am späten Nachmittag können Sie in den Geschäften an der Via Fillungo stöbern. Essen Sie bei Buca di Sant'Antonio (➤ 174) zu Abend.

Zweiter Tag

Vormittags

Wenn Sie am Vortag die **Stadtmauern** noch nicht besichtigt haben, erkunden Sie diese zuerst, und fahren Sie dann nach **2 Pisa** (➤ 164ff), um an der Piazza dei Miracoli den **Schiefen Turm**, das **Baptisterium (rechts)** und den **Duomo** anzusehen.

Statten Sie jetzt oder direkt nach dem Mittagessen dem **Museo dell'Opera del Duomo** mit seinen bekannten Skulpturen von Giovanni Pisano einen Besuch ab. Wenn Sie Marktatmosphäre mögen, sollten Sie den Hauptmarkt von Pisa, den **Mercato Vettovaglie** (➤ 176), gleich nach Ihrer Ankunft einplanen, da er nachmittags schließt.

Mittagessen

Genießen Sie den Mittag im La Mescita (➤ 175) oder in der Osteria dei Cavalieri (➤ 175) südlich des Campo.

Nachmittags

Besuchen Sie das Museo dell'Opera, und bestaunen Sie die Piazza dei Cavalieri (oben), bevor Sie zur **Kirche von Santa Maria della Spina** und einem oder beiden von Pisas **wichtigsten Museen** (➤ 166) aufbrechen. In der Pasticceria Salza (➤ 175) können Sie bei Kaffee, Tee oder einem Imbiss ausspannen. Wenn Sie einkaufen möchten, sind Sie in der Borgo Stretto (➤ 176) nach 16 Uhr genau richtig (dann öffnen viele Geschäfte nach der Mittagsruhe). Fahren Sie zum Abendessen zurück nach Lucca oder verwöhnen Sie sich im Gazebo im **Locanda L'Elisa Hotel** (➤ 173), das zwischen beiden Städten liegt.

Dritter Tag

Vormittags können Sie entweder Lucca weiter erkunden oder einige der 6 **Villen und Gärten** im Umland anschauen (➤ 171, Villa Torrigiani, unten). Von hier aus können Sie 7 **Pistoia** (➤ 172) besuchen, von wo aus man Florenz oder Siena gut erreicht. Eine Alternative wäre ein Tagesausflug nach 5 **Garfagnana** (➤ 169ff), fahren Sie durch das Serchio-Tal, die Orecchiella-Berge und genießen Sie den Blick auf die Alpi Apuane. Je nach Zeit und Lust könnten Sie auch die Marmorbrüche von 4 **Carrara** (➤ 168f, rechts) oder den Strand von 8 **Viareggio** (➤ 168) besuchen – der Küstenabschnitt bis dahin ist jedoch unattraktiv.

Lucca

Keine andere Stadt der Toskana besitzt so viel Charme und wirkt so anheimelnd wie Lucca, eine ruhige Provinzstadt, in deren mittelalterlichen Straßen und Plätzen sich in den vergangenen Jahrhunderten scheinbar nichts geändert hat. Die von einer kompletten Befestigungsanlage umgebene Stadt verfügt über herrliche Kirchenbauten, faszinierende Museen und Kunstsammlungen sowie beschauliche Ecken und blumengesäumte Gassen.

Rund um die Piazza San Michele stehen mittelalterliche Gebäude

Piazza San Michele

Das Herz der Stadt schlägt an der Piazza San Michele, dem Standort des alten römischen Forums (*foro*); daher auch der Name San Michele in Foro für die wunderschöne **romanische Kirche** im Zentrum des Platzes. Mit ihrem Bau wurde 1070 begonnen, sie blieb aber unvollendet, da nach Fertigstellung der aufwendigen Fassade kein Geld mehr zur Verfügung stand: Kein Wunder, denn ihr reich geschmücktes Äußeres gehört zu den schönsten Kirchenfassaden in Italien, mit vielen Zwerchgalerien, Blendarkaden und zahllosen verzierten Säulen. Diese Kirchenarchitektur zeigt Einflüsse aus Pisa – sie wird daher oft romanische Pisa-Architektur genannt – und entwickelte sich während der Handelsbeziehungen Pisas zum Orient (➤ 165). Der Innenraum der Kirche ist eher nüchtern zu nennen; hier ist nur das Gemälde *Die Heiligen Hieronymus, Sebastian, Rochus und Helena* von Filippino Lippi aus dem 15. Jahrhundert bemerkenswert (am Ende des südlichen Kirchenschiffs).

Nur wenige Minuten entfernt von der Piazza San Michele, liegt die **Casa di Puccini**, das Geburtshaus von Giacomo Puccini (1858–1924), dem Komponisten der Opern *Tosca, La Bohème* und *Madame Butterfly*. Sein früheres Haus dient heute als Konservatorium und beherbergt ein kleines Museum mit Exponaten aus seinem Leben – alte Notenblätter, Kostümentwürfe, Porträts und den Flügel, an dem er seine letzte Oper, *Turandot*, komponierte. Einige Straßen weiter westlich, an der Via San Paolino, steht die Barockkirche San Paolini, in der der junge Puccini die Orgel bediente.

Von der Piazza San Michele sollte man entweder auf der Via Vittorio Veneto oder der Via Beccheria zur **Piazza Napoleone** gehen, die nach Napoleon Bonaparte benannt wurde. Das große Gebäude an der Westseite des Platzes heißt **Palazzo della Provincia** (1578–1728), einstmals Sitz des Stadtrats von Lucca. Hinter dem Palast erhebt sich die beeindruckende mittelalterliche Kirche San Romano, die schon seit vielen Jahren restauriert wird. Ein kurzer Spaziergang in Richtung Osten von der Piazza Napoleone bringt Sie zur Piazza San Martino, wo der atemberaubende **Duomo di San Martino** steht.

Der Duomo di San Martino

Mit dem Bau des Doms wurde 1060 begonnen; die Arbeiten an der prächtigen Fassade, einer Nachbildung der Kirche San Michele, wurden jedoch erst um 1241 abgeschlossen. Die asymmetrische Erscheinung der Fassade ergab sich daraus, dass die Kirche an den bereits bestehenden Glockenturm angebaut wurde. Der untere Teil des Campanile war ursprünglich ein Wehrturm, der erst nachträglich aufgestockt wurde. Besonders sehenswert an der Fassade sind die **Reliefs aus dem 13. Jahrhundert** an den drei Haupttüren. Nicola Pisano aus Pisa schuf *Mariä Verkündigung*, *Geburt Christi*, *Anbetung der Heiligen Drei Könige* und die *Kreuzabnahme* am und über dem linken Portal. Die Verzierungen zwischen den Portalen werden Guidetto da Como, der den Großteil der Fassade gestaltete,

Der Erzengel
Michael krönt
die Fassade der
Kirche San
Michele in Foro

zugeschrieben. Sie zeigen Episoden aus dem Leben des heiligen Martin (San Martino) und die Monate des Jahres mit ihren typischen Arbeiten – betrachten Sie unbedingt die Wildschweinjagd im Dezember. Besonders beachtenswert im **Inneren des Doms** ist der **Tempietto** (1482–85), eine achteckige Kapelle etwa auf halber Höhe des Hauptschiffs, die der Bildhauer Matteo Civitali (1435–1511) aus Lucca für das *Volto Santo* (»Heiliges Antlitz«), ein hölzernes Kruzifix, schuf. Es soll angeblich das authentische Bild Christi darstellen, geschnitzt vom hl. Nikodemus, einem Augenzeugen der Kreuzigung. Wissenschaftler glauben, dass es sich hierbei um eine Kopie aus dem 13. Jahrhundert einer Nachbildung aus dem 11. Jahrhundert handelt, die wiederum nach einer Statue aus dem 8. Jahrhundert gestaltet wurde.

Civitali schuf auch weitere Arbeiten im Dom, v. a. den Altare di San Regolo (1484) oder das Grab des heiligen Regolus, eines frühen Bischofs von Lucca (an der Wand rechts vom Hochaltar) und das Grab von Pietro da Noceto

Die auffällige Bogenfassade des Doms

Drei der »Arbeiten der zwölf Monate« des Jahres, die am Hauptportal des Doms dargestellt sind

(1472), Sekretär von Papst Nikolaus V. Das **Grab von Illaria del Carretto** (1408) ist ein wunderschönes Grabmonument des Bildhauers Jacopo della Quercia aus Siena: Es zeigt Illaria, die Frau von Paolo Guinigi – einem Mitglied der Familie, die das mittelalterliche Lucca jahrzehntelang beherrschte. Der Hund zu ihren Füßen steht als Symbol ihrer Treue. Das Grab liegt in der Sakristei am südlichen Gang (geringer Eintritt).

Die Eintrittskarte zur Sakristei gestattet auch den Besuch des **Museo della Cattedrale** an der Piazza Antelminelli, das eine Sammlung von Gemälden, Skulpturen und religiösen Artefakten enthält, und der **Kirche von Santi Giovanni e Reparata**. Ausgrabungen in dieser Kirche an der Piazza San Martino haben Mauerreste aus der Römerzeit zutage gefördert, außerdem Teile der ersten mittelalterlichen Kathedrale von Lucca und zweier Taufkappellen aus dem 5. und 8. Jahrhundert.

Die Stadtmauer und der Osten von Lucca

Von den Straßen rund um den Dom kommt man bequem auf die baumbestandene **Stadtmauer** (1544–1645) von Lucca: Man sollte wenigstens einen Teil oder die gesamte Mauer zu Fuß

Ein Kunstwerk von Fra Bartolommeo im Museo Nazionale di Villa Guinigi

oder mit dem Fahrrad erkunden. Der Schutzwall umschließt die Stadt auf einer Gesamtlänge von 4,2 Kilometern. Die Mauern wurden zum Schutz gegen Florenz erbaut und ersetzten die älteren mittelalterlichen Wälle. Im 19. Jahrhundert wandelte man die Schutzwälle in die heutige Promenade um.

Vom Dom aus kann man auch sehr gut den östlichen Stadtrand von Lucca besuchen, wo es einiges zu sehen gibt: Da ist zunächst die **Santa Maria Forisportam** (Maria vor den Toren), eine unvollendete Kirche aus dem 13. Jahrhundert im Stile der romanischen Pisa-Architektur, die ihren Namen der Tatsache verdankt, dass sie einst jenseits der römischen und mittelalterlichen Stadtmauern lag. Sie steht an der Kreuzung von Via della Rosa und Via Santa Croce. Südöstlich der Kirche liegt der **Giardino Botanico**, der hübsche und friedliche Botanische Garten von Lucca. Auf oder nahe der Via Santa Croce und der Via Elisa finden sich insgesamt **vier kleine Kirchen**: Die SS Trinità, San Ponziano, San Gervasio und San Michelotto. Letztere steht gleich am Eingang der Villa Bottini, auch als Villa Buonvisi bekannt, deren italienische Gärten einen Besuch wert sind.

Nördlich der Villa befindet sich das **Museo Nazionale di Villa Guinigi**, das in einem 1418 für die Familie Guinigi entstandenen Palast untergebracht ist. Das Museum umfasst eine große und vielfältige Sammlung von Gemälden, Skulpturen, Stoffen, römischen und etruskischen Funden, daneben Silber und wichtige Kunstwerke des Malers Fra Bartolommeo sowie des Bildhauers Matteo Civitali; Letzterer ist für seine Arbeiten im Dom bekannt. Achten Sie auch auf das schöne Chorgestühl des Doms (1529), das mit Holzeinlegearbeiten verziert ist. Einige Schritte westlich vom Museumseingang an der Via della Quarquonia liegt die Kirche **San Francesco** (13. Jh.), die wegen ihrer Fresken beachtenswert ist. Spannender als diese Kirche ist jedoch ein Besuch der romanischen Kirche **San Pietro Somaldi**.

Die Piazza Anfiteatro liegt über einem alten römischen Amphitheater

Himmelfahrt
Christi, Mosaik
aus dem
13. Jahrhundert
in San Frediano

Sie stammt aus dem 12. Jahrhundert, wurde jedoch auf einer lombardischen Kapelle aus dem Jahre 763 errichtet. Gehen Sie von hier aus in Richtung Süden, und folgen Sie der Via Guinigi, einer der geschichtsträchtigen Straßen von Lucca. Knapp 200 Meter von San Pietro entfernt, steht die **Casa Guinigi**, ein weiterer Palazzo der Familie Guinigi. Auffallend ist v. a. die 44,25 Meter hohe, mittelalterliche **Torre Guinigi**, unverwechselbar wegen der Steineichen, die auf ihrer Turmspitze wachsen. Der Aufstieg wird mit einem Blick über die mittleralterlichen Dächer belohnt. Die Stadt hatte einst 250 solcher Türme.

Von der Piazza Anfiteatro nach San Frediano

Kehren Sie in Richtung Norden auf die Via Guinigi zurück, und biegen Sie links in die Via Antonio Mordini ab, dann in die erste kleine Gasse rechts, die zur **Piazza Anfiteatro** führt. Die ovale Form des Platzes folgt exakt den Umrissen des römischen Amphitheaters, das hier einst stand. Dessen Steine wurden im 12. Jahrhundert als Baumaterial für Kirchen und Paläste in Lucca geplündert, aber in den umliegenden Gebäuden haben sich einige Elemente erhalten.

Der Fontale
Lustrale, das
Taufbecken aus
dem 12. Jahr-
hundert in San
Frediano

Vom nördlichen Rand des Platzes sind es nur wenige Schritte auf der Hauptstraße von Lucca, der Via Fillungo, zur Kirche **San Frediano** (1112–47), deren Fassade ein außergewöhnliches Mosaik (dargestellt ist Christi Himmelfahrt) aus dem 13. Jahrhundert schmückt; im Kircheninnenraum ist v. a. das reich verzierte Taufbecken, der **Fontale Lustrale**, aus dem 12. Jahrhundert sehenswert. Dahinter steht eine Kapelle mit dem Grab der hl. Zita, einer aus Lucca stammenden Magd aus dem 13. Jahrhundert, die zur Schutzpatronin der Dienstmädchen wurde. Bemerkenswert sind auch die fein gearbeiteten Fresken (1508–09) von Amico Aspertini in der **Cappella di Sant'Agostino**.

Die Via Fillungo führt zurück in das Stadtzentrum von Lucca. San Frediano am nächsten liegt der **Palazzo Pfanner** (1667), wo die Gärten aus dem 18. Jahrhundert (nicht jedoch der Palast selbst) für Besucher zugänglich sind. Unweit daneben steht die Kirche Sant'Agostino aus dem 14. Jahrhundert und die Kapelle von San Salvatore in Muro. Weiter westlich wartet das Museo Nazionale di Palazzo Mansi auf Ihren Besuch. Den Mangel an wahren Meisterwerken gleicht es mit seiner luxuriösen und abwechslungreichen Einrichtung aus.

KLEINE PAUSE

Das **Caffè di Simo** (➤ 175) gehört zu den besten Cafés und verzaubert mit einer Einrichtung aus dem 19. Jahrhundert.

Die kunstvoll gestalteten Gärten des Palazzo Pfanner

LUCCA: INSIDER-INFO

Top-Tipps: Lucca besucht man am besten mit dem **Zug**; der Bahnhof ist nur einen kurzen Weg von den Stadtmauern entfernt. Wenn Sie die Anfahrt per Auto wählen, können Sie an der Piazzale Giuseppe Verdi parken oder außerhalb der Mauern und dann ins Zentrum laufen.

• Es lohnt sich, in Lucca ein **Fahrrad auszuleihen**. Eher ungewöhnlich für das autoverrückte Italien, benutzen die Einheimischen gern das Fahrrad – tun Sie es ihnen gleich. Es gibt etliche Fahrradverleihe in der Stadt, u. a. bei der Touristeninformation und an der Piazza Santa Maria.

• Ein **Kombiticket** für den Besuch der Domsakristei, des Museo della Cattedrale und der Kirche Santi Giovanni e Reparata ist günstiger als einzelne Tickets.

San Michele in Foro
202 C3 Piazza San Michele kein Anschluss tägl. 7.40–12, 15–18 Uhr; während Gottesdiensten geschl. frei

Casa di Puccini
202 B3 Corte San Lorenzo 9, Via di Poggio 30 (0583) 58 40 28 Juni–Sept. tägl. 10–18 Uhr; Okt.–Mai Di–So 10–13, 15–18 Uhr preiswert

Duomo di San Martino
203 D2 Piazza San Martino (0583) 49 05 30 Dom: Mai–Sept. tägl. 7–18/19 Uhr; Okt–April 7–17 Uhr; Sakristei: April–Okt. Mo–Fr 9.30 bis 17.45, Sa 9.30–18.45, So 9–10, 13–17.45 Uhr; Nov.–März Mo–Fr 9.30–16.45, Sa 9.30–18.45, So 9–10, 15–17 Uhr Dom: frei; Sakristei: preiswert; Kombiticket für das Museo della Cattedrale und Santi Giovanni e Reparata: mittel

Museo della Cattedrale
203 D2 Piazza Antelminelli 5 (0583) 49 05 30 April–Okt. tägl. 10–18 Uhr; Nov.–März 10–14 Uhr (diese Öffnungszeiten gelten auch für Santi Giovanni e Reparata) preiswert

Museo Nazionale di Villa Guinigi
203 F4 Via della Quarquonia (0583) 49 60 33 Di–Sa 8.30 bis 19, So 8.30–13 Uhr mittel (Kombiticket mit Palazzo Mansi: teuer)

Torre Guinigi
203 D3 Via Sant'Andrea (0336) 20 32 21 tägl.; Öffnungszeiten telefonisch erfragen preiswert

San Frediano
202 C4 Piazza San Frediano Mo–Sa 8.30–12, 15–17, So 10.30 bis 17 Uhr; während Gottesdiensten geschl.

Palazzo Pfanner
202 C4 Via degli Asili 33 (0583) 95 40 29 März–Okt. tägl. 10 bis 18 Uhr; Nov.–Feb. mit Anmeldung Palazzo: mittel; Gärten: preiswert

Museo e Pinacoteca Nazionale di Palazzo Mansi
202 A3 Via Galli Tassi 43 (0583) 555 70 Di–Sa 8.30–19, So 8.30–13.30 Uhr mittel (Kombiticket mit Villa Guinigi erhältlich)

Pisa

Bei Pisa denkt man zunächst an ein beeindruckendes Gebäude – den Schiefen Turm. Dabei übersieht man leicht den prachtvollen Dom und das Baptisterium, ganz zu schweigen von einer eigenwilligen, kleinen Kirche, einer geschichtsträchtigen Piazza aus dem Mittelalter und drei Museen voller Kunstschätze.

Jahrhundertelang gehörte Pisa zu den wichtigsten Städten Italiens: Die etruskische, später römische Siedlung gewann im Mittelalter an Bedeutung und erreichte ihre Blütezeit im 11. und 12. Jahrhundert, als Pisa dank des Seehandels reich wurde und Bauwerke wie der Schiefe Turm entstanden. Doch mit dem Verlust der Vormachtstellung auf See und der Verlandung des Hafens setzte der Niedergang ein. Nachdem sich die Stadt seit 1406 unter florentinischer Herrschaft befand, war Pisa auf seine Bedeutung als Universitäts- und Kulturstadt reduziert.

Campo dei Miracoli

Den heutigen Touristen bleibt der Anblick der früheren Pracht verwehrt, denn ein Großteil des historischen Stadtkerns wurde

Der Duomo von Pisa, daneben der Schiefe Turm

1944 im Zweiten Weltkrieg durch Bomben zerstört. Pisa ist daher in einer Region, die für ihr mittelalterliches Flair berühmt ist, eine Ausnahme, denn die Nachkriegsbauten haben nicht nur den Vororten, sondern auch der einst historischen Stadtmitte ein modernes, anonymes Gesicht verliehen. Die große Ausnahme ist jedoch der **Campo dei Miracoli** (»Platz der Wunder«), der vom Bombenhagel verschont blieb, mit dem berühmten Schiefen

Skulpturen von Giovanni Pisano schmücken die Fassade des Baptisteriums

Turm, dem Duomo, dem Baptisterium und dem Camposanto, einem mittelalterlichen Friedhof. Dank umfangreicher Hilfsmaßnahmen in den 1990er-Jahren wurde der Einsturz des **Schiefen Turms** verhindert. Der Turm, eigentlich als Glockenturm für den Dom gebaut, gilt als Hauptattraktion. Der Dom und das Baptisterium rangieren danach – dabei zählen beide zu den außergewöhnlichsten mittelalterlichen Bauten der Toskana.

Mit dem **Dombau** wurde im Jahre 1064 begonnen, wesentlich früher noch als in Florenz (1296) und Siena (1179) – ein Indiz für den einstigen Reichtum der Stadt. Die aufwendig verzierte, marmorgestreifte Fassade, v. a. deren feingliedrige Säulen und Bögen, diente später als Vorbild für ähnliche romanische Kirchenbauten im Stil der sogenannten Pisa-Architektur in ganz Mittelitalien, insbesondere in Lucca, Siena und Florenz. Dieser Baustil verweist auf starken orientalischen Einfluss. Aufgrund ihrer weit verzweigten Handelsbeziehungen kam die Stadt mit der Kunst und Architektur des Nahen Ostens sowie des östlichen Mittelmeerraums in Berührung.

Bevor Sie den Dom betreten, sollten Sie den **Portale di San Ranieri** (1180) bewundern, eine Tür, die einst als Haupteingang des Doms diente, sich heute jedoch hinter dem rechten (südlichen) Querschiff, gegenüber dem Schiefen Turm befindet. Seine Bronzetafeln zeigen Motive aus dem Neuen Testament, während der Querbalken aus römischen Reliefs besteht, die aus einem älteren Gebäude des 2. Jahrhunderts n. Chr. stammen.

Leider wurden viele der Kunstschätze im Innern des Doms 1595 durch einen Brand zerstört. Zwei Meisterwerke überstanden das Feuer – das Mosaik in der Apsis, *Die Herrlichkeit Christi* (1302) von Cimabue, und die einzigartige **Kanzel** (1302–11) von Giovanni Pisano,

dessen Werk großen Einfluss auf die italienische Kunst ausübte.

Die Arbeiten von Giovanni Pisano und Nicola Pisano schmücken das runde **Baptisterium** (ab 1152), das unweit des Doms steht. Diese Künstler schufen auch die meisten der feinen Steinmetzarbeiten, die seit 1270–97 die Fassade des Baus zieren. Das Innere der überwiegend schlichten Taufkapelle wird von der von Nicola Pisano 1260 gefertigten Kanzel beherrscht. Ein weiterer Bildhauer aus Norditalien, Guido Bigarelli da Como, schuf 1246 das Taufbecken mit Einlegearbeiten.

Ein Besuch auf dem **Camposanto** innerhalb eines großen gotischen Klosters an der Nordseite des Campo, erinnert daran, wie knapp diese Kunstschätze 1944 der Vernichtung entgingen. In jenen Tagen traf das Kloster eine Brandbombe, die fast alles zerstörte. Nur wenige kostbare Fresken, Grabsteine und *sinopie* – Skizzen, die sich unterhalb der Fresken befinden – konnten gerettet werden. Letztere sind heute im Museo delle Sinopie an der Südseite des Campo ausgestellt.

Nicola Pisano schuf die wunderschöne Kanzel der Taufkapelle

Die Museen von Pisa

Andere Kunstgegenstände, die vor dem Bombenhagel gerettet wurden, sind im **Museo dell'Opera del Duomo** zu besichtigen.

Ein weiteres bedeutendes Museum in Pisa ist das **Museo Nazionale di San Matteo**. Wenn Sie das Museum zu Fuß erreichen wollen, gehen Sie zunächst zur Piazza dei Cavalieri, einem von mittelalterlichen Bauten gesäumten Platz, pausieren kurz an der Piazza Vettovaglie, wo täglich (außer sonntags) ein Markt abgehalten wird. Die Via Dini führt von der Piazza dei Cavalieri zur Borgo Stretto, wo die attraktivsten Geschäfte von Pisa liegen. Am südlichen Ende der Straße, am Arno, biegen Sie links ab. Über den Lungarno Mediceo und die Piazza San Matteo erreichen Sie das Museum. Zu den Hauptsehenswürdigkeiten gehören eine Bronzestatue des San Lussorio von Donatello sowie Gemälde von Masaccio, Simone Martini, Fra Angelico und Gentile da Fabriano. Weitere Gemälde und sonstige Kunstgegenstände finden sich im **Museo Nazionale di Palazzo Reale**. Auf der anderen Flussseite, an der Lungarno Gambacorti, steht die kleine Kirche **Santa Maria della Spina** aus dem 14. Jahrhundert. Ein Dorn aus der Krone Christi, eine *spina*, wird in diesem Gotteshaus aufbewahrt.

KLEINE PAUSE

Die **Pasticceria Salza** in der Borgo Stretto ist ideal für einen Lunch, etwas gehobener ist die **Osteria dei Cavalieri** (► 175).

PISA: INSIDER-INFO

Top-Tipps: Wenn Sie nach oder ab Pisa **fliegen** (➤ 36), sollten Sie sich die Stadt am Ankunfts- oder Abreisetag ansehen – man braucht nur wenige Stunden.
• Das Verkehrsnetz erschwert den Besuch der Innenstadt von Pisa und des Campo dei Miracoli mit dem Auto. Sie können die Stadt von Lucca (➤ 156ff) aus mit dem **Zug** besuchen: Vom Bahnhof zum Campo dei Miracoli sind es zu Fuß nur 15 Minuten. Vom Bahnhofsvorplatz fahren auch Taxis und der Bus Nr. 1 ab.
• Für den Dom, die Taufkapelle, das Museo dell'Opera und den Camposanto gibt es eine Auswahl an **Kombitickets** (mittel–teuer). **Kartenreservierung** (zwingend) für den **Schiefen Turm** unter www.opapisa.it (mind. 16 Tage im Voraus) oder gehen Sie zum Kartenschalter bei der Touristeninformation. Infos unter Tel. (050) 56 05 47.

Duomo, Baptisterium, Museo dell'Opera, Camposanto

✚ 196 B4 ✉ Campo dei Miracoli ☎ (050) 56 09 21; www.duomo.pisa.it; Besichtigungen des Schiefen Turms (050) 56 05 47; www.opapisa.it
🕐 Turm: tägl. April–Sept. 8.30–20.30 Uhr; Nov.–Feb. 9.30–17 Uhr; März und Okt. 9–19 Uhr; Mitte Juni–Mitte Juli 8.30–23 Uhr; nur mit Führung möglich; Duomo: Jan.–Feb. und Nov.–Dez. Mo–Sa 10–13, 15–17, So 13–17 Uhr; März Mo–Sa 10–18, So 13–18 Uhr; April–Sept. Mo–Sa 10–20, So 13–20 Uhr; Okt. Mo–Sa 10–19, So 13–19 Uhr; Baptisterium: tägl. Jan.–Feb. 10–17 Uhr; März 9–18 Uhr; April und Okt. 9–19 Uhr; Nov.–Dez. 10–17 Uhr
Camposanto/Museo dell'Opera: Öffnungszeiten wie für Baptisterium (außer April–Sept. tägl. 8–20 Uhr; Okt. tägl. 9–19 Uhr) ✋ preiswert (Kombiticket erhältlich: teuer)

Museo Nazionale di San Matteo

✚ 196 B4 ✉ Piazza San Matteo ☎ (050) 54 18 65 oder (050) 971 13 95
🕐 Di–Sa 8.30–19, So 8.30–13 Uhr ✋ mittel (Kombiticket mit Palazzo Reale: teuer)

Museo Nazionale di Palazzo Reale

✚ 196 B4 ✉ Piazza Carrara, Lungarno Pacinotti 46 ☎ (050) 92 65 11
🕐 Mo–Fr 9–14.30, Sa 9–13.30 Uhr ✋ mittel (Kombiticket mit Museo Nazionale: teuer)

Der Palazzo dei Cavalieri (links) und Santo Stefano an der Piazza dei Cavalieri

Nach Lust und Laune!

❸ Viareggio

Das Seebad Viareggio hat zwar einige Sehenswürdigkeiten zu bieten – eine Handvoll Jugendstilgebäude am palmengesäumten Ufer –, aber eigentlich kommt niemand deswegen hierher: Es ist der Strand, der die Menschen anlockt – einer der schönsten der Region, der als Riviera di Versilia bekannt ist und sich bis zur Grenze nach Ligurien im Norden erstreckt. Bis auf den schicken Ferienort Forte dei Marmi ist dieser Küstenstreifen eher uninteressant zu nennen. Kein Wunder also, dass Viareggio mit seinem einstigen mondänen Glanz auch heute noch anziehend wirkt. Viele der Besucher kommen aus Florenz, um der Großstadt für einen Tag zu entfliehen. Das Seebad ist mit dem Auto oder dem Zug nur eine Stunde von der toskanischen Hauptstadt entfernt.

Der breite und lange Sandstrand ist in *stabilimenti bagnari* (Badeabschnitte) unterteilt, d. h. man muss für Eintritt und Nutzung des Strandes

Florentiner kommen gern nach Viareggio, um der Sommerhitze in der Stadt zu entfliehen

zahlen. Dass mag man als ärgerlich empfinden, aber dafür wird der Strand sauber gehalten. Im Preis sind außerdem Sonnenstühle, Duschen, Umkleidekabinen und sanitäre Einrichtungen inbegriffen.

In Viareggio gibt es zahlreiche preiswerte Hotels sowie Pizzerien, Fischrestaurants, Geschäfte und ein reges Nachtleben.

Touristeninformation
✚ 196 B4 ✉ Viale Carducci 10 ☎ (0584) 96 22 33; www.versilia. turismo.toscana.it ⊕ Mo–Sa 9–14, 15–19.30, So 9–13 Uhr

❹ Carrara

Carrara gilt seit langem als Inbegriff für Marmor. Das elfenbeinfarben und milchig-grau schimmernde Gestein aus Carrara wird schon seit Jahrtausenden in den nahe gelegenen Alpi Apuane abgebaut und hat Bildhauer von Michelangelo bis Henry Moore begeistert.

Der kurze Weg von der Stadt zu einigen der Marmorbrüche lohnt sich. Plattformen am Straßenrand ermögli-

Die Alpi Apuane sind seit der Römerzeit für ihren Marmorreichtum bekannt

chen Einblicke in die Brüche während der Arbeitszeiten. Marmorbrüche, die sehr gut einzusehen sind, befinden sich in Colonnata, acht Kilometer östlich der Stadt, und bei Fantiscritti, fünf Kilometer nordöstlich einer kurvenreichen Straße nach Miseglia. Eine weitere kurvige Straße (Nr. 446d) führt in den Norden und bietet tolle Ausblicke, v. a. an der Stelle, wo sie nach Osten abknickt und zum Campo Cecina auf 1500 Meter Höhe ansteigt.

Im Gegensatz zur nahe gelegenen Marmorstadt Massa bietet Carrara einige Sehenswürdigkeiten. Im Zentrum liegt die Piazza Alberica, die von farbenfrohen mittelalterlichen Häusern umgeben ist. Der Dom aus dem 11.–14. Jahrhundert entstand im romanischen Pisa-Stil und liegt wenige Schritte nordöstlich von der Piazza del Duomo.

Touristeninformation

✚ 196 B4 ✉ Viale Vespucci 24, Marina di Massa ☎ (0585) 24 00 63 ◉ Ostern bis Sept. Mo–Sa 9–13, 15–19, So 10 bis 12 Uhr; Okt.–Ostern Mo–Sa 9–13, 15 bis 17 Uhr

5 Garfagnana

Die Garfagnana, die Tallandschaft entlang dem Fluss Serchio nördlich von Lucca, trennt zwei Bergketten voneinander: Im Westen liegen die Alpi Apuane, ein wilder Gebirgszug mit reißenden Bächen und zerklüfteten Gipfeln (der höchste Berg, der Pania di Croce, ist 1858 Meter hoch). Östlich davon liegen die bewaldeten, sanfteren Hänge der Orecchiella, deren höchster Gipfel der Monte Prato (2053 Meter) ist. Beide Gebirgszüge sind Naturschutzgebiete (*parchi naturali*).

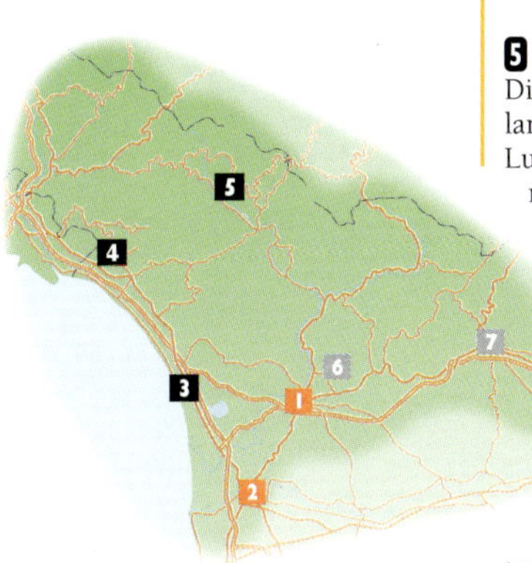

Das Tal und die Berge der Garfagnana lohnen einen Besuch, wenn Sie mit dem Auto reisen. Urlauber ohne Auto können von Lucca aus den Zug nach Aulla (Verbindung nach La Spezia) nahe der Grenze zwischen der Toskana und Ligurien nutzen. Genießen Sie die Landschaft vom Zug aus und kehren dann von der Piazza al Serchio nach Lucca zurück.

Die ersten 20 Kilometer mit dem Auto ab Lucca durch das Tal sind landschaftlich weniger reizvoll, das ändert sich jedoch ab dem Dorf Borgo a Mozzano. Machen Sie einen kleinen Abstecher nach Bagni di Lucca, einem ruhigen kleinen Kurort, der 27 Kilometer von Lucca entfernt liegt und berühmte Gäste wie

Garzagnanza ist ein typisches Dorf, wie man es überall in den Gebirgsregionen der Garfagnana findet

Lord Byron, Shelley sowie Robert und Elizabeth Barrett Browning willkommen hieß. Am lohnendsten ist ein kleiner Umweg zum hübschen Bergort Barga, fünf Kilometer abseits der Talstraße. Dort gibt es einen wunderschönen Dom aus dem 10. Jahrhundert zu bewundern.

Castelnuovo di Garfagnana, 14 Kilometer weiter im Tal gelegen, ist der größte Ort der Gegend und dient als Ausgangspunkt für Fahrten in die Berge nach Osten und Westen. Falls Sie genug Zeit haben, machen Sie eine kleine Tour durch die Orecchiella. So führt eine kleine Straße nach Norden zum Gebirgsort San Pellegrino in Alpe (1524 Meter),wo sich ein ausgezeichnetes Volksmuseum befindet, das Museo Etnografico Provinciale. Hier steigt die Straße bis Foce dei Radici auf 1600 Meter Höhe an. Anschließend führt die kurvenreiche Straße wieder über Castiglione di Garfagnana zurück nach Castelnuovo (die Rundfahrt beträgt rund 50 Kilometer). Für ein wunderbares Panorama auf die Alpi Apuane nehmen Sie die kleine Straße nach Westen über die Berge nach Massa oder Seravezza.

Die Alpi Apuane wie auch die Orecchiella werden von zahlreichen markierten Wanderwegen durchzogen, die besseren Pfade haben ihren Ausgangspunkt in Dörfern wie Levigliani an der Westseite des Gebirges. Anders als für die restliche Toskana gibt es in örtlichen Buchhandlungen und an Zeitungsständen sehr detaillierte Wanderkarten. Weitere Auskünfte erteilen die Touristeninformation in Lucca (➤ 41) oder die Naturparkverwaltung der Alpi Apuane in Castelnuovo (Piazza delle Erbe 1, Tel. (0583) 64 42 42) bzw. Naturparkverwaltung der Orecchiella, die sieben Kilometer nördlich der Siedlung Corfino an der Nebenstraße nach Sillano liegt (Tel. (0583) 61 90 98 oder (0583) 64 49 11).

Museo Etnografico Provinciale

✚ 196 B4 ✉ Via del Voltone 14
☎ (0583) 64 90 72 ◷ Juli–Aug. tägl. 9.30–13, 14.30–19 Uhr; Juni–Sept. Di–So 9.30–13, 14.30–19 Uhr; Okt.–März Di–Sa 9–13, So 9–12, 14–17 Uhr; April–Mai Di–Sa 9–13, So 9–12, 14–17 Uhr
✋ preiswert

⑥ Villen und Gärten

In der Umgebung von Lucca findet man viele Villen und Gärten, die der Öffentlichkeit zugänglich sind. Zu den prächtigsten Villen gehört die Villa Reale aus dem 14. Jahrhundert, die 14 Kilometer nordöstlich von Lucca in der Nähe des Dorfes Marlia liegt. Allerdings sind nur die Gärten für Besucher geöffnet: Diese wurden größtenteils im 17. Jahrhundert angelegt, im 19. Jahrhundert jedoch von Elisa Baciocchi, der Schwester von Napoleon Bonaparte, umgestaltet. Nur 200 Meter entfernt, befindet sich die kleinere, aber schöne Villa Grabau – die Gärten und der erste Stock stehen der Öffentlichkeit offen. Sehenswerter ist die Villa Torrigiani (16. Jh.), auch Villa Camigliano genannt, rund acht Kilometer östlich von Marlia gelegen. Sie verfügt über einen wunderbaren Garten aus der Spätbarockzeit. Nur zwei Kilometer entfernt liegt die Villa Mansi, ca. elf Kilometer nordöstlich von Lucca beim Dorf Segromigno in Monte. Ihre Fassade aus dem 16. Jahrhundert ist mit Statuen geschmückt, der Garten kombiniert italienische und englische Einflüsse. Mehr Informationen unter www.villelucchesi.it

Villa Reale

✚ 196 C4 ✉ Via Fraga Atta, Marlia
☎ (0583) 301 08 oder (0538) 300 09
◷ März–Nov. Di–So stündliche Führungen 10–12, 15–18 Uhr; Dez.–Feb. nach Anmeldung ✋ mittel

Elegante Statuen schmücken den Barockgarten der Villa Torrigiani

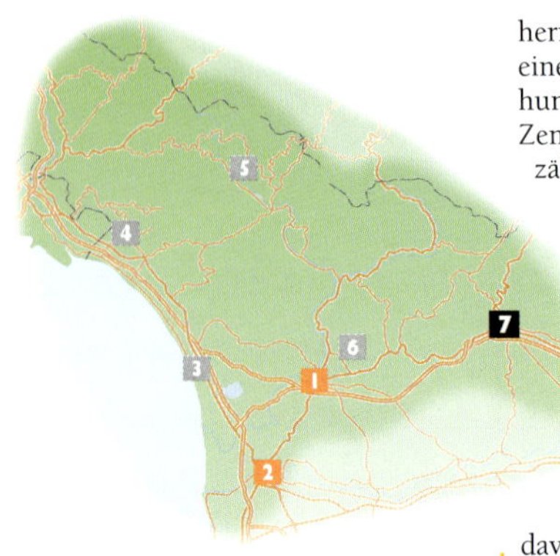

Villa Grabau

✚ 196 C4 ✉ Via di Matraia 269, Marlia ☎ (0583) 40 60 98
🕐 Ostern–Okt. Mi–So 10–13, 14.15–18.15, Di 14.15–18.15 Uhr (außer Juli–Aug. 15–19 Uhr); Nov.–Ostern So 11–13, 14–17.30 Uhr ✋ Garten: mittel; Villa und Garten: teuer

Villa Torrigiani

✚ 196 C4 ✉ Via del Gomberaio 3, Camigliano, an der SS435 ☎ (0583) 92 80 41 🕐 März–Mitte Nov. tägl. 10–13, 15–19 Uhr; Mitte Nov.–Feb. mit Anmeldung ✋ teuer

Villa Mansi

✚ 196 C4 ✉ Via delle Selvette 242, Segromigno in Monte ☎ (0583) 92 02 34 oder (0583) 92 00 96; www.villamansi.it 🕐 April–Okt. Di–So 10–13, 15–18 Uhr; Nov.–März Di–So 10–13, 15–17 Uhr; geschl. 23. Dez.–7. Jan. ✋ teuer

7 Pistoia

Pistoia ist zwar eine sehenswerte historische Stadt, jedoch ist das dicht bebaute Umland nicht sehr schön und außerdem liegt Pistoia zwischen zwei verlockenderen Zielen – Florenz und Lucca.

Wer die Vororte von Pistoia erst einmal hinter sich gelassen hat, entdeckt einen historischen Stadtkern aus dem Mittelalter und der Renaissance. Die Piazza del Duomo ist die Kulisse eines herrlichen Campanile (Glockenturm), eines Baptisteriums aus dem 14. Jahrhundert und des prächtigen Doms San Zeno. Zu den Höhepunkten im Dom zählt der Silberaltar des Hl. Jakobus (1287–1456). Dieser wiegt über eine Tonne und zählt insgsamt 628 Einzelfiguren. Weitere sehenswerte Kirchen in der Stadt sind San Bartolommeo, San Giovanni Fuorcivitas und Sant'Andrea, v. a. wegen der reich verzierten Kanzeln aus dem 13. und frühen 14. Jahrhundert. Die Schönste davon ist die von Giovanni Pisano in Sant'Andrea (1301).

Die Chiesa del Tau ist für ihre Fresken aus dem 14. Jahrhundert bekannt, das Spedale del Ceppo, ein Hospital aus dem 13. Jahrhundert, zeigt ein Fries mit bunt glasierten Terrakottasteinen aus dem 16. Jahrhundert von Della Robbia.

Touristeninformation

✚ 196 C4 ✉ Piazza del Duomo 4 ☎ (0573) 216 22; www.comune.pistoia.it 🕐 Di–So 9–13, 15–18 Uhr

Die glasierten Terrakottaverzierungen über dem Haupteingang des großartigen, mittelalterlichen Doms von Pistoia

Wohin zum… Übernachten?

Preise
Für ein Doppelzimmer gelten folgende Preise:
€ unter 100 Euro   €€ 100–175 Euro   €€€ über 175 Euro

Grundsätzlich muss man Hotels in Lucca und Pisa im Voraus buchen. Der Ferienort Viareggio bietet ein umfassendes Angebot an Unterkünften in allen Preiskategorien. In Lucca werden auch viele Privatunterkünfte angeboten – wenden Sie sich an die Touristeninformation (➤ 41).

LUCCA

La Luna €€

Dieses familiengeführte 3-Sterne-Hotel mit 29 Zimmern liegt in zwei Palazzi aus dem 17. Jahrhundert, die sich zu beiden Seiten eines verschlafenen Innenhofs gegenüberstehen. Alle Zimmer sind mit Telefon und Fernseher ausgestattet, und sehr unterschiedlich eingerichtet – darunter einige größere Suiten und apartmentähnliche Zimmer. Es gibt kein Restaurant, aber ein (teures) Frühstück wird angeboten.
✝ 202 C4   ✉ Via Fillungo-Corte Compagni 12   ☎ (0583) 49 36 34; www.hotellaluna.com   ✪ Jan. geschl.

Locanda L'Elisa €€€

Dieses luxuriöse 5-Sterne-Hotel, Mitglied der Relais & Chateaux-Gruppe, ist eine Klasse für sich und eignet sich für einen romantischen Aufenthalt. Das frühere Haus von Napoleons Schwester, Elisa Baciocchi, ist eine neoklassizistische Villa und liegt 4,5 Kilometer südlich von Lucca an der Straße nach Pisa. Es gibt nur zwei Zimmer und acht prächtige Suiten, die alle wunderschön im Stil des 18. Jahrhunderts mit zeitgenössischem Mobiliar und Antiquitäten eingerichtet sind. Alle Zimmer verfügen über Aussicht auf den Park der Villa. Es gibt einen großen Swimmingpool und ein bekanntes Restaurant, Il Gazebo (auch für Nicht-Hotelgäste), das in einem englischen Wintergarten liegt.
✝ 202 bei B1   ✉ Via Nuova–Strada Statale del Brennero 1952   ☎ (0583) 37 97 37; www.locandaelisa.it   ✪ Nov., Dez., Jan. und Feb. zeitweise geschl.; Restaurant So geschl.

Piccolo Hotel Puccini €

Dieses reizende, kleine 3-Sterne-Haus ist die beste Wahl im Stadtzentrum von Lucca: Es liegt nur wenige Minuten von der Piazza San Michele entfernt in einem friedlichen Renaissancepalazzo aus dem 15. Jahrhundert, in der Nähe des Geburtsorts des Komponisten Giacomo Puccini (➤ 156f). Das Haus wird gut geführt und die 14 gemütlichen, hellen Zimmer, einige mit Blick auf den kleinen Platz und die Puccini-Statue, sind geschmackvoll eingerichtet. Es gibt nur wenige hauseigene Parkplätze, die man im Voraus reservieren muss. Das Hotel verfügt über kein Restaurant, bietet aber Kontinentalfrühstück an.
✝ 202 B3   ✉ Via di Poggio 9   ☎ (0583) 554 21; www.hotelpuccini.com

Villa La Principessa €€€

Das 4-Sterne-Hotel liegt rund 4,5 Kilometer südlich von Lucca an der Straße nach Pisa (Via Nuova). Teile des Hotels gehen auf das Jahr 1320 zurück, als hier ein Palazzo für Castruccio Castracani, einen Adligen aus Lucca, gebaut wurde. Der größte Teil des heutigen Baus und des attraktiven Anwesens stammt jedoch aus dem 18. Jahrhundert.

Es gibt 40 geräumige Zimmer und Suiten, die alle mit Fernseher, Telefon und Klimaanlage ausgestattet und im eleganten Pariser Stil des 18. Jahrhunderts mit zeitgenössischen Möbeln und Antiquitäten eingerichtet sind. Außer dem Frühstück gibt es keine Mahlzeiten.

✚ 202 bei B1 ✉ Via Nuova-Strada Statale del Brennero 1616 ☎ (0583) 37 00 37; Fax (0583) 37 91 36 ◷ Nov.–März geschl.

PISA

Hotel Amalfitana €

Das 2-Sterne-Hotel ist eine kostengünstige Wahl in zentraler Lage, genau zwischen dem Fluss und dem Campo dei Miracoli, gleich südlich des Orto Botanico (Botanischer Garten). Alle 21 Zimmer sind sauber und modern, ausgestattet mit Telefon, Fernseher und Klimaanlage. Auch Parkplätze sind vorhanden. Es gibt zwar kein Restaurant, aber im modernen Speiseraum wird Frühstück serviert.

✚ 196 B4 ✉ Via Roma 44 ☎ (050) 290 00; www.hotelamalfitana.com

Royal Victoria €€

Der herzliche Service und der elegante, wenngleich altmodische Stil erfüllt genau die Vorstellung, die man sich von einem Hotel macht, das seit 1839 von derselben Familie geführt wird. Die Lage am Ufer des Arno, zwischen dem Bahnhof und dem Campo dei Miracoli, eignet sich vortrefflich für einen Besuch des Borgo Stretto, der Haupteinkaufsstraße in Pisa, und der Piazza dei Cavalieri. Der Schiefe Turm und andere Sehenswürdigkeiten sind nur einen zehnminütigen Fußweg entfernt. Die 48 Zimmer sind sauber und bequem, mit und ohne eigenem Badezimmer. Es gibt auch Drei- und Vierbettzimmer. Gegen einen Aufpreis bekommt man einen Parkplatz zugewiesen.

✚ 196 B4 ✉ Lungarno Pacinotti 12 ☎ (050) 94 01 11; www.royalvictoria.it

Wohin zum ...
Essen und Trinken?

Die Öffnungszeiten werden zwar für jedes Restaurant angegeben, sie können jedoch nach Jahreszeit, Besucherzahl oder schlicht nach Laune des Gastwirts variieren.

LUCCA

Buca di Sant'Antonio €€

Das Buca liegt etwas verborgen in einer Gasse an der südwestlichen Ecke der Piazza San Michele und gilt seit langem als eines der besten Restaurants in der Innenstadt. Passend für ein Lokal, das bereits 1787 gegründet wurde, kommt der Service hier etwas formeller daher und serviert traditionelle Gerichte aus Lucca. Es gibt Speisen wie *tordelli Lucchesi* (Pasta, gefüllt mit Borretsch, Rind- und Schweinefleisch), *zuppa di farro* (eine spezielle Gemüsesuppe), *capretto allo spiedo* (Zicklein am Spieß) und *semifreddo Buccellatto* (Creme mit wilden Beeren).

✚ 202 B3 ✉ Via della Cervia 3 ☎ (0583) 31 21 99 ◷ 12.30–14.30, 19.30–22.30 Uhr; So nachmittags, Mo und zeitweise im Juli geschl.

Caffè di Simo €

Das schönste Café in Lucca begeistert durch sein Belle-Époque-Interieur aus Messing, Marmor und Spiegeln. Puccini ist nur eine der vielen Berühmtheiten, die hier Kuchen, Gebäck, Kaffee und Snacks genossen haben. Auch die Eiscreme gehört zum besten Speiseeis, das man in Lucca bekommen kann.

202 C3 Via Fillungo 58
(0583) 49 62 34 8.30–20 Uhr; Mo geschl.

Da Leo €

Das familiengeführte Da Leo ist kein Restaurant für ein ruhiges Abendessen zu zweit – dafür geht es in diesem lebhaften und legeren italienischen Restaurant mit nur zwei Speiseräumen viel zu geschäftig zu. Viele Einheimische lassen sich hier einfache und preiswerte toskanische Gerichte wie hausgemachte Pasta, gegrilltes Fleisch und Suppen schmecken. Das Restaurant ist zwar in einem mittelalterlichen Gebäude untergebracht, aber im Stil der Fünfziger Jahre eingerichtet. Kreditkarten werden nicht akzeptiert.

202 C3 Via Tegrimi 1
(0583) 49 22 36 12.30 bis 14.30, 19.30–22.30 Uhr; So nachmittags geschl.

La Mora €€€

Die erlesene Küche mit Speisen aus Lucca und der Garfagnana wurde sogar mit einem Michelin-Stern ausgezeichnet. Aber um in den Genuss feiner Gerichte wie *anguilla* (Aal) zu kommen, muss man in das Dörfchen Ponte a Mariano fahren, das acht Kilometer nordwestlich von Lucca liegt. Eine Reservierung ist ratsam.

203 bei D5 Via Sesto di Ponte a Moriano 1748 (0583) 40 64 02
12.30–14.30, 19.30–22.30 Uhr; Mi und zeitweise im Jan. und Juni geschl.

La Mescita €

Wer sich unter Studenten, Universitätsprofessoren und Einheimische mischen möchte, ist in dieser gemütlichen, zentral gelegenen und preiswerten Trattoria genau richtig. Die Speisekarte wechselt täglich – zu den Gerichten gehören z. B. *pappardelle con fiori di zucca* (Bandnudeln mit Zucchini), Wildfenchel und Ricotta-Salat oder *baccalà bollito con i ceci* (gekochter Salzkabeljau mit Hülsenfrüchten). Auch die Käseauswahl ist hervorragend. Das Haus mit seinen Gewölbedecken stammt aus dem 15. Jahrhundert, die Atmosphäre ist herzlich und lebendig. Da das Lokal stets gut besucht ist, sollten Sie rechtzeitig reservieren.

196 B4 Via Cavalca 2, Ecke Piazza delle Vettovaglie (050) 54 42 94 19.30–22.30 Uhr; Mo und teilweise im Aug. geschl.

Pasticceria Salza €

Das beliebteste Café in Pisa wird seit den Zwanzigerjahren im Familienbetrieb geführt und liegt in der Haupteinkaufsstraße von Pisa. Beachtenswert ist die Auswahl an Sandwiches (mehr als 40), man bekommt auch Kaffee, Kuchen und Snacks. Heiße Sandwiches und einfache Pastagerichte werden mittags in einem separaten Raum (mit Bedienung) serviert, abends gibt es auch Aperitifs. Kreditkarten werden nicht akzeptiert.

196 B4 Borgo Stretto 46
(050) 58 01 44 Di–So 7.45 bis 20.30 Uhr

Osteria dei Cavalieri €€€

Die zwei Speisesäle dieser alteingesessenen *osteria* liegen in einem Teil eines mittelalterlichen Turms und Stadthauses. Eine breite Auswahl an toskanischen Gerichten zu vernünftigen Preisen wird geboten: entweder à la carte wie z. B. *manzo con fagioli e funghi* (Rindfleisch mit Bohnen und Pilzen) oder Menüs mit Fisch, Gemüse oder Fleisch. Das Restaurant liegt günstig, nur einige Gehminuten südlich der Piazza dei Cavalieri.

196 B4 Via San Frediano 16
(050) 58 98 58 Mo–Fr 12.30 bis 14, 19.45–22, Sa 19.45–22 Uhr; Aug. geschl.

Wohin zum … Einkaufen?

LUCCA

Die besten Einkaufsstraßen für Kleidung, Porzellan und Schuhe sind die Via Fillungo und die Via del Battistero.

Olivenöl aus Lucca zählt zu den besten in ganz Italien und ist in Supermärkten und Lebensmittelläden (*alimentari*) erhältlich. In der holzgetäfelten Bäckerei **Taddeucci** (Piazza San Michele 34, Tel. (0583) 49 49 33, Do geschl.) können Sie lokale Spezialitäten wie *buccellato*, ein Anis- und Rosinengebäck, probieren. Selbstgemachte Schokolode verkauft **Caniparoli** (Via San Paolino 96, Tel. (0583) 53 45 61, Mo geschl.); Schuhe, Taschen und Kleidung von Qualität bietet **Cuoieria Fiorentina** (Via Fillungo 155,

Tel. (0583) 49 11 39). Für Wein empfiehlt sich **Vini Liquori Vanni** (Piazza del Salvatore 7, Tel. (0583) 49 19 02; www.enotecavanni.com, Mo vormittags und So geschl.).

Der **Mercato del Carmine** findet jeden Morgen (außer Mi und So) auf der Piazza del Carmine statt. Am dritten Wochenende im Monat wird auf der Piazza San Giusto ein Handwerksmarkt abgehalten.

PISA

Gute Geschäfte finden Sie an der Borgo Stretto und am Corso Italia. Der Lebensmittelmarkt **Mercato Vettovaglie** findet jeden Vormittag (7 bis 13.30 Uhr, außer So) auf der Piazza delle Vettovaglie statt, der Antikmarkt am Borgo Stretto jedes zweite Wochenende. Schokolade kauft man bei **De Bondt** (Via Turati 22–Corte San Domenico, Tel. (050) 50 18 96, So/Mo geschl.); Öle, Käse und Wein bei **Gastronomia a Cesqui** (Piazza delle Vettovaglie 38, Tel. (050) 58 02 69, Mi nachmittags/So geschl.)

Wohin zum … Ausgehen?

LUCCA

Luccas bedeutendstes Festival ist das **Luminaria di Santa Croce**, ein Fackelzug am 14. September zu Ehren der Volto-Santo-Reliquie. Es fällt mit dem **Settembre Lucchese** zusammen, einer Reihe von Klassikkonzerten und anderen Veranstaltungen (Sept.–Okt.). Ein ähnliches Lichtfest, das **Luminaria di San Paolino**, wird am 11. und 12. Juli gefeiert, zum Gedenken an den Schutzheiligen von Lucca. Weitere Musikfestivals sind das **Estate Musicale Lucchese** (Juli) mit Konzerten, die u. a. auf der Piazza Anfiteatro stattfinden, sowie das **Stagione Lirica**, opernähnliche Aufführungen (Sept.–Nov.) im Teatro del Giglio (Tel. (0583) 465 31).

PISA

Das wichtigste Festival in Pisa ist das **Festa di San Ranieri** (16. und 17. Juni) mit Lichterprozessionen. Am nächsten Tag findet eine historische Ruderregatta in mittelalterlichen Kostümen zu Ehren des Schutzheiligen von Pisa statt. Schließlich folgt das Gioco del Ponte, ein Wettbewerb im Tauziehen (ebenfalls in mittelalterlicher Kluft), der auf der Ponte di Mezzo (letzter So im Juni) ausgetragen wird.

Für weitere Veranstaltungen erkundigen Sie sich bei der Touristeninformation oder in den Lokalzeitungen, v. a. wenn Sie ein Domkonzert oder im Sommer ein Abendkonzert auf dem Campo dei Miracoli besuchen möchten.

Spaziergänge & Touren

1 SIENA

Spaziergang

LÄNGE: 2 Kilometer **DAUER:** 2–3 Stunden
START: Piazza San Domenico ✚ 200 B4
ZIEL: Piazza del Duomo ✚ 200 C2

Dieser Spaziergang führt Sie ins Herz des alten Siena. Sie beginnt im Norden der Stadt und geht nach Süden an mittelalterlichen Kirchen und Palästen vorbei zum Campo, einem der schönsten Plätze Italiens. Sie führt weiter durch die südlichen, seltener besuchten Viertel und endet an der beeindruckenden Piazza mit dem Dom und dem Ospedale di Santa Maria della Scala.

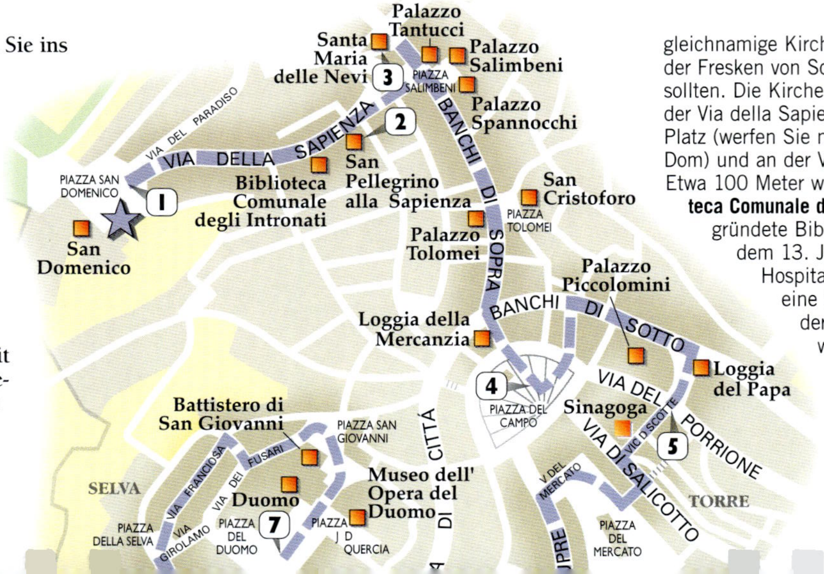

gleichnamige Kirche befindet, die Sie wegen der Fresken von Sodoma (▶ 101f) besuchen sollten. Die Kirche im Rücken, gehen Sie auf der Via della Sapienza in Richtung Osten vom Platz (werfen Sie noch einen Blick auf den Dom) und an der Via del Paradiso links vorbei. Etwa 100 Meter weiter rechts liegt die **Biblioteca Comunale degli Intronati**, eine 1759 gegründete Bibliothek in einem Bau aus dem 13. Jahrhundert, ein früheres Hospital. Heute lagern hier mehr als eine halbe Million Bücher und andere Dokumente, darunter die wertvollen Briefe der hl. Katharina von Siena. An der kleinen Kreuzung in der Nähe steht die **Kirche San Pellegrino alla Sapienza**.

1–2

Starten Sie an der **Piazza San Domenico**, wo sich die

2–3

Gehen Sie an der Kirche weiter geradeaus; Sie gelangen zur Banchi di Sopra, einer größeren Straße, die dem Verlauf der Via Francigena folgt, einer alten Wallfahrtsroute zwischen Rom und Nordeuropa. Vor Ihnen liegt die **Piazza Salimbeni** mit drei schönen Palästen, links dem Palazzo Tantucci (1548), dem Palazzo Salimbeni aus dem 13. Jahrhundert weiter hinten und rechts dem **Palazzo Spannochi** (1470). Die Familie Salimbeni stellte wichtige Bank- sowie Seiden- und Kornkaufleute; Ambrogio Spannochi war Schatzmeister des aus Siena stammenden Papstes Pius II. Ein 75 Meter langer Abstecher führt links auf der Banchi di Sopra zur **Kirche Santa Maria delle Nevi** (unregelmäßige Öffnungszeiten), die wegen ihres wunderschönen Altarbilds *Madonna della Neve* (1477) von Matteo di Giovanni bekannt ist.

3–4

Gehen Sie auf der Banchi di Sopra zurück, bis Sie nach ca. 175 Metern links die **Kirche San Cristoforo** sehen. Die romanische Kirche wurde im späten 18. Jahrhundert nach der Zerstörung durch ein Erdbeben wieder aufgebaut. Gegenüber liegt der **Palazzo Tolomei**, Teil des ursprüng-

lichen befestigten Hauses der Tolomei, einer der mächtigsten Kaufmannsfamilien des mittelalterlichen Siena. Der Palazzo ist das älteste Wohnhaus der Stadt und geht mindestens auf das Jahr 1205 zurück. Gehen Sie weiter südlich zur Kreuzung von Banchi di Sotto und Via di Città zur Loggia della Mercanzia (1428–44), einer gotischen Loggia mit drei Bögen. Kleine Gassen zu beiden Seiten führen zur **Piazza del Campo** (▶ 92ff).

4–5

Bewundern Sie den Campo, vielleicht in einem der vielen Cafés, und verlassen Sie den Platz an der Ostseite über die Vicolo dei Pollaiuoli oder die Via dei Rinaldini, die beide zur Banchi di Sotto führen, wo Sie rechts einbiegen sollten. Gleich rechts steht der **Palazzo Piccolomini,** ein

majestätischer Palazzo (1469 begonnen). Im Innern befindet sich im oberen Stockwerk das wenig bekannte Archivio di Stato (Staatsarchiv), das für Besucher geöffnet ist und zahlreiche faszinierende Kunstwerke enthält (▶ 101). Unweit des Palastes steht die **Loggia del Papa** (Papstloggia), die 1462 auf Geheiß des aus der Toskana stammenden Papstes Pius II. (Enea Silvio Piccolomini) gebaut wurde. Folgen Sie der Abzweigung rechts an der Kreuzung zur Via del Porrione, die nach dem lateinischen »Marktplatz« benannt ist, denn die römischen Märkte befanden sich einst ganz in der Nähe.

5–6

Überqueren Sie die Via del Porrione, und gehen Sie durch den Torbogen die Vicolo delle Scotte hinunter. Dabei passieren Sie die **Sinagoga** (Synagoge).

KLEINE PAUSE

Das Café **Nannini** an der Banchi di Sopra 95–99 empfiehlt sich für eine Pause.

An der Ecke Via Sant'Agata und Via della Cerchia liegt das **Il Vinaio dell'Eremita** (Tel. (0577) 494 90; So geschl.), ein einfaches Weinlokal, ideal für einen Imbiss oder eine kleine Mahlzeit.

nagoge) von Siena auf der rechten Seite. Sie ist das Herz des jüdischen Viertels der Stadt, das 1571 auf Anordnung von Cosimo I. de' Medici entstand. Biegen Sie links in die Via di Salicotto und gehen Sie dann die erste Straße rechts zur Piazza del Mercato. Überqueren Sie den Platz, und halten Sie sich rechts, um in die Via del Mercato zu gehen; biegen Sie gleich links ab, um Ihren Weg auf der Via Giovanni Dupré fortzusetzen. An der Kirche San Giuseppe links nehmen Sie die Via Sant'Agata geradeaus bis zu einem Schotterplatz links und der **Kirche Sant' Agostino** mit ihren Gemälden von Sodoma und Ambrogio Lorenzetti.

6–7

Gehen Sie durch den Bogen in die Via San Pietro zur Kirche von San Pietro und dem roten Backsteinbau der **Pinacoteca Nazionale** dahinter (➤ 99). Gleich vor der Kirche biegen Sie links auf die Via di Castelvecchio (leicht zu übersehen) ab und halten sich rechts in Richtung Via di Stalloreggi. Biegen Sie nach links zum Arco delle Due Porte, einem Torbogen, der Teil der Stadtmauern des 11. Jahrhunderts war. Im Haus Nr. 91-93 malte Duccio seine berühmte *Maestà*

(➤ 97). Nach dem Torbogen folgen Sie rechts der Via del Fosso di San Ansano bis zur Piazza della Selva, wo die Via Franciosa oder die Via Girolamo zur Piazza del Duomo bzw. zur Piazza San Giovanni führen. An Letzterem kann man das Baptisterium sehen und dann rechts den **Duomo,** Santa Maria della Scala und das **Museo dell'Opera del Duomo** (➤ 97) besichtigen.

In Siena: Blick auf die Piazza del Campo von der Spitze der Torre del Mangia

2 CHIANTI
Tour

LÄNGE: 110 Kilometer **DAUER:** 1 Tag
START: Siena ✚ 197 D3
ZIEL: Siena ✚ 197 D3

Diese Fahrt führt Sie mitten durch das Chianti, einer wunderschönen Region zwischen Florenz und Siena. Die oft wilde Landschaft ist durch sanft gewellte Hügel, fruchtbares Ackerland, dicht bewaldete Berghänge, einsame Villen und viele Weinberge geprägt. Viele Nebenstraßen und oft gewundene Routen durchqueren die Gegend. Um von Florenz nach Siena zu gelangen, sollte man der Chiantigiana (SS222) folgen, einer Panorama- und »Wein«-Straße, die auf 65 Kilometern zwischen beiden Städten durch das Herz des Chianti führt.

Top-Tipp
Auf der Karte erscheinen die Entfernungen nicht sehr groß, doch die Straßen im Chianti sind kurvenreich und langsam zu befahren – kalkulieren Sie daher mehr Zeit ein, als Ihnen nötig erscheint.

1–2
Starten Sie die Tour in Siena, und fahren Sie zum Anfang der SS222, der Chiantigiana. Folgen Sie der Hauptstraße von Sienas Bahnhof aus etwa zwei Kilometer nach Westen. Bald sehen Sie die ersten Straßenschilder für die SS222, die auch als *»Raccordo Siena–Firenze«* (die wichtigste zweispurige Straße zwischen Siena und Florenz) bekannt ist, und für **Castellina in Chianti**. Bald nachdem Sie auf die SS222 aufgefahren sind, nimmt die Landschaft schon das für das Chianti typische Erscheinungsbild an. Die Attraktion hier ist die schöne und abwechslungsreiche Szenerie, weniger historische Sehenswürdigkeiten. Nach 6,5 Kilometern fahren Sie durch das Dorf Quercegrossa (wortwörtlich »Große Eiche«). Danach folgen 7,5 Kilometer sanft hügeliger Straße, die Sie zu dem kleinen Dorf **Fonterutoli** bringt.

Typisch für das Chianti sind seine Hügel mit den weltberühmten Weinbergen

Chianti-Weinstöcke prägen das Bild der Region

2–3

Von hier sind es ca. vier Kilometer nach **Castellina in Chianti**. Der Name »Castellina« (wörtlich: »kleine Burg«) erinnert an die einstige strategische Bedeutung der Kleinstadt: Jahrhundertelang lag sie an der Grenze zwischen den von Siena und Florenz beherrschten Gebieten – und ge-

hörte mal zur einen, mal zur anderen Seite. Castellina war einst das Hauptquartier der sogenannten Chianti-Liga. Das Militärbündnis vereinte die drei größten Städte des Chianti: Gaiole in Chianti, Castellina in Chianti und Radda in Chianti. Florenz hatte diese Allianz zu Beginn des 13. Jahrhunderts ins Leben gerufen. Ihr Symbol war der *Gallo Nero* (Schwarzer Hahn) – heute das Gütezeichen eines gro-

ßen Chianti-Konsortiums. Halten Sie in der Stadt an, und besichtigen Sie die Via delle Volte, die rund um die alte Stadtmauer führt. Vom nördlichen Stadtrand Castellinas nehmen Sie die SS429 nach **Radda in Chianti** (10 km) und ignorieren die Abzweigung links nach Greve in Chianti nach ca. einem Kilometer. In Greve biegen Sie auf eine kleine Straße ab, die Sie nach zwei Kilometern zur Kirche San Giusto in Salcio führt.

3–4

San Giusto in Salcio ist die älteste Kirche im Chianti und wurde bereits 1018 erwähnt. Kehren Sie nach Radda zurück, und verlassen Sie das Dorf ostwärts auf der Hauptstraße. Nach 3,5 Kilometern biegen Sie an der großen Kreuzung links ab und fahren etwa sechs Kilometer weiter, bis Sie eine Kreuzung von fünf Straßen erreichen, wo Sie links zur **Badia a Coltibuono** (1 km), einer Abtei aus dem 11. Jahrhundert, abbiegen.

4–5

Kehren Sie anschließend zu dieser Kreuzung zurück, biegen Sie rechts ab, und folgen Sie der Straße bis nach **Gaiole in Chianti**. Dort fahren Sie die Hauptstraße in Richtung Süden, bis

KLEINE PAUSE

Im Chianti gibt es nur wenige schöne Einkehrmöglichkeiten, daher ist ein Picknick eine gute Idee. In den vielen Weingütern im Chianti werden Weinproben angeboten, meist sind diese gut ausgeschildert (➤ 22ff). Allerdings sollten sich Fahrer der Tatsache bewusst sein, dass die italienische Polizei strenge und regelmäßige Alkoholkontrollen durchführt.

Die **Antica Trattoria La Torre** an der Piazza del Comune 15 in Castellina in Chianti (Tel. (0577) 74 02 36, Fr und 1.–15. Sept. geschl.) ist eine einfache, aber beliebte Trattoria, die seit 1895 von der Familie Stiaccini betrieben wird. In **Radda in Chianti** lädt ein elegantes Restaurant zum Mittagessen ein: Il Vignale an der Via XX Settembre 23 (Tel. (0577) 73 80 94, Do und Jan.–Feb. geschl., teuer). In **San Regolo** gibt es ein kleines Restaurant, das ideal für ein spätes Mittag- oder frühes Abendessen ist: die Trattoria San Regolo (Tel. (0577) 74 71 36, Mo geschl.). In **Castelnuovo** lockt das Begodi, ein nettes Weinlokal (Via della Società Operai 11, Tel. (0577) 35 51 16, Mo geschl., kleine Mahlzeiten: preiswert).

Sie nach 3 Kilometern auf die SS408 nach Radda treffen; biegen Sie hier links ab, und fahren Sie weitere 3 Kilometer bis zur nächsten größeren Kreuzung. Fahren Sie links nach San Regolo ab, und nach fünf Kilometern erreichen Sie eine Kreuzung, wo das **Castello di Brolio** aus dem 12. Jahrhundert (Tel. (0577) 74 71 04 oder (0577) 74 71 56, im Sommer tägl. geöffnet) ausgeschildert ist. Im Castello befindet sich eines der ältesten Weingüter des Chianti und man hat einen unglaublichen Blick.

5–6

Von der Kreuzung unterhalb des Castello di Brolio führt die SS484 nach Süden. Nach 7,5 Kilometern erreichen Sie eine Gabelung: Links gelangen Sie nach **San Gusme** (1 km), einem mittelalterlichen Dorf mit schöner Aussicht. Fahren Sie zur Kreuzung zurück, und dann nach **Castelnuovo Berardegna** (4,5 km), dem südlichsten Dorf des Chianti. Daraufhin fahren Sie rechts auf die SS326 in Richtung Siena (17 km); machen Sie einen Abstecher nach **Montaperti** (2 km), Schauplatz der Siege Sienas über Florenz im Jahre 1260.

3 SÜDLICHE TOSKANA

Tour

LÄNGE: 175 Kilometer **DAUER:** 2 Tage
START: Siena ✚ 197 D3
ZIEL: Pienza ✚ 197 E2

Auf dieser Tour entdecken Sie die historischen Kleinstädte und Dörfer südlich von Siena und einige der schönsten Landschaften der Toskana.

1–2

Beginnen Sie die Tour in **Siena**, und fahren Sie auf der Umgehungsstraße (SS326) in den Osten der Stadt. Etwa 5 Kilometer vom Zentrum entfernt, biegen Sie auf die SS438. Auf dieser Straße gelangen Sie nach 21 Kilometern nach **Asciano** und durchqueren dabei die Crete, eine Region mit kahlen Lehmhügeln, die sich im Sommer in ein Meer aus Weizen-, Flachs-, Sonnenblumenfeldern verwandelt. In

Asciano gibt es mehrere Kirchen und kleine Museen; besonders sehenswert ist das Museo d'Arte Sacra mit bedeutenden mittelalterlichen Gemälden. Weitere Auskünfte erteilt die Touristeninformation der Stadt (Corso Matteotti 18, Tel. (0577) 71 95 10, Nov.–April geschl.).

2–3

Vom Zentrum in Asciano führt eine kleine Straße südöstlich nach San Giovanni d'Asso (ausgeschildert). Nach acht Kilometern Fahrt biegen Sie bei Montefresco rechts ab und folgen einer kleinen Panoramastraße drei Kilometer lang durch Chiusure bis zur Kreuzung mit der SS451. Biegen Sie links ab und nach einem Kilometer

KLEINE PAUSE

Im Café an der **Abbazia di Monte Oliveto Maggiore** (▶ 130f) werden kleine Mahlzeiten angeboten. Das Weinlokal **Fiaschetteria Italiana** oder das Restaurant **Taverna Il Grappolo Blu** in Montalcino (▶ 148) sind empfehlenswert.

noch einmal links zur **Abbazia di Monte Oliveto Maggiore** (▶ 130f). Besichtigen Sie hier die Fresken von Sodoma und Signorelli im Kreuzgang. Kehren Sie auf die SS451 zurück, halten Sie sich links und fahren die neun Kilometer bis nach **Buonconvento** (▶ 142).

3–4

In Buonconvento fahren Sie südlich auf der SS2, der Via Cassia; nach zwei Kilometern folgen Sie an einer Gabelung rechts der Ausschilderung nach **Montalcino** (14 km; ▶ 138f). An der Kreuzung am südlichen Stadtrand unterhalb der

Festungsmauer folgen Sie auf der mittleren Straße den Schildern nach Castelnuovo dell' Abate und der **Abtei von Sant'Antimo** (➤ 140f). Die Abtei liegt in einer atemberaubenden Landschaft, ist jedoch 12.30–15 Uhr sowie sonntags 10.45–15 Uhr geschlossen. Fahren Sie hinter

Castelnuovo weiter in Richtung Südosten, bis Sie nach neun Kilometern die Kreuzung bei **Ansidonia** erreichen. Wenn Sie nur wenig Zeit haben, biegen Sie nach links ab und besuchen Sie nacheinander die Dörfer **Castiglione d'Orcia, Bagno Vignoni** (➤ 143) und **San Quirico d'Orcia** (➤ 142f). Von Letzterem aus kann man auf der SS2 nach Siena zurückkehren (43 km). Wenn Sie jedoch noch Zeit haben, sollten Sie auf der SS146 nach **Pienza** (➤ 132ff) weiterfahren. Von hier aus sind es auf der SS146 noch einmal 13,5 Kilometer bis nach Montepulciano – Sie könnten aber auch die hübsche Straße östlich von Pienza nach Montepulciano nehmen: Sie führt durch das winzige Festungsdorf **Monticchiello.**

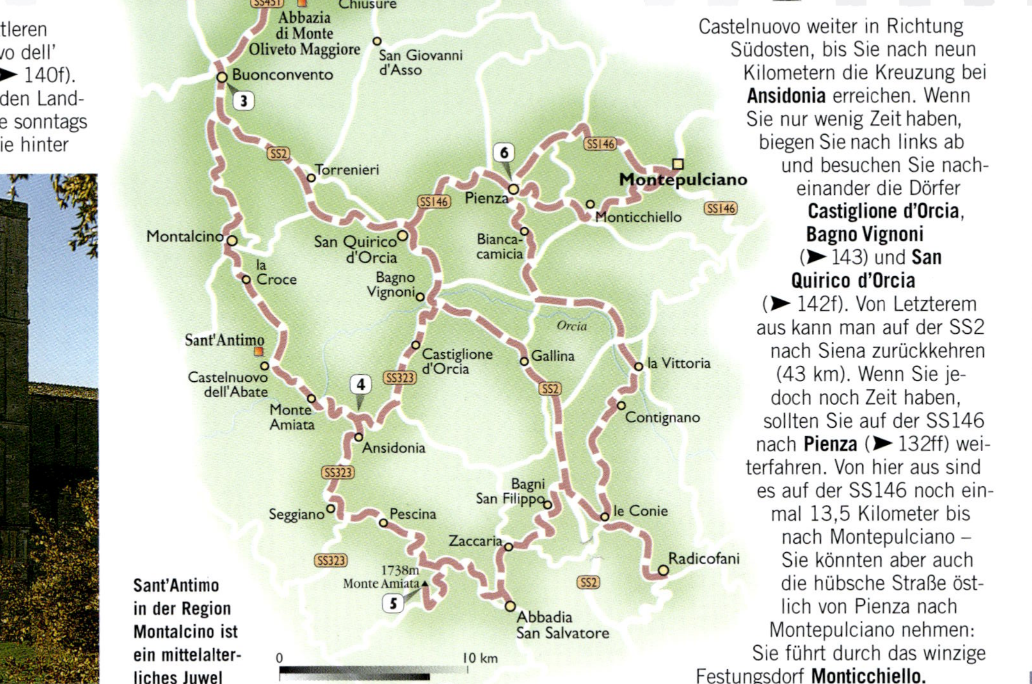

Sant'Antimo in der Region Montalcino ist ein mittelalterliches Juwel

4–5

Von Ansidonia führt eine Abzweigung nach rechts auf die SS323 nach Seggiano (6 km). 500 Meter hinter dem Ortsende von Seggiano sollten Sie links nach Pescina abbiegen. Nach weiteren fünf Kilometern durch den schönen Birkenwald auf den Hängen des Monte Amiata erreichen Sie eine Kreuzung. Dort biegen Sie links ab. Nach etwa zwei Kilometern folgt eine weitere Kreuzung, wo Sie rechts abbiegen und nach fünf Kilometern in Gipfelnähe des **Monte Amiata** (1738 m, ➤ 143f) anhalten. An klaren Tagen hat man von hier oben, dem höchsten Punkt der Südtoskana, eine herrliche Weitsicht.

5–6

Fahren Sie den Berg wieder hinunter und wenden Sie sich am Fuß des Monte rechts Richtung **Abbadia San Salvatore** (➤ 144). Schauen Sie sich die Abtei an, und folgen Sie dann der einzigen Straße von der Stadt nach Norden nach Zaccaria. Hinter dem Dorf biegen Sie links in die

Top-Tipp

Die kleine (nur im Sommer geöffnete) Touristeninformation in Radicofani liegt an der Via R. Magi 25 (Tel. (0578) 556 84; Mo–Sa 8–14 Uhr).

SS2 (7,5 km) zum kleinen Kurort **Bagni San Filippo** ein. Südöstlich erhebt sich das Festungsdorf **Radicofani**, das weithin sichtbar ist. Wenn Sie ausreichend Zeit haben, fahren Sie die 9,5 Kilometer bis zu diesem Ort (fahren Sie rechts auf die SS2 und dann sofort links). Im mittelalterlichen Dorfzentrum können Sie die **Kirchen** San Pietro und Sant'Agata besichtigen. Kehren

Sie danach auf der SS2 zurück nach **San Quirico d'Orcia** (➤ 142f). Als Alternative bieten sich kleine Panoramastrecken ab Le Conie an. Diese verlaufen nach Norden durch Contignano und La Vittoria bis nach Pienza.

Die einsame Landschaft rund um Montepulciano ist typisch für weite Teile der südlichen Toskana

Praktisches

- Offizielle Website der Toskana: www.turismo.toscana.it
- Offizielle Website von Florenz: www.firenzeturismo.it
- www.uffizi.firenze.it
- www.terresiena.it

- Alitalia: www.alitalia.it
- Italienisches Ministerium für Kunst und Kultur: www.beniculturali.it
- Staatliche Italienische Eisenbahn: www.trenitalia.it

Touristeninformation Florenz
Via Cavour 1r
☎ (055) 290 832/833
Borgo Santa Croce 29r
☎ (055) 234 04 44
Piazza della Stazion 4a
☎ (055) 21 22 45

REISEVORBEREITUNG

WICHTIGE PAPIERE

● Erforderlich
○ Empfohlen
▲ Nicht erforderlich

Bei einigen Ländern muss der Pass über das Einreisedatum hinaus noch eine bestimmte Zeit gültig sein (i.d.R. mind. 6 Monate). Prüfen Sie Ihren Pass.

	Deutschland	Österreich	Schweiz
Pass/Personalausweis	●	●	●
Visum (Bestimmungen können sich ändern – vor Abreise prüfen)	▲	▲	▲
Weiter- oder Rückflugticket	▲	▲	▲
Impfungen (Tetanus und Polio)	○	○	○
Krankenversicherung (▶ 192, Gesundheit)	●	●	●
Reiseversicherung	○	○	○
Führerschein (national)	●	●	●
Kfz-Haftpflichtversicherung	●	●	●
Fahrzeugschein	●	●	●

REISEZEIT

Florenz

⬭ Hauptsaison   ⬭ Nebensaison

JAN	FEB	MÄRZ	APRIL	MAI	JUNI	JULI	AUG	SEPI	OKT	NOV	DEZ
6°C	6°C	10°C	13°C	17°C	22°C	25°C	25°C	21°C	16°C	11°C	6°C

☀ Sonnig   ☁ Bedeckt   🌧 Regnerisch   🌧 Verregnet

Die oben aufgeführten Temperaturen stellen das **durchschnittliche tägliche Maximum** für jeden Monat dar. Am schönsten ist das Wetter im Mai, Juni, Juli, August und September. Im Juli und August kann es in den Städten sehr heiß und unerträglich werden, die Temperaturen auf dem Land sind angenehmer. Im Sommer sowie im September und Oktober sind Gewitterstürme nicht ungewöhnlich.
Die Winter (Januar–Februar) sind kurz und kalt, in höheren Lagen ist Schneefall möglich, besonders in der Bergregion der nördlichen Toskana. Der Frühling setzt im März ein (in Bergregionen später), dennoch kann es im März und April feucht und sehr regnerisch sein. Das Herbstwetter ist wechselhaft, jedoch gibt es oft klare, sonnige Tage.

Deutschland
Italienische Zentrale für
Tourismus ENIT
Kaiserstraße 65
60329 Frankfurt/Main
☎ (069) 23 74 34
Fax (069) 23 28 94

Österreich
Italienische Zentrale für
Tourismus ENIT
Kärntnerring 4
A-1010 Wien
☎ +43 (0) 1 505 16 39
Fax +43 (0) 1 505 02 48

Schweiz
Staatliches Italienisches
Fremdenverkehrsamt ENIT
Uraniastraße 32
CH-8001 Zürich
☎ +41 (0) 43 466 40 40
Fax +41 (0) 43 466 40 41

ANREISE

Mit dem Flugzeug: Die Toskana besitzt zwei Flughäfen: den Flughafen Galileo Galilei in Pisa und den kleineren Flughafen Amerigo Vespucci (Peretola) außerhalb von Florenz. Die meisten europäischen Fluglinien steuern Pisa an, in Peretola können nur kleinere Maschinen landen. Um nach Florenz oder in die nördliche Toskana zu gelangen, kann man auch den Guglielmo-Marconi-Flughafen in Bologna anfliegen (➤ 38).

Preise: An Ostern, Weihnachten und während der Ferienzeit im Sommer kosten die Flugtickets am meisten. Viele Fluggesellschaften belohnen Kunden für frühzeitiges Buchen mit Preisnachlässen. Außerdem gibt es inzwischen zahlreiche günstige Pauschalangebote.

Mit dem Auto: Von Deutschland aus ist die Toskana gut mit dem Auto zu erreichen. Fahrten über Land können jedoch angesichts kurvenreicher Straßen recht lang werden; nachts sind die Straßen oft schlecht beleuchtet. In den Stadtzentren gelten oft strenge Beschränkungen; in einigen Städten darf man nur außerhalb parken.

Mit dem Zug: Zahlreiche Schnell- und Nachtzüge fahren von den meisten europäischen Hauptstädten nach Florenz oder Pisa. Die Staatliche Italienische Eisenbahn, Trenitalia (oft noch unter der Bezeichnung Ferrovie dello Stato), bietet Hochgeschwindigkeitsverbindungen zwischen italienischen Großstädten an, von Florenz und Pisa hat man dann Anschluss zu anderen größeren Städten in der Toskana.

ZEIT

Zwischen der Toskana und deutschen Städten gibt es keine Zeitverschiebung. Im März wird die Uhr um eine Stunde auf die Sommerzeit vorgestellt, im Oktober wird sie wieder um eine Stunde zurückgestellt.

WÄHRUNG

Währung: Seit 1. Januar 2002 ist der Euro in Italien das offizielle Zahlungsmittel.

Reiseschecks: Banken und Wechselstuben (*cambio*) tauschen Reiseschecks ein. Letztere gibt es z. B. im Bahnhof Santa Maria Novella in Florenz oder in der Nähe der verschiedenen Touristenattraktionen.

Kreditkarten: Die meisten internationalen Kreditkarten (*carta di credito*) werden von Banken, Hotels, Restaurants und vielen Einzelhandelsgeschäften akzeptiert. In kleineren Etablissements wird Bargeld bevorzugt.

Umtausch: Die Gebühren, die die einzelnen Banken für den Umtausch verlangen, sind sehr unterschiedlich, aber günstiger als in den Wechselstuben. In der Regel fahren Sie am besten, wenn Sie Ihr Geld mit der EC-Karte am Geldautomaten (*bancomat*) abheben. In italienischen Banken herrschen sehr scharfe Sicherheitskontrollen. Für Besucher aus Deutschland oder Österreich ist ein Umtausch nun allerdings nicht mehr erforderlich.

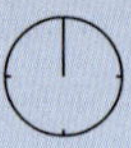
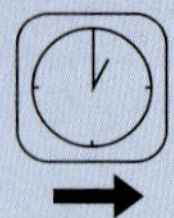

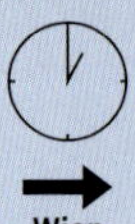

GMT 12 Uhr	Florenz 13 Uhr	Deutschland 13 Uhr	Wien 13 Uhr	Zürich 13 Uhr

DAS WICHTIGSTE VOR ORT

KONFEKTIONSGRÖSSEN

Italien	Deutschland	
46	44	Anzüge
48	46	
50	48	
52	50	
54	52	
56	54	
41	41	Schuhe
42	42	
43	43	
44	44	
45	45	
46	46	
37	37	Hemden
38	38	
39/40	39/40	
41	41	
42	42	
43	43	
34	30	Kleider
36	32	
38	34	
40	36	
42	38	
44	40	
38	37	Schuhe
38	38	
39	39	
40	40	
41	41	

FEIERTAGE

1. Jan.	Neujahr
6. Jan.	Heilige Drei Könige
März/April	Ostern
25. April	Tag der Befreiung
1. Mai	Tag der Arbeit
2. Juni	Tag der Republik
15. Aug.	Mariä Himmelfahrt
1. Nov.	Allerheiligen
8. Dez.	Mariä Empfängnis
25. Dez.	1. Weihnachtstag
26. Dez.	Santo Stefano

Zusätzlich gibt es in manchen Städten weitere religiöse Feiertage, an denen die Geschäfte geschlossen sein können. Ein wichtiger Feiertag in Florenz ist der 24. Juni (Tag des hl. Johannes).

ÖFFNUNGSZEITEN

○ Geschäfte		● Postämter	
● Büros		● Museen/Sehenswertes	
● Banken		● Apotheken	

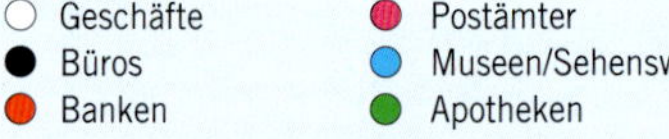
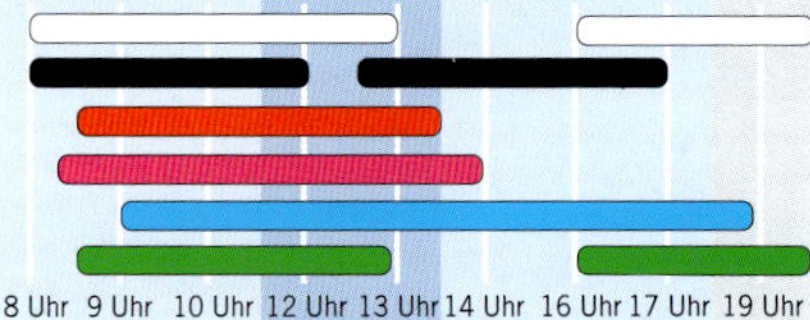

Geschäfte: Mo/Di–Sa 8–13, 16–20 Uhr; Mo 16 bis 20 Uhr je nach Jahreszeit. Viele Geschäfte in größeren Städten sind durchgehend geöffnet.
Büros: Mo–Fr 8–12, 12.30–17 Uhr.
Banken: Mo–Fr 8.30–13.30 Uhr; größere Filialen haben z. T. auch samtags und in der Woche geöffnet.
Post: Mo–Fr 8.15–14 oder 19, Sa 8.15–12 oder 14 Uhr.
Museen: unterschiedlich; oft Di–Sa 9–19, So 9–13 Uhr.
Apotheken: Mo–Sa 8.30–13 und 16–20 Uhr; Bahnhofsapotheke Florenz 24 Stunden lang geöffnet.
Kirchen: 7–12, 16.30–19 Uhr, bei Gottesdienst geschl.

NOTRUF 113

POLIZEI 113 (Polizia di Stato) oder 112 (Carabinieri)

FEUERWEHR 113 oder 115

KRANKENWAGEN 113 oder 118

SICHERHEIT

Die Toskana ist recht sicher – es gibt jedoch Taschendiebe und man sollte einige Dinge beachten:
• Tragen Sie Geld und Wertsachen in einer Bauchtasche oder in einem Brustbeutel.
• Halten Sie Ihre Tasche fest und geschlossen.
• Halten Sie Ihre Kamera fest, legen Sie sie nicht auf einen Tisch im Café.
• Lassen Sie Wertsachen und Schmuck im Hotelsafe.
• Lassen Sie niemals Gepäck oder andere Gegenstände in geparkten Autos.
• Achten Sie v. a. in Bussen, Märkten etc. auf Taschendiebe!
• Vermeiden Sie nachts Parkanlagen.

Polizei:

☎ **113** von jedem Telefon

TELEFONIEREN

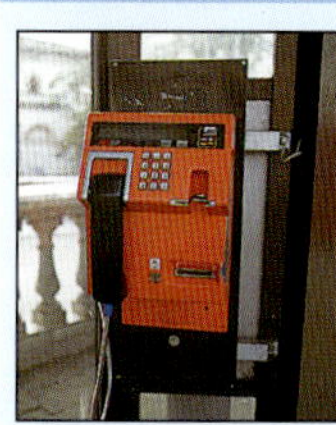

Apparate der Telecom Italia (TI) gibt es auf der Straße, in Bars, Tabakgeschäften und Restaurants. Die meisten funktionieren mit Münzen oder Telefonkarten *(scheda telefonica)*, die man in Postämtern, Läden und Bars erhält. Vor dem ersten Benutzen müssen Sie die markierte Ecke abtrennen. Auch in Florenz selbst ist es notwendig, zuerst die Ortsvorwahl und dann die Rufnummer zu wählen. Mo–Sa gilt zwischen 22 und 8 Uhr verbilligter Tarif. Wählen Sie für R-Gespräche 170, für Gespräche über die Vermittlung die 12.

Internationale Vorwahlnummern
von Italien ins Ausland:
Deutschland: 0049
Österreich:　0043
Schweiz:　　00419

POST

Das Hauptpostamt von Florenz ist in der Via Pellicceria 3. Briefmarken *(francobolli)* gibt es bei der Post oder *tabacchi*. Briefkästen sind rot oder blau mit zwei Einwurfschlitzen: für Post innerhalb der Stadt *(Per La Città)* und für andere Orte *(Altre Destinazioni)*.

ELEKTRIZITÄT

In Italien herrscht 220-Volt-Wechselstrom, die Steckdosen unterscheiden sich  häufig von den in Deutschland üblichen. Packen Sie einen Adapter ein (beim ADAC, im Haushaltwarengeschäft und Baumarkt erhältlich).

TRINKGELD

Sie müssen nicht überall Trinkgeld geben, und es werden keine hohen Summen erwartet. In etwa gilt:

Pizzeria	auf 2,5 oder 5 Euro aufrunden
Trattoria	auf 2,5 oder 5 Euro aufrunden
Restaurant	10–15 % oder nach Ermessen
Barkeeper	nach Ermessen
Fremdenführer	nach Ermessen
Taxi	auf 0,50 Euro aufrunden
Gepäckträger	0,50 bis 1 Euro pro Koffer
Zimmermädchen	0,50 bis 1 Euro pro Tag

Deutschland
☎ (041)
523 76 75

Österreich
☎ (041)
524 05 56

Schweiz
☎ (041)
522 59 96

GESUNDHEIT

Krankenversicherung: Sie sollten auf jeden Fall eine Reisekrankenversicherung abschließen. EU-Bürger mit einer europäischen Krankenversicherungskarte bezahlen nichts oder reduzierte Beträge für einen Arztbesuch – eine private Reiseversichung wird dennoch empfohlen.

Arzt: Fragen Sie im Hotel nach deutsch- oder englischsprachigen Ärzten.
Zahnarzt: Die Reisekrankenversicherung sollte auch zahnärztliche Behandlungen abdecken, die in Italien problemlos, aber teuer zu haben sind.

Wetter: Denken Sie daran, viel zu trinken, und benutzen Sie im Sommer einen Sonnenhut und Sonnencreme, um Sonnenbrand, -stich und Dehydration vorzubeugen. Auch eine Mückenschutzcreme ist im Sommer nützlich, wenn Sie bei offenem Fenster schlafen. In der Toskana gibt es Giftschlangen (**vipere**), deren Biss im Allgemeinen aber nicht lebensgefährlich ist.

Medikamente: Rezeptpflichtige und andere Medikamente erhalten Sie in Apotheken (*farmacie*), am grünen Kreuz erkennbar.

Trinkwasser: Das Leitungswasser ist trinkbar, das Wasser von öffentlichen Brunnen ebenfalls, es sei denn, es ist *»Acqua non Potabile«*. Mineralwasser ist preisgünstig.

ERMÄSSIGUNGEN

Senioren (über 65), die Bürger der Europäischen Union sind, erhalten bei den meisten staatlichen Museen und Galerien Ermäßigungen.

Schüler unter 18 Jahren erhalten ebenfalls Ermäßigungen in den staatlichen Museen.

Senioren wie Schüler sollten einen Ausweis (z. B. Personalausweis) bei sich tragen, um bei Bedarf ihr Alter und ihre Nationalität belegen zu können.

EINRICHTUNGEN FÜR BEHINDERTE

Mittelalterliche Innenstädte sind für Rollstuhlfahrer nicht leicht zu bewältigen, viele Bürgersteige sind aber inzwischen mit abgesenkten Bordsteinen versehen. In Florenz haben die neueren Busse (graugrüne Farbe) Einstiegsvorrichtungen für Rollstühle. Viele Museen haben spezielle Rampen. Touristeninformationen geben Auskunft über behindertengerechte Hotels und Sehenswürdigkeiten.

KINDER

In den meisten Hotels, Bars und Restaurants sind Kinder willkommen, leider gibt es kaum Wickelräume. Mit kleinen Kindern müssen Sie auf den belebten Straßen von Florenz vorsichtig sein.

TOILETTEN

Nur wenige Städte verfügen über öffentliche Toiletten. Herrentoiletten sind mit *signori*, Damentoiletten mit *signore* gekennzeichnet.

ZOLL

Die Einfuhr von seltenen oder bedrohten Arten ist eventuell illegal oder bedarf einer Sondererlaubnis. Vor dem Kauf sollten Sie sich über die Einfuhrbedingungen ihres Heimatlandes kundig machen.

Ja/nein **Sì/no**
Bitte **Per favore**
Danke **Grazie**
Bitte, gerne **Di niente/prego**
Entschuldigung **Mi Dispiace**
Auf Wiedersehen **Arrivederci**
Guten Morgen **Buongiorno**
Guten Abend **Buona sera**
Wie geht's? **Come sta?**
Wie viel? **Quanto costa?**
Ich möchte gerne … **Vorrei …**
Geöffnet **Aperto**
Geschlossen **Chiuso**
Heute **Oggi**
Morgen **Domani**
Montag **lunedì**
Dienstag **martedì**
Mittwoch **mercoledì**
Donnerstag **giovedì**
Freitag **venerdì**
Samstag **sabato**
Sonntag **Domenica**

NACH DEM WEG FRAGEN

Ich habe mich verlaufen
 Mi sono perso/a
Wo ist …? **Dove si trova …?**
 der Bahnhof **la stazione**
 das Telefon **il telefono**
 die Bank **la banca**
 die Toilette **il gabinetto**
Biegen Sie nach links **Volti a sinistra**
Biegen Sie nach rechts **Volti a destra**
Gehen Sie geradeaus **Vada dritto**
An der Ecke **All'angolo**
Die Straße **la strada**
Das Gebäude **il palazzo**
Die Ampel **il semaforo**
Die Kreuzung **l'incrocio**
Wegweiser nach …
 le indicazione per …

IM NOTFALL

Hilfe! **Aiuto!**
Können Sie mir bitte helfen?
 Mi potrebbe aiutare?
Sprechen Sie Deutsch?
 Parla tedesco?
Ich verstehe nicht **Non capisco**
Könnten Sie bitte schnell einen Arzt
 rufen? **Mi chiami presto un medico,
 per favore?**

IM RESTAURANT

Ich möchte einen Tisch reservieren
 Vorrei prenotare un tavolo
Einen Tisch für zwei Personen, bitte
 Un tavolo per due, per favore
Könnten wir die Speisekarte haben?
 Ci porta la lista, per favore?
Was ist das? **Cosa è questo?**
Eine Flasche/ein Glas …
 Una bottiglia di/un bicchiere di …
Die Rechnung, bitte
 Ci porta il conto

ÜBERNACHTEN

Haben Sie ein Einzel-/Doppelzimmer?
 Ha una camera singola/doppia?
mit/ohne Bad/Toilette/Dusche
 con/senza vasca/gabinetto/doccia
Ist das Frühstück inbegriffen?
 E'inclusa la prima colazione?
Ist das Abendessen inbegriffen?
 E'inclusa la cena?
Haben Sie Zimmerservice?
 C'è il servizio in camera?
Kann ich das Zimmer sehen?
 E' possibile vedere la camera?
Ich nehme dieses Zimmer
 Prendo questa
Vielen Dank für Ihre Gastfreundschaft
 Grazie per l'ospitalità

ZAHLEN

0	**zero**	12	**dodici**	30	**trenta**	200	**duecento**
1	**uno**	13	**tredici**	40	**quaranta**	300	**trecento**
2	**due**	14	**quattordici**	50	**cinquanta**	400	**quattrocento**
3	**tre**	15	**quindici**	60	**sessanta**	500	**cinquecento**
4	**quattro**	16	**sedici**	70	**settanta**	600	**seicento**
5	**cinque**	17	**diciassette**	80	**ottanta**	700	**settecento**
6	**sei**	18	**diciotto**	90	**novanta**	800	**ottocento**
7	**sette**	19	**diciannove**	100	**cento**	900	**novecento**
8	**otto**	20	**venti**			1000	**mille**
9	**nove**			101	**cento uno**	2000	**duemila**
10	**dieci**	21	**ventuno**	110	**centodieci**		
11	**undici**	22	**ventidue**	120	**centoventi**	10 000	**diecimila**

acciuga Anchovis
acqua Wasser
affettati
  geschnittenes
  Räucherfleisch
affumicato
  geräuchert
aglio Knoblauch
agnello Lamm
anatra Ente
antipasti
  Vorspeisen
arista
  Schweinebraten
arrosto gebraten
asparagi Spargel
birra Bier
bistecca Steak
bollito
  gekochtes
  Fleisch
braciola
  Minutensteak
brasato geschmort
brodo Brühe
bruschetta
  getoastetes Brot
  mit Knoblauch
  oder Tomaten
budino Pudding
burro Butter
cacciagione Wild
cacciatore, alla
  herzhafte
  Tomatensauce
  mit Pilzen
caffè corretto/
  macchiato
  Kaffee mit Likör,
  Schnaps oder
  wenig Milch
caffè freddo
  Eiskaffee
caffè lungo
  schwacher Kaf-
  fee
caffè latte
  Milchkaffee
caffè ristretto
  starker Kaffee
calamaro
  Tintenfisch
cappero Kaper
carciofo
  Artischocke
carne Fleisch
carota Karotte

carpa Karpfen
casalingo
  hausgemacht
cassata
  sizilianische
  Fruchteiscreme
cavolfiore
  Blumenkohl
cavolo Kohl
ceci Kichererbsen
cervello Hirn
cervo Reh
cetriolino
  Gewürzgurke
cetriolo Gurke
cicoria Chicorée
cinghiale
  Wildschwein
cioccolata
  Schokolade
cipolla Zwiebel
coda di bue
  Ochsenschwanz
coniglio Hase
contorni Gemüse
coperto
  Gedeckgebühr
coscia Keule
cotoletta
  Schnitzel
cozze Muscheln
crostini
  Kanapees, u. a.
  mit Tomaten,
  Knoblauch,
  Olivenöl
crudo roh
digestivo Digestif
dolci
  Kuchen oder
  Desserts
erbe aromatiche
  Kräuter
facito
  gefüllt mit
fagioli Bohnen
fagiolini
  grüne Bohnen
fegato Leber
faraona Perlhuhn
finocchio
  Fenchel
formaggio Käse
forno, al
  aus dem Ofen
frittata Omelette
fritto
  gebraten, frit-
  tiert

frizzante
  mit Kohlen-
  säure
frulatto verquirlt
frutti di mare
  Meeresfrüchte
frutta Frucht
funghi Pilze
gamberetto
  Garnele
gelato Eiscreme
ghiaccio Eis
gnocchi
  Kartoffelnudeln
granchio Krebs
gran(o)turco Mais
griglia, alla
  gegrillt
imbottito gefüllt
insalata Salat
IVA
  Mehrwertsteuer
latte Milch
lepre Hase
lumache
  Schnecken
manzo Rind
merluzzo
  Kabeljau
miele Honig
minestra Suppe
molluschi
  Schalentiere
olio Öl
oliva Olive
ostrica Auster
pancetta Speck
pane Brot
panna Sahne
parmigiano
  Parmesankäse
passata
  passiert oder
  mit Sahne auf-
  geschlagen
pastasciutta
  getrocknete
  Pasta mit
  Sauce
pasta sfoglia
  Blätterteig
patate fritte
  Pommes frites
pecorino
  Schafskäse
peperoncino
  Peperoni
peperone rote/
  grüne Paprika

pesce Fisch
petto Brust
piccione Taube
piselli Erbsen
pollame Geflügel
pollo Huhn
polpetta
  Fleischbällchen
porto Portwein
prezzemolo
  Petersilie
primo piatto
  erster Gang
prosciutto
  Schinken
ragù Fleischsauce
ripieno gefüllt
riso Reis
salsa Sauce
salsiccia Wurst
saltimbocca
  Kalb mit Schin-
  ken und Salbei
secco trocken
secondo piatto
  Hauptgang
senape Senf
servizio compreso
  Service
  inklusive
spuntini Snacks
succo di frutta
  Fruchtsaft
sugo Sauce
tonno Thunfisch
uovo strapazzate
  Rühreier
uovo affrogato/
  in carnica
  pochiertes Ei
uovo al tegame/
  fritto
  Spiegelei
uovo alla coque
  weich ge-
  kochtes Ei
ouvo alla sodo
  hart ge-
  kochtes Ei
vino bianco
  Weißwein
vino rosso
  Rotwein
vino rosato
  Roséwein
verdure Gemüse
vitello Kalb
zucchero Zucker
zuppa Suppe

Atlas

Kapiteleinteilung: siehe Übersichtskarte auf den Umschlaginnenseiten

Reiseatlas

––·–·–	Staatsgrenze		Stadtgebiet
–·–·–	Sonstige Grenze	☐	Große Stadt
▬▬	Hauptstrecke	▫	Wichtige Stadt
▬▬	Autobahn	○	Stadt
▬▬	Hauptstraße	○	Dorf
▬▬	Nebenstraße	■	Sehenswürdigkeit (im Text)
	Nationalpark	▪	Sehenswürdigkeint

Cityplan

	Fußgängerzone	i	Information
	Bahnlinie		Wichtiges Gebäude
	Stadtmauer	■	Sehenswürdigkeit (im Text)

196
EMILIA ROMAGNA
Corse
Ferriere
Bardi
SS359
Fornova di Taro
Langhirano
SS62
Borgo Val di Taro
Berceto
Corníglio
Pontremoli
Castelnovo ne' Monti
Villa Minozzo
San Polo d'Enza
Réggio nell'Emilia
Rubiera
Módena
Scandiano
Casina
Sassuolo
Formígine
Maranello
Spilamberto
Vignola
Serramazzoni
Pavullo nel Frignano
2121m Monte Cusna
Fivizzano
2053m Monte Prato
Corfino
Pievepélago
Fanano
2165m Monte Cimone
Lévanto
Riomaggiore
Aulla
Sarzana
SS330
Carrara
Piazza al Sérchio
San Pellegrino in Alpe
Porretta Terme
La Spézia
Lérici
Castelnuovo di Garfagnana
1858m
Barga
Riserva Naturale Orrido di Botri
San Marcello Pistoiese
Portovénere
Montemarcello
Massa
Leviglíani
Pania di Croce
Bagni di Lucca
Seravezza
Pietrasanta
Borgo a Mozzano
SS64
Forte dei Marmi
Villa Reale
Villa Mansi
Pistoia
Camaiore
Mária
Villa Torrigiani
Montecatini Terme
Grotta Giusti
Viareggio
Massarosa
SS435
Monsummano Terme
Lucca
SS1
SS12
A11
Villa Medici di Póggio a Caiano
Vinci
Torre del Lago Puccini
San Giuliano Terme
Lastra
Pisa
A12
Fucécchio
Empoli
Cascina
Arno
Pontedera
San Miniato
Livorno
Ponsacco
SS429
Castelfiorentino
Certaldo
Collesalvetti
Péccioli
I di Gorgona
San Gimignano
Rosignano Maríttimo
Volterra
SS68
Cécina
SS68
Cécina
Pomarance
Marina di Bibbona
Colline
I di Capraia
Castagneto Carducci
San Vincenzo
Campíglia Maríttima
Massa Maríttima
Populónia
Piombino
Necropoli Etrusca
Canale di Piombino
Follónica
Cavo
I d'Elba
Portoferráio
Punta Ala
1089m Monte Capanne
Lacona
Porto Azzurro
Castiglione della Pescáia
Fetováia
Marina di Campo
Capolíveri
Marina di Alberese
I Pianosa
PARCO NATURALE DELLA MAREMMA
Corse
Monte Argentario
I di Montecristo
I del Giglio
0   20   40   60 km
0   10   20   30   40 miles

197
BOLOGNA
Ravenna
Forlì
Rímini
FIRENZE
Prato
Siena
Arezzo
Perúgia
Terni
MARCHE
UMBRIA
LAZIO
Comacchio
Valli di Comacchio
San Giovanni in Persiceto
Malalbergo
Portomaggiore
Argenta
Molinella
Castelfranco Emilia
Castel Maggiore
Búdrio
Medicina
Consélice
Alfonsine
Casalecchio di Reno
Lugo
Bagnacavallo
Sasso Marconi
Pianoro
Castel San Pietro Terme
Imola
Russi
Vergato
Monzuno
Faenza
Cérvia
Castiglione dei Pépoli
Firenzuolo
Brisighella
Castrocaro Terme
Forlimpópoli
Cesenático
Vérnio
Marradi
Modigliana
Méldola
Cesena
Bellária
Igea Marina
Predáppio
Savignano sul Rubicone
Rocca San Casciano
Santarcángelo di Romagna
Verúcchio
Riccione
Borgo San Lorenzo
Santa Sofia
Mercato Saraceno
Sársina
Novalféltria
San Marino
Cattólica
San Piero a Sieve
Dicomano
Monte Falterona
Bagno di Romagna
San Leo
Morciano di Romagna
Villa Medicea di Careggi della Petraia & di Castello
Sesto Fiorentino
Stia
Camaldoli
Badia Prataglia
Montefeltro
Pennabilli
Montelabbate
Sassocorvaro
Fiésole
Pontassieve
Vallombrosa
Chiusi della Verna
Urbino
Scandicci
a Signa
Reggello
Poppi
Bibbiena
Pieve Santo Stefano
Sant'Angelo in Vado
Urbánia
San Casciano in Val di Pesa
Figline Valdarno
Caprese Michelangelo
Acqualagna
Greve in Chianti
Grópina
San Giovanni Valdarno
Subbiano
Sansepolcro
Apécchio
Cagli
Montevarchi
Anghiari
San Giustino
Cantiano
Poggibonsi
Gaiole in Chianti
Bucine
Arezzo
Monterchi
Città di Castello
Monte Catria
Castellina in Chianti
Monteriggioni
Castiglion Fiorentino
Gubbio
Colle di Val d'Elsa
Monte San Savino
Umbértide
Siena
Brólio
Montécchio
Rapolano Terme
Foiano della Chiana
Cortona
Metallifere
Le Crete
Abbazia di Monte Oliveto Maggiore
Sinalunga
Passignano sul Trasimeno
Valfábbrica
Asciano
Torrita di Siena
Montecontieri
Lago Trasimeno
Magione
Perúgia
San Galgano
Buonconvento
Montepulciano
Castiglione del Lago
Assisi
Monte Subásio
Monticiano
San Quirico d'Orcia
Pienza
Torgiano
Montalcino
Chianciano Terme
Chiusi
Deruta
Spello
Bagno Vignoni
Foligno
Sant'Antimo
Città della Pieve
Roccastrada
Abbadia San Salvatore
Cetona
Marsciano
Bevagna
Montefalco
Cinigiano
Trevi
Rovine di Roselle
Arcidosso
Monte Amiata
Todi
Spoleto
Roccalbegna
Acquapendente
Acquasparta
Monteluco
Grosseto
Scansano
Sorano
Orvieto
Magliano in Toscana
Sovana
Pitigliano
Latera
Lago di Bólsena
Civita
Lugnano in Teverina
Amélia
Terni
Manciano
Montefiascone
Narni
Porto Santo Stefano
Capodimonte
Marta
Bomarzo
Orbetello
Ansedonia
Canino
Viterbo
Vignanello
Orte
Porto Ercole
Tuscánia
Bagnáia
Caprarola
Magliano Sabina
I di Giannutri
Montálto di Castro
Tarquinia
Blera
Vetralla
Ronciglione
Civita Castellana
L di Vico
LAZIO
Monti Sabini
Tevere
D   E   F
5   4   3   2   1

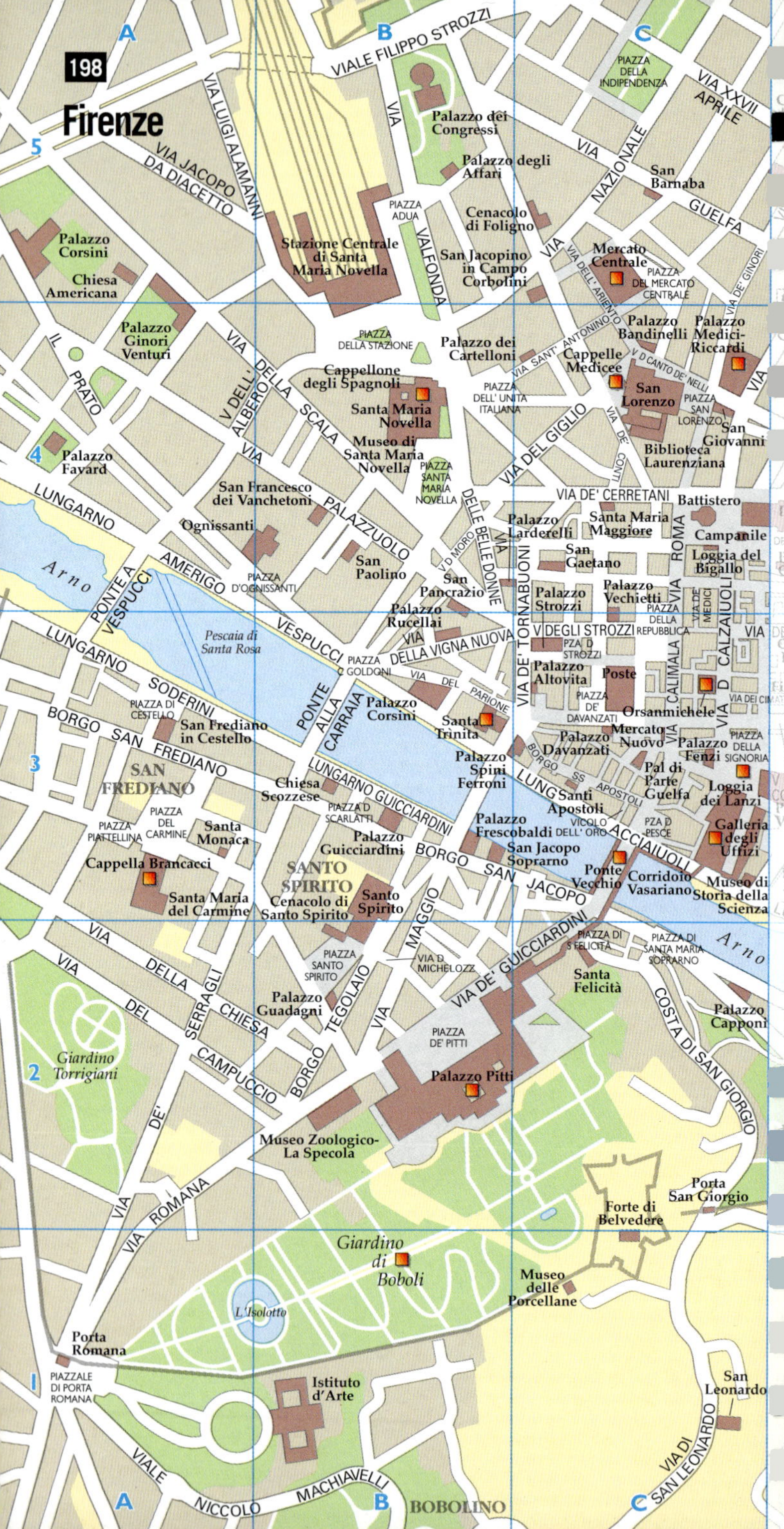

198
Firenze
A
B
C
VIALE FILIPPO STROZZI
PIAZZA DELLA INDIPENDENZA
VIA XXVII APRILE
VIA LUIGI ALAMANNI
VIA JACOPO DA DIACETO
VIA
VALFONDA
PIAZZA ADUA
Palazzo dei Congressi
Palazzo degli Affari
Cenacolo di Foligno
VIA NAZIONALE
VIA GUELFA
San Barnaba
Palazzo Corsini
Chiesa Americana
Stazione Centrale di Santa Maria Novella
San Jacopino in Campo Corbolini
VIA DELL' ARIENTO
Mercato Centrale
PIAZZA DEL MERCATO CENTRALE
VIA DE' GINORI
Palazzo Ginori Venturi
PIAZZA DELLA STAZIONE
Palazzo dei Cartelloni
VIA SANT' ANTONINO
Palazzo Bandinelli
Cappelle Medicee
VIA DE' CONTI
V D CANTO DE' NELLI
San Lorenzo
PIAZZA SAN LORENZO
Palazzo Medici-Riccardi
Palazzo Favard
V DELL' ALBERO
VIA DELLA SCALA
Cappellone degli Spagnoli
Santa Maria Novella
Museo di Santa Maria Novella
PIAZZA DELL' UNITA ITALIANA
PIAZZA SANTA MARIA NOVELLA
VIA DEL GIGLIO
San Giovanni
Biblioteca Laurenziana
IL PRATO
LUNGARNO
San Francesco dei Vanchetoni
Ognissanti
PALAZZUOLO
DELLE BELLE DONNE
VIA DE' CERRETANI
Palazzo Larderelli
Santa Maria Maggiore
San Gaetano
VIA ROMA
Battistero
Campanile
Loggia del Bigallo
Arno
PONTE ALLA VESPUCCI
AMERIGO
VESPUCCI
PIAZZA D'OGNISSANTI
San Paolino
V D MORO
San Pancrazio
Palazzo Rucellai
VIA DEGLI STROZZI
Palazzo Strozzi
Palazzo Vechietti
VIA DE' MEDICI
PIAZZA DELLA REPUBBLICA
VIA D. CALZAIUOLI
LUNGARNO SODERINI
Pescaia di Santa Rosa
VESPUCCI
VIA DELLA VIGNA NUOVA
PIAZZA C GOLDONI
VIA DEL PARIONE
Santa Trinita
VIA DE' TORNABUONI
PZA D STROZZI
Palazzo Altovita
Poste
PIAZZA DI DAVANZATI
Orsanmichele
VIA DEI
PIAZZA DI CESTELLO
BORGO SAN FREDIANO
San Frediano in Cestello
PONTE ALLA CARRAIA
Palazzo Corsini
LUNGARNO GUICCIARDINI
Palazzo Spini Ferroni
LUNG
Santi Apostoli
Mercato Nuovo
Palazzo Davanzati
Palazzo Fenzi
Pal di Parte Guelfa
PIAZZA DELLA SIGNORIA
Loggia dei Lanzi
SAN FREDIANO
PIAZZA PIATTELLINA
PIAZZA DEL CARMINE
Santa Monaca
Chiesa Scozzese
PIAZZA D SCARLATTI
Palazzo Guicciardini
BORGO SS APOSTOLI
Palazzo Frescobaldi
VICOLO DELL' ORO
San Jacopo Soprarno
ACCIAIUOLI
PZA D PESCE
Galleria degli Uffizi
Cappella Brancacci
Santa Maria del Carmine
SANTO SPIRITO
Cenacolo di Santo Spirito
Santo Spirito
BORGO SAN JACOPO
Ponte Vecchio
Corridoio Vasariano
Museo di Storia della Scienza
Arno
Giardino Torrigiani
VIA DELLA CHIESA
BORGO TEGOLAIO
PIAZZA SANTO SPIRITO
VIA D MICHELOZZI
VIA DE' GUICCIARDINI
PIAZZA DI S FELICITA
PIAZZA DI SANTA MARIA SOPRARNO
Palazzo Guadagni
VIA MAGGIO
Santa Felicità
COSTA DI SAN GIORGIO
Palazzo Capponi
VIA DEL CAMPUCCIO
BORGO DE'
PIAZZA DE' PITTI
Palazzo Pitti
VIA DE' SERRAGLI
Museo Zoologico-La Specola
Porta San Giorgio
Forte di Belvedere
VIA ROMANA
Giardino di Boboli
Museo delle Porcellane
L'Isolotto
Porta Romana
PIAZZALE DI PORTA ROMANA
Istituto d'Arte
San Leonardo
VIA DI SAN LEONARDO
VIALE NICCOLO
MACHIAVELLI
BOBOLINO
A
B
C
5
4
3
2
1

199
Palazzo Pandolfini
Chiostro dello Scalzo
Chiesa Inglese
Cenacolo di Sant' Apollonia
Giardino dei Semplici
Museo Botanico
Museo di San Marco
San Marco
Museo di San Marco
Biblioteca Marucelliana
Università
Santissima Annunziata
Museo di Mineralogia
Palazzo Capponi
Giardino della Gherardesca
Galleria dell' Accademia
Museo Archeologico Nazionale
Cimitero degli Inglesi
VIA GIACOM MATTEOTTI
VIA DEGLI ARTISTI
VIA GIUSEPPE LA FARINA
PIAZZA DEL LUNGO
Museo dell' Opificio delle Pietre Dure
Palazzo Niccolini
Santa Maria degli Angeli
Spedale degli Innocenti
Palazzo Paneiatichi Ximenes
PIAZZA DELLA SANTISSIMA ANNUNZIATA
Palazzo Pucci
Palazzo Niccolini
Ospedale di Santa Maria Nuova
Sant' Egidio
Santa Maria Maddalena dei Pazzi
PIAZZA MASSIMO D'AZEGLIO
Duomo
Palazzo Guadagni
Museo di Firenze com'era
Teatro della Pergola
Tempio Israelitico
Palazzo Canonici
Museo di Antropologia com'era
Palazzo Salviati
Palazzo Altoviti
Palazzo degli Albizi
Mercato delle Pucci
Sant' Ambrogio
BORGO LA CROCE
DEL CORSO
Casa di Dante
BORGO DEGLI ALBIZI
PIAZZA G SALVEMINI
Palazzo Pazzi
Poste e Telegrafi
PIAZZA CESARE BECCARIA
Badia Fiorentina
VIA DE' PANDOLFINI
Casa Buonarroti
Mercato Sant'Ambrogio
Museo Nazionale del Bargello
Teatro Verdi
GHIBELLINA
Palazzo Gondi
San Firenze
Santa Simone
Palazzo Serristori
VIA GHIBELLINA
V DELLA CONDOTTA
BORGO DE' GRECI
Palazzo Vecchio
PIAZZA S REMEGIO
Casa dell' Antella
Santa Croce
VIA DI SAN GIUSEPPE
VIA DELLE CASINE
Palazzo Vita Borsa
VIA DE' NERI
Palazzo Corsini
Cappella dei Pazzi
Museo Horne
Biblioteca Nazionale
Museo dell' Opera di Santa Croce
LUNGARNO GENERALE DIAZ
VIA TRIPOLI
PIAZZA PIAVE
LUNGARNO DELLA ZECCA VECCHIA
Santa Lucia dei Magnoli
Museo Bardini
Pescaia di San Niccolò
Palazzo Torrigiani
LUNGARNO SERRISTORI
Palazzo Serristori
San Niccolò
PIAZZA G POGGI
LUNGARNO BENVENUTOCELLINI
Arno
Palazzo de' Mozzi
VIA DI SAN NICCOLÒ
Porta San Niccolò
SAN NICCOLÒ
VIALE GIUSEPPE POGGI
VIA DI BELVEDERE
VIA DEL MONTE ALLE CROCI
PIAZZALE MICHELANGELO
VIALE MICHELANGELO
VIA DELL' ERTA CANINA
VIALE GALILEO GALILEI
San Salvatore al Monte
MONTE ALLE CROCI
San Miniato al Monte
0   100   200   300   400 metres
0   100   200   300   400 yards

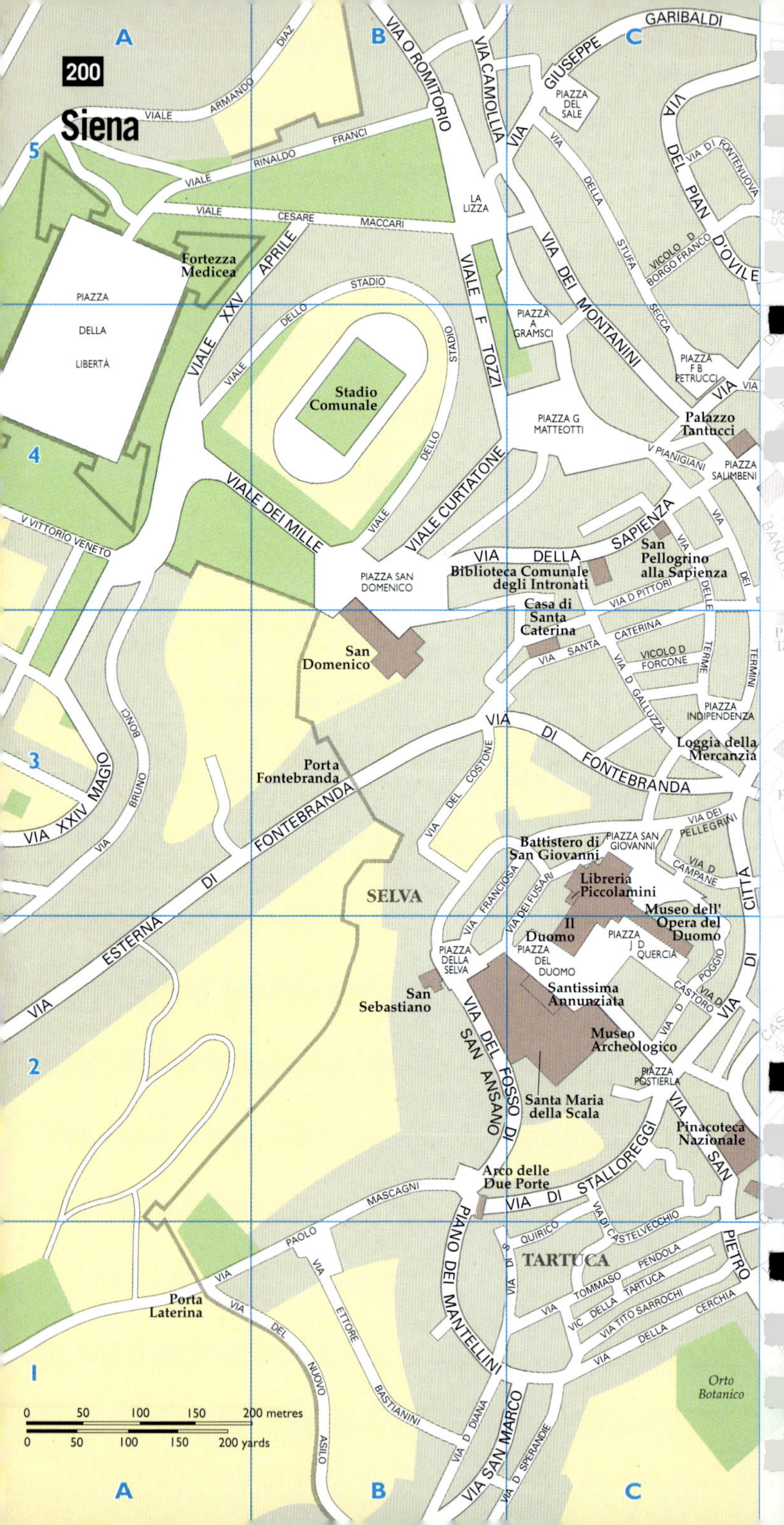

200
Siena
Fortezza Medicea
PIAZZA DELLA LIBERTÁ
Stadio Comunale
VIALE ARMANDO DIAZ
VIALE RINALDO FRANCI
VIALE CESARE MACCARI
VIALE XXV APRILE
VIALE DELLO STADIO
VIALE DEI MILLE
VIALE CURTATONE
VIA O ROMITORIO
VIA CAMOLLIA
VIALE F TOZZI
LA LIZZA
VIA GIUSEPPE GARIBALDI
PIAZZA DEL SALE
VIA DELLA STUFA
VIA DEI MONTANINI
VIA DEL PIAN D'OVILE
VIA DI FONTENUOVA
VICOLO D BORGO FRANCO
SECCA
PIAZZA A GRAMSCI
PIAZZA F B PETRUCCI
PIAZZA G MATTEOTTI
Palazzo Tantucci
V PIANIGIANI
PIAZZA SALIMBENI
VIA DELLA SAPIENZA
VIA DELLE TERME
San Pellogrino alla Sapienza
VIA D PITTORI
PIAZZA SAN DOMENICO
Biblioteca Comunale degli Intronati
Casa di Santa Caterina
VIA SANTA CATERINA
VICOLO D FORCONE
TERMINI
PIAZZA INDIPENDENZA
San Domenico
VIA D GALLUZZA
Loggia della Mercanzia
Porta Fontebranda
VIA DI FONTEBRANDA
VIA DEL COSTONE
VIA DI FONTEBRANDA
VIA DEI PELLEGRINI
VIA D CAMPANE
V VITTORIO VENETO
VIA XXIV MAGIO
VIA BONCI BRUNO
VIA ESTERNA DI FONTEBRANDA
SELVA
VIA FRANCIOSA
VIA DEI FUSARI
Battistero di San Giovanni
PIAZZA SAN GIOVANNI
Libreria Piccolamini
Museo dell' Opera del Duomo
VIA DI CITTÁ
Il Duomo
PIAZZA DEL DUOMO
PIAZZA J D QUERCIA
POGGIO
CASTORO
VIA DI
PIAZZA DELLA SELVA
San Sebastiano
Santissima Annunziata
Museo Archeologico
PIAZZA POSTIERLA
VIA DEL FOSSO DI SAN ANSANO
Santa Maria della Scala
Pinacoteca Nazionale
VIA SAN
Arco delle Due Porte
VIA DI STALLOREGGI
VIA DI CASTELVECCHIO
SAN PIETRO
MASCAGNI
PIANO DEI MANTELLINI
VIA DI SAN QUIRICO
TARTUCA
VIA TOMMASO
PENDOLA
VIC DELLA TARTUCA
VIA TITO SARROCHI
VIA DELLA CERCHIA
Porta Laterina
VIA PAOLO
VIA ETTORE BASTIANINI
VIA DEL NUOVO ASILO
VIA D DIANA
VIA SAN MARCO
VIA D SPERANDIE
Orto Botanico
0 50 100 150 200 metres
0 50 100 150 200 yards
A   B   C
5 4 3 2 I

D
E
F
201
5
VIA D BECCAFUMI
VIA DUCCIO DI BONINSEGA
Porta Ovile
VIA SIMONE MARTINI
VIA DEL PIAN D'OVILE
PIAZZA D'OVILE
PIAZZA D'OVILE
VIA DEL COMUNE
VIA DI MEZZO
VIA D ORTI
VALLEROZZI
DI
VIA BALDASSARRE PERUZZI
VIC D ORBACHI
San Francesco
PIAZZA SAN FRANCESCO
Oratorio di San Bernardino
VIA
BALDASSARRE
PERUZZI
4
PIAZZA ABBADIA
D ABBADIA
Palazzo Salimbeni
ROSSI
VIA DEI BARONCELLI
Palazzo Spannocchi
DEI
VIA DEL GIGLIO
VIA P SALVANI
VIA DI VERGINI
PIAZZA P SALVANI
BANCHI DI
VIA DEL MORO
San Cristoforo
VIA C ANGIOLIERI
SALLUSTIO
BANDINI
PIAZZA TOLOMEI
Palazzo Tolomei
VIA D CALZOLERIA
SOPRA
VIA DELLE DONZELLE
BANCHI DI SOTTO
Torre di Roccabruna
Palazzo Piccolomini
PIAZZA DI SAN GIOVANNINO
3
i
Loggia del Papa
VIA DEL
VIA DI
Fonte Gaia
PIAZZA DEL CAMPO
Torre del Mangia
San Martino
San Spirito
Museo Civico
sinagoga
PORRIONE
PANTANETO
PIAZZA SAN SPIRITO
DEI PISPINI
VIA DEL MERCATO
VIA DEL RIALTO
VIC D FORTUNA
VIA
VIA DELL' OLIVIERA
OLMO
DI
DUPRE
VICOLO D S SALVATORE
VIC D MANNA
TORRE SALICOTTO
VIA SAN MARTINO
VIA FIERAVECCHIA
2
PIAZZA DEL MERCATO
San Giacomo
VIA DEL SOLE
VIA ROMA
CASATO
VIC D LOMBARDE
GIOVANNI
D CANTINE
VIC S CLEME
VIC D FONTE
VIA
V D SAMBUCO
PORTA
PIAZZA A MANZONI
San Pietro
DI
CASATO SOPRA
San Giuseppe
GIUSTIZIA
Santa Maria dei Servi
VIA S AGATA
VIA DI
ANDREA MATTIOLI
VIA PIER
Sant' Agostino
FONTANELLA
D
E
F
1

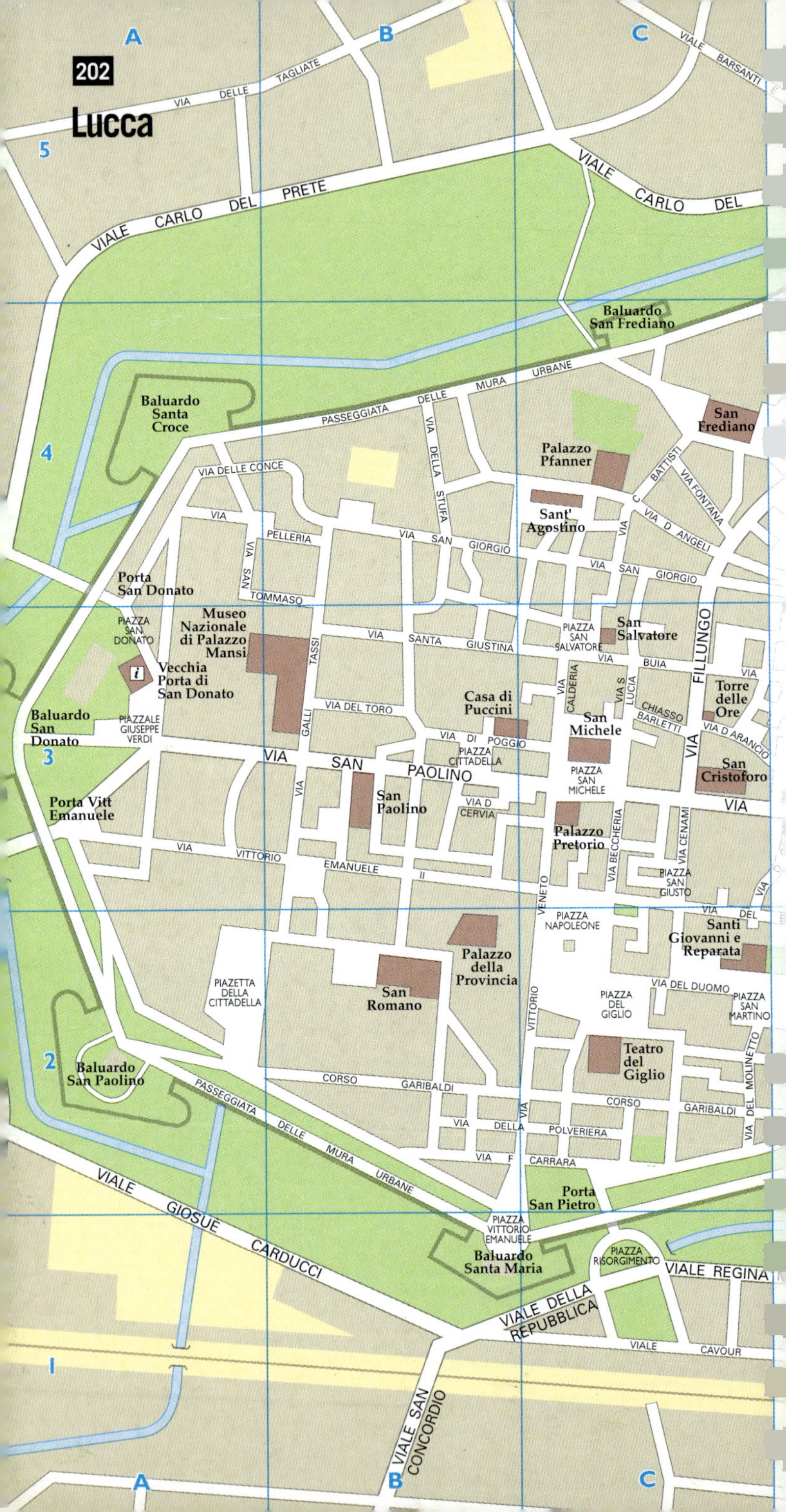
202
Lucca
A
B
C
VIA DELLE TAGLIATE
VIALE BARSANTI
VIALE CARLO DEL PRETE
VIALE CARLO DEL
Baluardo San Frediano
Baluardo Santa Croce
PASSEGGIATA DELLE MURA URBANE
VIA DELLA STUFA
Palazzo Pfanner
San Frediano
VIA DELLE CONCE
VIA PELLERIA
VIA SAN TOMMASO
VIA SAN GIORGIO
Sant' Agostino
VIA BATTISTI
VIA FONTANA
VIA C
VIA D'ANGELI
Porta San Donato
PIAZZA SAN DONATO
Museo Nazionale di Palazzo Mansi
VIA SANTA GIUSTINA
PIAZZA SAN SALVATORE
San Salvatore
VIA SAN GIORGIO
VIA FILLUNGO
VIA BUIA
VIA
i
Vecchia Porta di San Donato
VIA TASSI
VIA GALLI
VIA DEL TORO
Casa di Puccini
VIA CALDERIA
VIA S LUCIA
CHIASSO BARLETTI
Torre delle Ore
Baluardo San Donato
PIAZZALE GIUSEPPE VERDI
VIA SAN PAOLINO
VIA DI POGGIO
PIAZZA CITTADELLA
San Michele
PIAZZA SAN MICHELE
VIA D'ARANCIO
San Cristoforo
Porta Vitt Emanuele
VIA CITTADELLA
San Paolino
VIA D CERVIA
Palazzo Pretorio
VIA BECCHERIA
VIA CENAMI
VIA
VIA VITTORIO EMANUELE II
VIA VENETO
PIAZZA SAN GIUSTO
PIAZZA NAPOLEONE
PIAZZA SAN GIUSTO
Santi Giovanni e Reparata
VIA DEL
Palazzo della Provincia
VIA VITTORIO
PIAZZA DEL GIGLIO
VIA DEL DUOMO
PIAZZA SAN MARTINO
PIAZZETTA DELLA CITTADELLA
San Romano
Teatro del Giglio
VIA DEL MOLINETTO
Baluardo San Paolino
PASSEGGIATA DELLE MURA URBANE
CORSO GARIBALDI
GARIBALDI
VIA DELLA POLVERIERA
CORSO
VIALE GIOSUE CARDUCCI
VIA F CARRARA
Porta San Pietro
PIAZZA VITTORIO EMANUELE
PIAZZA RISORGIMENTO
VIALE REGINA
Baluardo Santa Maria
VIALE DELLA REPUBBLICA
VIALE SAN CONCORDIO
VIALE CAVOUR
A
B
C
5
4
3
2
1

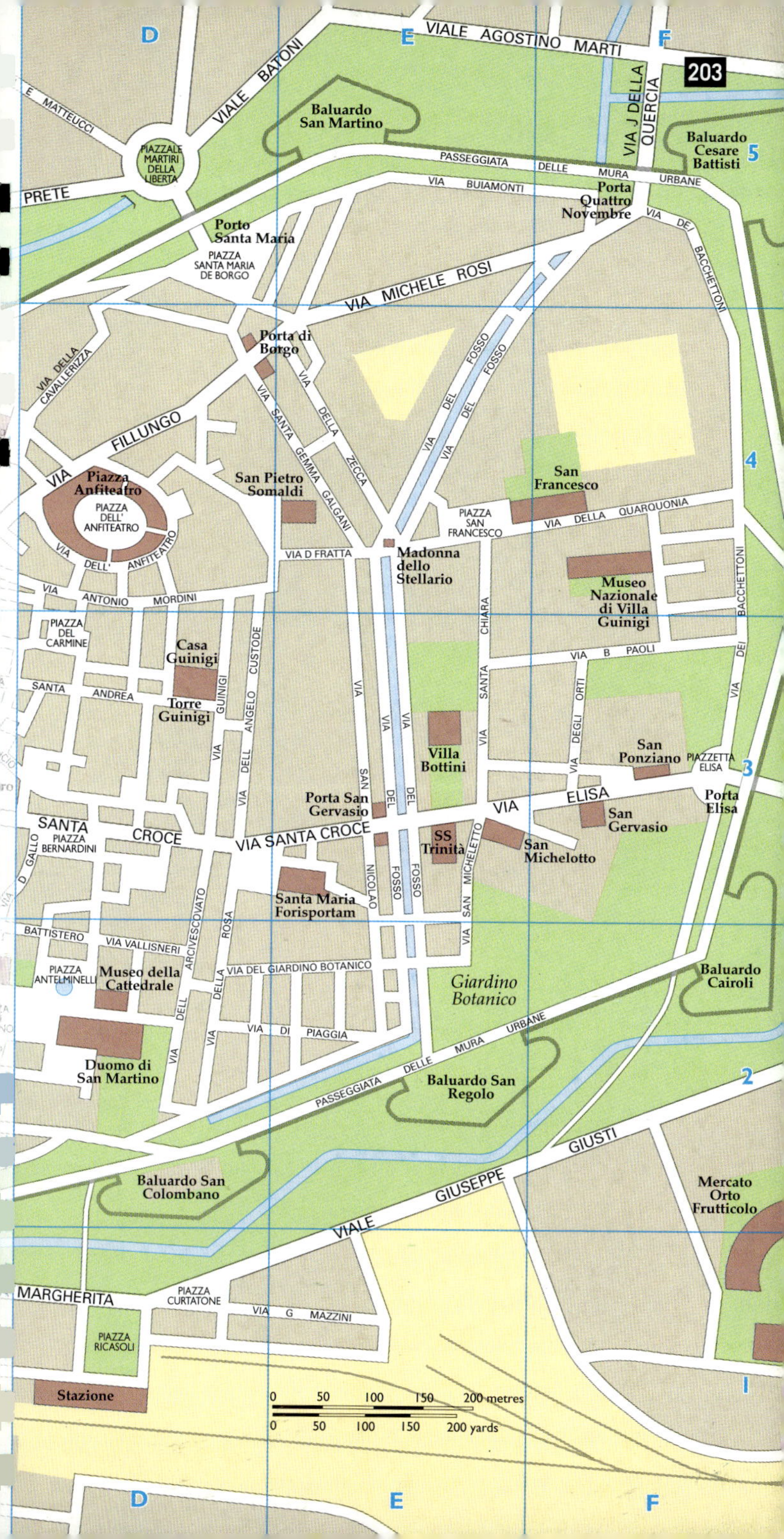
203
D
E
VIALE AGOSTINO MARTI
F
E MATTEUCCI
VIALE BATONI
VIA J DELLA QUERCIA
Baluardo San Martino
Baluardo Cesare Battisti
5
PIAZZALE MARTIRI DELLA LIBERTA
PASSEGGIATA DELLE MURA URBANE
PRETE
VIA BUIAMONTI
Porta Quattro Novembre
Porto Santa Maria
PIAZZA SANTA MARIA DE BORGO
VIA DEI BACCHETTONI
VIA MICHELE ROSI
Porta di Borgo
VIA DELLA CAVALLERIZZA
VIA SANTA GEMMA GALGANI
VIA DELLA ZECCA
VIA DEL FOSSO
VIA DEL FOSSO
San Francesco
4
FILLUNGO
San Pietro Somaldi
PIAZZA SAN FRANCESCO
VIA DELLA QUARQUONIA
VIA
Piazza Anfiteatro
PIAZZA DELL' ANFITEATRO
VIA D FRATTA
Madonna dello Stellario
VIA DELL' ANFITEATRO
VIA ANTONIO MORDINI
VIA CHIARA
Museo Nazionale di Villa Guinigi
VIA DEI BACCHETTONI
PIAZZA DEL CARMINE
Casa Guinigi
VIA DELL ANGELO CUSTODE
VIA SANTA
VIA B PAOLI
SANTA ANDREA
Torre Guinigi
VIA GUINIGI
VIA
VIA DEGLI ORTI
VIA DEL FOSSO
VIA
San Ponziano
PIAZZETTA ELISA
3
Villa Bottini
Porta Elisa
D GALLO
SANTA PIAZZA BERNARDINI
PIAZZA CROCE
Porta San Gervasio
VIA ELISA
San Gervasio
Porta Elisa
BATTISTERO
VIA SANTA CROCE
SS Trinità
San Michelotto
VIA SAN MICHELETTO
VIA VALLISNERI
VIA NICOLAO
VIA DEL FOSSO
VIA ARCIVESCOVATO
Santa Maria Forisportam
VIA DELLA ROSA
PIAZZA ANTELMINELLI
Museo della Cattedrale
VIA DEL GIARDINO BOTANICO
Baluardo Cairoli
VIA DELL
VIA DELLA
Giardino Botanico
VIA DI PIAGGIA
PASSEGGIATA DELLE MURA URBANE
Duomo di San Martino
Baluardo San Regolo
2
GIUSTI
Baluardo San Colombano
VIALE GIUSEPPE GIUSEPPE
Mercato Orto Frutticolo
MARGHERITA
PIAZZA CURTATONE
VIA G MAZZINI
1
PIAZZA RICASOLI
Stazione
0 50 100 150 200 metres
0 50 100 150 200 yards
D
E
F

San Gimignano

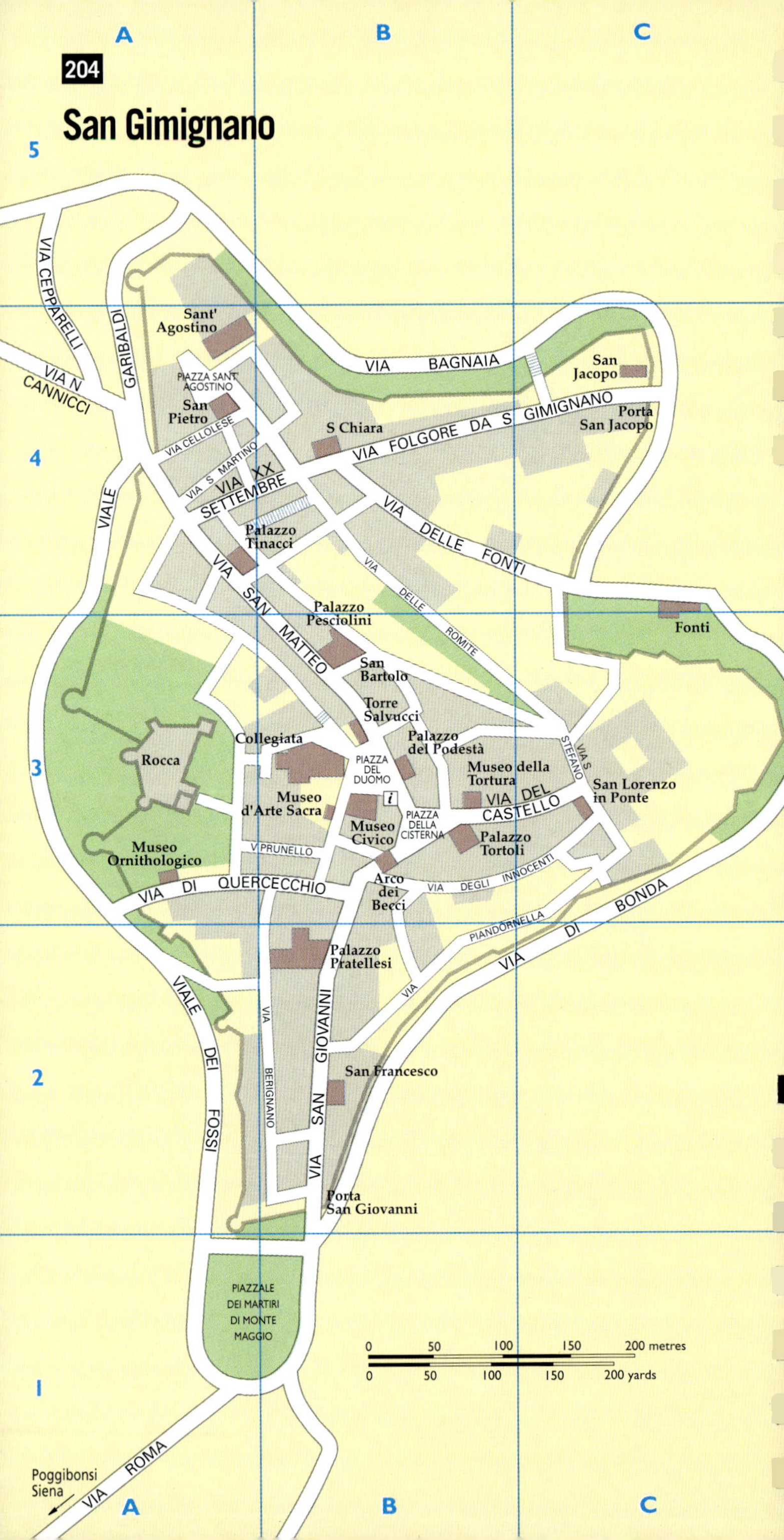

Abbildungsnachweis

Die Automobile Association dankt den nachfolgend genannten Fotografen und Bildagenturen für ihre Unterstützung bei der Herstellung dieses Buchs:

Umschlag: (u), AA Photo Library/Clive Sawyer; (u), AA Photo Library/Ken Paterson

AKG, London 10o, 11o, 11u, 17o, 17u; THE ARTARCHIVE 2(i), 5, 15u, 26, 68/69; BRIDGEMAN ART LIBRARY, LONDON 13o, 14/15 u/g und 16 u/g (Detail) Santa Croce, Florenz, Italien; 14o Palazzo Medici-Riccardi, Florenz, Italien; 14u Santa Croce, Florenz, Italien; 15o San Francesco, Arezzo, Italien; 53m Cappelle Medicee, Florenz, Italien; 56 Prinzenkapelle, San Lorenzo, Florenz, Italien; 58 Santa Maria Novella, Florenz, Italien; 63 Bargello, Florenz, Italien; 66/67 Santa Croce, Florenz, Italien; 90o (Detail) Museo dell'Opera del Duomo, Siena, Italien; 91u Museo Diocesano, Cortona, Italien; 94 Palazzo Pubblico, Siena, Italien; 98 Museo dell'Opera del Duomo, Siena, Italien; 100 Pinacoteca Nazionale, Siena, Italien, 106 Sant'Agostino, San Gimignano, Italien; 108/109 San Francesco, Arezzo, Italien; 159 Villa Guinigi, Lucca, Italien; MARY EVANS PICTURE LIBRARY 6, 7, 8, 9, 10u, 13u; EYE UBIQUITOUS 27; GETTYONE/STONE 115; RONALD GRANT ARCHIVE 12o; JOHN HESELTINE 129u, 133o; IMAGES COLOUR LIBRARY 20u, 22/23, 114; MARKA 28, 29u, 30o, 30u, 97, 99, 101; PICTURES COLOUR LIBRARY 26/27, 33, 89, 112; REX FEATURES LTD 12u; WORLD PICTURES LTD 3(iii), 91o, 162, 167, 168, 177

Alle übrigen Fotos befinden sich im Besitz des AA Bildarchivs (AA PHOTO LIBRARY) und stammen von SIMON MCBRIDE mit folgenden Ausnahmen:
JERRY EDMANSON 93, 110, 154o, 155o, 160, 191ur; KEN PATERSON 23u, 25ul, 25ur, 29o, 34, 92/93u, 102/103, 143, 144, 145, 170, 181, 182; CLIVE SAWYER 2(iii), 2(iv), 3(i), 3(ii), 6/7, 16u, 19, 20o, 24, 49, 53u, 64, 65, 75, 87, 96, 105, 108, 111, 112/113, 116, 125, 126, 135, 137, 141, 151, 152, 153, 154u, 155m, 155u, 156, 157, 158o, 158u, 161o, 161u, 164/165, 165, 166, 169, 171, 172, 191o, 191ul

Abkürzungen: (o) oben; (u) unten; (l) links; (r) rechts; (m) Mitte

NATIONAL GEOGRAPHIC Leserbefragung

Ihre Ratschläge, Urteile und Empfehlungen sind für uns sehr wichtig. Wir bemühen uns, unsere Reiseführer ständig zu verbessern. Wenn Sie sich ein paar Minuten Zeit nehmen, diesen kleinen Fragebogen auszufüllen, könnten Sie uns sehr dabei helfen.

Wenn Sie diese Seite nicht herausreißen möchten, können Sie uns auch eine Kopie schicken, oder Sie notieren Ihre Hinweise einfach auf einem separaten Blatt.

Bitte senden Sie Ihre Antwort an:
NATIONAL GEOGRAPHIC SPIRALLO-REISEFÜHRER, MAIRDUMONT GmbH & Co. KG,
Postfach 31 51, D-73751 Ostfildern
E-Mail: spirallo@nationalgeographic.de

Über dieses Buch...
NATIONAL GEOGRAPHIC SPIRALLO-REISEFÜHRER TOSKANA

Wo haben Sie das Buch gekauft? ________________________________

Wann? Monat / Jahr

Warum haben Sie sich für einen Titel dieser Reihe entschieden? ____________

____

____

____

____

____

____

____

Wie fanden Sie das Buch?

Hervorragend ☐   Genau richtig ☐   Weitgehend gelungen ☐   Enttäuschend ☐

Können Sie uns Gründe angeben?

____

____

____

____

____

____

____

____

Bitte umblättern ...

Hat Ihnen etwas an diesem Führer ganz besonders gut gefallen?

____

____

____

____

____

Was hätten wir besser machen können?

____

____

____

____

____

Persönliche Angaben

Name ____

Adresse ____

____

____

Zu welcher Altersgruppe gehören Sie?
Unter 25 ☐   25–34 ☐   35–44 ☐   45–54 ☐   55–64 ☐   Über 65 ☐

Wie oft im Jahr fahren Sie in Urlaub?
Seltener als einmal ☐   Einmal ☐   Zweimal ☐   Dreimal oder öfter ☐

Wie sind Sie verreist?
Allein ☐   Mit Partner ☐   Mit Freunden ☐   Mit Familie ☐

Wie alt sind Ihre Kinder? _____

Über Ihre Reise …

Wann haben Sie die Reise gebucht? Monat / Jahr

Wann sind Sie verreist? Monat / Jahr

Wie lange waren Sie verreist? ___________________

War es eine Urlaubsreise oder ein beruflicher Aufenthalt? ________

Haben Sie noch weitere Reiseführer gekauft? ☐ Ja   ☐ Nein

Wenn ja, welche? ________________________________

____

Herzlichen Dank dafür, dass Sie sich die Zeit genommen haben, diesen Fragebogen
auszufüllen.